e비즈니스 4.0

디지털 전환 시대, 새로운 비즈니스 패러다임

이문봉 지음

초아출판사

서문

우리는 지금 디지털 혁명의 중심에 서 있으며, 이 혁명은 전 세계 비즈니스 환경을 근본적으로 재편하고 있습니다. 인터넷과 모바일 기술의 발전은 기업이 고객과 소통하는 방식, 제품과 서비스를 제공하는 방식, 심지어 조직이 운영되는 방식까지도 완전히 변화시켰습니다. 특히, e비즈니스의 확산은 비즈니스의 경계를 허물고 있습니다. 이제 기업은 물리적 공간의 제약을 넘어서 글로벌 시장에서 경쟁하고 있으며, 온라인과 오프라인의 경계를 융합하는 옴니채널 전략이 점점 더 중요해지고 있습니다. 소비자는 보다 빠르고 개인화된 경험을 기대하며, 기업들은 이에 맞춰 디지털 기술을 활용한 혁신적인 비즈니스 모델을 도입하고 있습니다.

이러한 변화 속에서 사물인터넷(IoT), 인공지능(AI), 빅데이터, 블록체인, 클라우드 컴퓨팅 등 다양한 디지털 기술이 비즈니스의 핵심 동력으로 자리 잡고 있습니다. 기업들은 방대한 데이터를 분석하여 보다 정교한 의사결정을 내리고 있으며, AI를 활용한 자동화와 맞춤형 서비스가 새로운 경쟁력을 창출하는 주요 요소로 부상하고 있습니다. 또한, 블록체인을 통한 보안성과 신뢰성 강화, 클라우드 컴퓨팅을 활용한 유연한 비즈니스 운영 방식은 디지털 경제에서 점점 더 필수적인 요소가 되고 있습니다.

디지털 혁신은 단순히 기술의 문제가 아니라 기업의 조직 문화, 운영 방식, 전략적 사고방식까지 변화시키는 비즈니스 패러다임의 대전환입니다. 기존의 전통적인 방식에서 벗어나 새로운 환경에 적응하고, 디지털 기술을 기반으로 차별화된 가치를 창출하는 것이 지속 가능한 경쟁력을 갖추는 핵심이 되었습니다.

이 책은 이러한 변화 속에서 경영학을 전공하는 학생들과 디지털 비즈니스에 관심 있는 일반 독자들이 반드시 알아야 할 개념과 전략을 체계적으로 정리하였습니다. 이론적인 개념뿐만 아니라, 실제 기업들이 어떻게 디지털 혁신을 실현하고 있는지 다양한 사례를 통해 설명하며, 실무에서도 활용할 수 있는 실질적인 통찰을 제공합니다.

디지털 비즈니스의 세계는 빠르게 변화하고 있습니다. 이 책의 독자들이 디지털 혁신을 이해하고, 이를 적극적으로 활용하여 새로운 기회를 창출하는 데 도움이 되기를 바랍니다.

이 책은 총 10Part로 구성되어 있으며 크게 본다면 3부분으로 구분할 수 있습니다.

1부: e비즈니스 개념과 전략(Part 01 & 02)

디지털 경제에서 e비즈니스가 가지는 의미와 기본 개념을 소개하며, 기업이 이를 어떻게 전략적으로 활용할 수 있는지 e비즈니스 전략에 대해서 살펴봅니다. 특히 디지털 비즈니스의 핵심인 디지털 트랜스포메이션에 대해 설명하고 있습니다.

2부: e비즈니스 모델과 응용(Part 03 & 04)

디지털 경제에서 경쟁 극복과 지속적인 성장을 위한 e비즈니스 모델의 구성 요소와 다양한 종류에 대해 설명하고 있으며, 기업의 비즈니스 전략을 시각적으로 체계적으로 정리할 수 있는 도구인 비즈니스 모델 캔버스를 소개합니다. 또한 ERP(전사적 자원관리), CRM(고객관계관리), SCM(공급망관리) 등 기업 운영의 핵심 시스템에 대해 기본적인 내용을 다루고 있습니다.

3부: 최신 디지털 기술과 비즈니스 혁신(Part 05 ~ 10)

스마트 금융, 인공지능(AI), 블록체인, 빅데이터, 사물인터넷(IoT) & 스마트 팩토리, 클라우드 컴퓨팅 등 최신 기술이 비즈니스에 미치는 영향을 분석하고, 이를 활용한 성공적인 사례를 탐구합니다.

각 장에서는 이론적인 설명뿐만 아니라, 실제 기업들이 디지털 기술을 활용하여 어떻게 혁신을 이루었는지를 실무적 관점에서 분석하여, 독자들이 보다 현실적인 통찰을 얻을 수 있도록 구성하였습니다.

이 책은 다음과 같은 독자들에게 특히 유용한 가이드가 될 것입니다.

1. 경영학을 전공하는 대학생
디지털 비즈니스의 핵심 개념을 쉽게 익히고, 기업의 실제 사례를 통해 이해를 넓힐 수 있습니다.

2. 기업 실무자 및 일반 독자
e비즈니스 전략과 최신 IT 기술이 어떻게 기업의 성장을 돕는지 학습하고, 이를 비즈니스에 적용하는 방법을 배울 수 있습니다.

3. 스타트업 및 창업가
디지털 시대에 맞는 비즈니스 모델을 설계하고, 최신 기술을 활용한 혁신적인 전략을 구상하는 데 필요한 인사이트를 얻을 수 있습니다.

디지털 기술은 끊임없이 진화하고 있으며, 앞으로도 다양한 혁신이 우리의 삶과 비즈니스 방식을 변화시킬 것입니다. AI가 고객 경험을 더욱 정교하게 맞춤화하고, 블록체인이 신뢰 기반의 새로운 거래 방식을 제공하며, 빅데이터와 IoT가 실시간으로 최적의 의사결정을 지원하는 시대가 다가오고 있습니다. 이 책을 통해 독자들이 디지털 비즈니스의 본질을 깊이 이해하고, 실제 현장에서 활용할 수 있는 능력을 기를 수 있기를 바랍니다. 책을 집필하며 저 역시 빠르게 변화하는 디지털 환경 속에서 배움을 멈추지 않고 있습니다. 이 책이 독자들에게 새로운 통찰과 영감을 줄 수 있기를 기대합니다.

2025년 2월

저자 이문봉

목차

Part 01.

e 비즈니스 개념

01

e비즈니스 등장배경과 정의

1. 디지털 경제의 확산

(1) 디지털 경제의 개념

디지털은 데이터나 물리적인 양을 0과 1이라는 2진 부호의 숫자로 표현한 것으로, 연속적인 신호나 영상을 물리량으로 나타내는 아날로그와 대비되는 용어이다. 디지털 기술은 인터넷과 접목됨으로써 사회 전체의 체계를 변화시킬 만한 위력을 지니게 되었고 현대인의 일상을 근본적으로 변화시키고 있다. 특히 인터넷의 전파 속도는 여타 정보기술과 비교할 수 없을 정도로 빨라 불과 2년이 안되어 1천만 사용자를 돌파할 정도였다. 이러한 인터넷의 확산은 개인의 일상생활 및 기업의 사업방식 패러다임을 변화시키고, 전자상거래와 정보기술 산업으로 대별되는 디지털 경제(digital economy)를 대두시켰다.

디지털 경제에 대한 보고서로는 처음으로 98년 4월 미 상무성의 The Emerging Digital Economy 보고서가 발표되었다. 이 보고서에 인터넷의 확산과 정보기술의 발전이 미국 경제 성장의 원동력임을 강조하면서 향후 전자상거래가 경제성장을 주도할 것으로 분석하였으며, 2000년 6월 3차 보고서인 Digital Economy 2000에서는 정보기술 산업을 미국경제의 가장 큰 동인으로 간주했다. 미 상무성은 디지털 경제를 전자상거래와 정보기술 산업이 국민경제에 미치는 효과와 정보기술발달에 따른 노동시장의 변화 등으로 파악하였지만, 보다 더 광범위한 개념으로 이해하면 **디지털 경제**란 정보

기술 및 인터넷 등의 디지털 인프라를 기반으로 정보의 디지털화와 네트워크화가 확대되면서 정보 중심의 가치창출 기능이 활발하게 전개되는 경제라고 정의할 수 있다.

디지털 경제에서는 경제 주체가 정보의 질과 양을 희생하지 않고 적은 비용으로 정보교환을 할 수 있게 되어 정보가 생산에 있어 중요한 요소가 된다. 이에 따라 기업은 보다 더 많은 정보의 획득과 정보의 효율성을 높이기 위해 조직을 변화시키게 되며, 결과적으로 경제 전체에서 축적된 지식이 개별 기업에까지 영향을 미치게 된다.

(2) 디지털 경제의 특징

정보와 지식의 네트워크를 기반으로 펼쳐지는 디지털 경제의 대표적인 특징으로는 네트워크 경제, 지식기반 경제, 글로벌 경제, 가상 경제 등이 있다. 네트워크를 통한 거래비용의 감소는 그에 따른 기업 조직의 변화, 나아가 산업 구조의 변화를 가져오며, 정보 네트워크에 기반한 경제 활동은 지식이나 정보의 축적에 의한 지식기반 경제로의 전환을 촉진한다. 또한 네트워크 경제는 경제 활동의 글로벌화와 사이버화를 진행시킨다.

① 네트워크 경제

디지털 경제는 지식이나 정보가 네트워크로 연결되어 쉽게 활용되는 경제 시스템으로, 네트워크를 통해 공유된 지식은 과거보다 훨씬 효율적으로 활용되어 생산성과 연결된다. 또한, 물리적인 공간이 사이버 공간으로 바뀌어 생산과정에서 분업과 협업의 의미가 지금보다 확대되고, 이것이 새로운 산업의 출현이나 기존 산업의 혁신으로 연결된다. 기업, 정부 등 주요 경제주체들의 조직이나 경영방식도 네트워크 경제에 맞게 변화하여 원격 의료교육 서비스 및 재택근무가 이미 시작되고 있다. 인터넷과 같은 네트워크 기술은 단순하게 상거래의 채널만으로 쓰이는 것이 아니라, 기업이 비즈니스 프로세스를 개선하는 데에도 다양하게 활용되고 있다.

② 지식기반 경제

디지털 경제가 정보 네트워크에 기반하고 있는 만큼 경제활동에서 지식이나 정보의 중요성이 더욱 커지고 있다. 지식기반경제의 핵심은 지식의 축적·확산·활용이며, 지식은 규모의 경제와 외부효과를 극대화 할 수 있는 네트워크를 근간으로 노동, 자본 등 전통적인 생산 요소들보다 국가의 경제성장과 산업발전에 상대적으로 더 많이 기여하게 된다. 지식에는 학문적인 지식뿐만 아니라 생산현장에서 축적된 경험 등 실용적인 지식과 정보, 기술 등이 모두 포함된다. 자본이나 노동은 규모가 커짐에 따라 수확이 체감하는 것이 일반적이므로, 이들 전통적 생산요소는 계속 투입해도 일정규모 이상의 경제성장을 기대하기 어렵다. 반면, 지식은 축적규모가 확대됨에 따라 수확이 체증하고, 산업내 또는 산업간 다양한 외부효과를 통해 지속적인 성장의 동인이 될 수 있다. 그러므로 정부와 기업은 지속적으로 지식관리를 위한 투자를 하고 네트워크를 구축하여 신속한 업무처리와 신뢰도의 제고에 노력해야 한다.

③ 글로벌 경제

디지털 경제가 확산될수록 경제활동의 글로벌화는 더욱 빠르게 진행될 것으로 예상된다. 인터넷 등을 통해 정보의 흐름이 시간과 공간의 제약 없이 이루어지면, 세계를 대상으로 한 기업활동은 최소한의 비용으로 이루어질 수 있다. 이와 함께 규제완화, 민영화, 자유화 등을 통해 효율을 높일 수 있는 가능성도 커진다. 기업이 글로벌 네트워크 속에서 재원조달과 제품개발, 원자재 및 부품의 조달생산판매 등을 행하며, 이를 통해 상품서비스투자 등의 국가간 교역이 원활해질 뿐만 아니라,이를 규율하는 제도 및 규범까지 국제적으로 일치 또는 조화시키는 노력을 진행한다. 그러나 글로벌 경제화에 따라 경쟁도 치열해지는 만큼 각 제품별로 확고한 경쟁력을 갖춘 소수의 글로벌 기업들이 세계 시장을 주도하거나, 국가를 초월한 기업간 전략적 제휴가 더욱 활발해지므로, 경제활동에서 국가의 역할과 중요성이 달라진다.

④ 가상 경제

디지털 경제에는 정보 네트워크, 특히 인터넷을 통해 디지털화 된 정보를 기반으로 한 경제활동이 가능하게 되어, 순수 온라인 산업은 물론 전통적인 제조업·서비스업도 정보기술과 융합하여 다양한 형태의 산업영역으로 부상한다.

2. 전자상거래의 발전

(1) 전자상거래 정의

전자상거래는 1989년 미국의 국립 로렌스 리버모어 연구소(Lawrence Livermore National Laboratory)에서 미국 국방성의 프로젝트를 수행하면서 처음 사용된 개념이다. 1993년 WWW에 관한 연구가 발표되면서 이를 기점으로 전자상거래는 인터넷을 기반으로 다양하게 응용되기 시작했다. 또한, PC보급으로 인터넷 사용자들이 빠르게 증가하면서 비약적으로 발전하는 가운데 1997년 미국이 범세계적인 전자상거래 기본구상을 발표하면서 국제적 이슈로 부각되었다. 우리나라에서는 1992년 한국무역정보통신(KTNET)이 설립된 이후 무역자동화(EDI)사업이 추진되면서 초기 전자상거래 개념이 도입되었다. 1994년 인터넷 서비스가 국내에 상용화 되었고, 1996년 이후에는 전자상거래에 대한 인식이 높아지면서 각 부처별로 관련 정책과 법률이 마련되었다. 또한 같은 해 정보통신부 산하에 한국전자거래협회(CALS/EC)가 출범하였고, 6월에는 우리나라 최초의 인터넷 쇼핑몰인 인터파크가 등장하였다. 한편 1999년 7월 1일 이후에는 「전자상거래기본법」과 「전자서명법」이 시행되면서 우리나라가 세계 6번째로 전자서명법이 제정된 국가로 거듭나는 한편 국내 전자상거래 시장이 확대되는 계기도 마련되었다.

일반적으로 전자상거래는 인터넷을 활용하여 수행되는 모든 상거래 행위와 이를 지원하는 활동을 말하며, 전자상거래 영역은 상품의 구매와 판매에서 금융, 교육 등 다양한 분야에까지 확산되고 있다. 우리나라의 경우 법령상 **전자상거래**에 대한 정의는 「전자상거래 등에서의 소비자보호에 관한 법률」 제2조 1항에서 전자거래의 방법으로 상행위를 하는 것이며, 「전자 문서 및 전자거래 기본법」 제2조 제5호에 따르면, 전자거래란 재화나 용역을 거래할 때 그 전부 또는 일부가 전자문서에 의하여 처리되는 거래로 상행위를 하는 것, 다시 말하면 주문, 결제, 이행 중 하나의 단계에서 전자문서가 활용될 경우 전자상거래로 정의된다. 여기서 전자문서란 컴퓨터 등 정보처리시스템에 의하여 전자적 형태로 작성, 송·수신 또는 저장된 정보를 말한다. 우리나라에서는 전자상거래와는 다른 범주로 통신판매를 정의하고 있고, 여기에는 우편, 카탈로그, TV 등 비대면으로 정보를 제공하고, 거래가 체결되는 거래가 포함된다. 인터넷의 이용이 기업 활동 전반에 확산됨에 따라 전자상거래 용어는 점차 e비즈니스로 대체되었으며, 인터넷 비즈니스도 e비즈니스 중에서도 인터넷을 기반으로 하는 비즈니스를 일컫는 용어이다. 하지만 인터넷의 주요 기술인 웹의 비중이 높아짐에 따라 그 구분 역시 점점 없어지고 있으며, e비즈니스는 전자상거래를 포괄하는 개념으로 이해되고 있는 것이 일반적이다.

(2) 전자상거래 장점과 단점

전자상거래의 장점을 한마디로 요약하면 전자상거래는 판매를 증가시키고 비용을 줄일 수 있다는 것이다. 예를 들어 웹에서의 광고는 작은 회사의 메시지를 세계의 모든 나라에 보낼 수 있다. 한 회사가 지리적으로 넓게 분산되어 있고 규모가 작은 시장에 접근하기 위해 전자상거래를 이용할 수 있다. 인터넷과 웹은 가상 공동체를 만들어서 이상적인 목적 시장이 되도록 할 수 있다. 기업에서 전자상거래를 판매 지원과 주문 접수 과정에 이용함으로써 판매 요구 처리의 비용을 줄이면서, 견적 가격을 제공하거나 제품의 재고 여부를 제공할 수 있다. 예를 들면, 1998년 Cisco Systems사는 자사의 제품 72%를 인터넷을 이용하여 판매한 결과, 매달 50만 건의 전화 통화를 없앨 수 있었고 금액으로 5억 달러를 절약할 수 있었다.

둘째, 전자상거래가 판매자에게 판매 기회를 증가시킨 것처럼 구매자에게도 구매 기회를 증가시킨다. 기업에서 전자상거래를 구매 과정에 이용하면 새로운 공급자와 동업자를 찾을 수 있다. 웹에서는 경쟁력 있는 입찰 가격 정보를 제공하기 때문에 가격과 인도 조건 협상도 더 쉽다. 전자상거래는 사업에서 교환되는 정보의 속도와 정확성을 높이고, 거래 양자에게 비용을 줄여준다. 전자상거래는 고객이 보다 많은 판매자로부터 다양한 제품과 서비스를 고려할 수 있기 때문에 전통적인 상거래보다 더 많은 선택의 기회를 제공한다. 고객은 매일 24시간동안 그들이 선택을 평가해 볼 수 있다. 어떤 고객은 구매를 결정하기 위해 많은 정보를 이용하기를 좋아하고, 또 어떤 고객은 적은 정보를 좋아한다. 전자상거래는 구매하고 하는 것에 대해서 얼마나 자세한 정보를 고객에게 줄 것인가를 쉬운 방법으로 고객에게 맞출 수 있다.

셋째, 기업 프로세스를 공유할 수 있는 장점이 있다. 기업과 협력사간 공동 시스템 도입 등과 같은 방법을 구사하게 되므로 기업 프로세스를 공동으로 소유하고 운영할 수 있다. 즉, 보다 효율적이고 효과적으로 운영이 가능하며 BPR(Business Process Reengineering) 효과를 누릴 수 있다.

전자상거래의 장점에 비해 다음과 같은 단점이 지적될 수 있는데, 이와 같은 사항은 전자상거래가 활성화되기 위한 필요조건이 될 수 있다.

첫째, 구매자는 직접 재화를 눈으로 보고 확인할 수 없기 때문에 상품의 사양이나 품질을 확인하기 힘들뿐만 아니라 보증 체계와 사후관리 등에 대한 안전성을 신뢰하기 힘들다. 또한 매매당사자와 계약 및 계약실행에 관련한 분쟁이 발생하였을 경우 적용법과 관련제도의 미비로 적절한 해결책을 마련하기 힘들다.

둘째, 전자적 결제로 인해 발생될 수 있는 보안과 인증에 관련한 기술적 대비책이 미흡한 실정이다. 아울러, 보안기술이 완벽하지 못한 상태에서 개인의 프라이버시 침해 및 고유의 정보가 노출될 위험이 있다. 이러한 문제는 관련 기술의 발전으로 인해 어느 정도 해결되었다.

셋째, 구매자의 경우 무한한 정보를 통해 구매 의사결정을 함에 따라 정보의 과부하의 문제가 발생할 수 있으며, 구매자의 탐색 및 정보의 이용이 집중될수록 제품간 경쟁이 치열할 수밖에 없어 브랜드의 중요성이 증대된다. 이에 따라 중소기업의 경우 경쟁력이 약화될 가능성이 있으며, 한편으로 기존 브랜드 입지를 강화하고 있는 대기업 역시 급속한 가상공간에로의 진출에 따라 치열한 경쟁 압박을 받을 수 있다.

3. e비즈니스 정의

1997년 e비즈니스란 용어를 처음 쓰기 시작한 IBM의 루 거스너 회장은 e비즈니스를 경쟁 우위를 확보하기 위한 조직 전반에 걸친 업무처리시간, 스피드, 세계화, 생산성 향상,

새로운 고객에의 접근 및 지식 공유에 관련된 모든 것으로 정의하였다. 전자상거래나 e커머스가 주로 기업과 개인 또는 개인과 개인간의 상품 및 서비스 거래라고 한다면 e비즈니스는 이를 포괄하면서도 보다 기업에 초점이 맞추어져 있다. e비즈니스는 이와 같은 전자상거래나 전자 무역(e-Trade)을 포괄하며 나아가 전자 조달(e-Procurement), 전자 물류(e-Logistics) 등 전자적 수단을 통하여 비즈니스 업무를 처리하고 협업하는 모든 활동을 포함한다. 정보 기술과 인터넷, EDI와 같은 네트워크를 기반으로 하고 있는 e비즈니스는 전 세계가 하나의 네트워크로 묶이고 정보 기술이 빠르게 발전함에 따라 단순한 판매 활동뿐만 아니라 경영 프로세스를 전자화함으로서 효율성을 높일 수 있는 도구로 사업영역이 빠르게 확대되고 있다. 2003년 산업자원부에서 발행한 e비즈니스 백서에 따르면, **e비즈니스**는 인터넷과 정보 기술을 이용하여 구매-제조-유통-판매-서비스로 이어지는 비즈니스 전 과정을 재조정하여 경영활동의 효율성과 생산성을 높이며, 새로운 사업기회를 창출하는 계획적으로 조직된 혁신 활동으로 정의되었다. e비즈니스를 좀 더 세분화하면, 거래 주체와 거래 상품의 두 가지 측면에서 정리할 수 있다.

(1) 거래 주체에 의한 유형

거래 주체는 기업, 정부, 소비자로 구분할 수 있고, e비즈니스는 이러한 거래 주체들 간의 가능한 거래 유형으로 e비즈니스를 설명할 수 있다. e비즈니스에서 거래 주체별 유형과 대표적인 예는 [표 1-1]과 같다.

표 1-1. 거래 주체에 따른 거래 유형

유형	설명	대표적인 예
B2B	기업과 기업 간의 다양한 거래(상품의 판매 구매, 정보교환 등)	• e-마켓플레이스
B2C	상품의 판매자가 소비자들을 상대로 상품 또는 정보를 판매	• 인터넷 쇼핑몰 • 포털사이트 • 온라인 정보중개 서비스
B2G	기업과 정부 간의 재화 및 서비스 구매	• 입찰을 통하지 않고 물품 구매
C2B	인터넷의 등장으로 인해 새롭게 형성된 거래유형으로, 소비자 개인 또는 소비자 단체가 기업에게 제품 및 서비스를 제공	• 역경매 • 공동구매

유형	설명	대표적인 예
C2C	소비자 간의 일대일 거래	• 경매. 벼룩시장
C2G	소비자와 정부간의 거래	• 국민제안제도, 세금 납부(위택스)
G2B	기업의 경쟁력 강화 지원 서비스: 정부의 기업 관련 각종 민원서식을 표준화하고 간소화하고 관련 정보와 서비스를 포털사이트를 통해 종합적으로 제공 전자조달: 국가가 필요로 하는 재화나 서비스 조달	• 기업지원 플러스 (www.g4b.go.kr) • 국가종합전자조달시스템 나라장터(www.g2b.go.kr)
G2C	대국민 서비스: 인터넷으로 민원을 처리하고, 정보와 서비스를 포털사이트를 통해 종합적으로 제공	• 정부24(www.gov.kr) • 국가복지종합정보 (www.bokjiro.go.kr)
G2G	정부 간 서비스: 행정기관 상호 간의 업무처리	• 전자문서 유통서비스 • 정부 업무관리서비스 • 행정정보 공동이용서비스

① 기업간 거래(B2B)

기업간 거래는 재화나 용역 생산시 원자재 조달과 제품 개발, 금융업무, 제품 운송 등 기업간의 업무처리를 네트워크를 이용하여 디지털 매체로 수행하는 제반 과정을 의미한다. B2B는 주문, 조달, 생산, 판매, 송장 발·수신, 물류 등 기업 활동 상의 정보를 사설 데이터 시스템이나 부가가치통신망 등의 네트워크 상에서 교환하는 것이다. B2B는 전자문서교환(Electronic Data Interchange; EDI)을 통하여 시작되었고, 현재에는 인터넷 기반으로 전환되었다. B2B 거래가 등장했을 당시에는 불특정 다수의 공급자가 수요자가 모여 자유롭게 거래할 수 있는 일종의 가상 시장(Virtual Market)인 e마켓플레이스가 B2B 거래의 주요 수단으로 자리 잡을 것으로 전망되었지만 닷컴 거품 붕괴를 겪으면서 수많은 독립형 e마켓플레이스가 사라지고, 선호되는 방식의 B2B 거래 방법은 특정 수요자 또는 공급자만 참여할 수 있는 폐쇄적인 사설 마켓플레이스이다.

② 기업과 소비자간 거래(B2C)

B2C는 기업이 고객에게 제품 및 서비스를 전달하는 수단으로서 전자상거래를 사용하는 것을 말한다. B2C는 제품과 서비스를 제공하는 기업과 이를 이용하는 소비자간에 이루어지는 거래에 초점이 맞춰진 것으로 광고, 판매, 고객 서비스 등의 활동을 위해 고객 지향적인 비즈니스가 활용될 수 있다. 가장 대표적인 B2C의 유형으로는 인터넷 쇼

핑몰이 있다. 포탈이나 각종 미디어, 온라인 게임 등 엔터테인먼트 사이트도 일반 소비자에게 콘텐츠를 제공하고 그에 대한 비용을 받거나 광고 수익을 올리기 때문에 B2C형 e비즈니스라 할 수 있다.

③ 기업과 정부간 거래(B2G)

기업과 정부간에 인터넷을 통해 거래가 이루어지는 형태로 기업은 정부를 대상을 제품이나 서비스를 마케팅하거나 정부가 발주하면 기업이 이에 전자적으로 대응하는 경우가 해당된다. 예를 들어, 정부가 행정기관에서 온라인으로 기업의 제품이나 서비스를 구입할 경우가 이에 해당된다.

④ 소비자와 기업간 거래(C2B)

인터넷의 등장으로 인해 새롭게 형성된 거래 관계로, 소비자가 개인적으로 또는 단체를 구성하여 제품의 공급자나 생산자에게 가격, 수량, 부대 서비스 등에 관한 조건을 제시하고 구매하는 형태이다. 공동구매와 역경매가 대표적인 예이다. C2B 유형의 e비즈니스 시스템은 여러 가지 다양한 욕구를 가진 소비자들이 온라인 공동체를 통해 전체 의견을 수렴할 수 있도록 소비자 간에 다양한 의사소통 수단을 제공해줄 수 있어야 한다.

⑤ 소비자간 거래(C2C)

미국의 이베이(eBay)나 우리나라의 옥션이나 당근마켓과 같이 물건을 판매하거나 구매하고자 하는 개인들이 웹사이트에서 흥정을 하고 중개인 없이 직접 물건을 사고 파는 것이 소비자간 거래이다.

⑥ 소비자와 정부간 거래(C2G)

소비자와 정부간의 거래를 나타낸 것으로 소비자인 국민이 국가나 행정기관에 세금이나 각종 부가세를 인터넷으로 처리하는 것을 의미한다.

⑦ 정부와 기업간 거래(G2B)

지방 또는 중앙정부가 기업을 대상으로 인터넷 등 온라인 기반에서 업무를 처리하거나 정보를 공유하는 형태이다. 예를 들어, 정보는 각종 행정업무 처리는 물론 관련 정부 정책이나 법규를 인터넷을 통해 기업에 홍보하거나 정부가 필요로 하는 물품을 공개 조달하는 나라장터가 대표적인 예이다.

⑧ 정부와 소비자간 거래(G2C)

정부와 소비자간의 거래를 나타낸 것으로 정부와 국민간의 원활한 의사소통을 도모하고 대국민 서비스 향상에 기여할 수 있다. 각종 민원을 제공하는 정부24, 국민들에게 다양한 복지정보를 제공하는 국가복지종합정보 등을 예로 들 수 있다.

⑨ 정부간 거래(G2G)

주로 비상업적이고 공적인 업무 수행을 각종 정부 조직 및 기관간에 온라인을 통해 상호작용이 일어나는 형태이다. 정부 조직간에 정보 교류 등 보다 효율적인 업무 수행과 업무 프로세스 통합에 긍정적인 영향을 미친다. 전자문서 유통서비스, 정부 업무관리 서비스, 행정정보 공동이용서비스 등을 예로 들 수 있다.

(2) 거래 상품

거래 상품은 크게 물리적 상품과 디지털 상품으로 구분할 수 있다. 물리적 상품은 실제 현실에서 존재하여 직접 만질 수 있는 물리적 외형을 가진 상품을 말하며, 디지털 상품은 디지털 형태로 제작, 유통, 소비, 저장되는 상품과 서비스를 의미한다. 물리적 상품과 디지털 상품을 비교하면 [표 1-2]와 같다.

표 1-2. 물리적 상품과 디지털 상품 비교

기준	물리적 상품	디지털 상품
유형성	• 직접 만져볼 수 있다. • 현실세계에서 사용해 볼 수 있다.	• 실체가 없다. • 컴퓨터 등의 디지털 매체를 통해서만 경험할 수 있다.
내구성	• 반복 소비가 이루어지면서 품질이 저하된다.	• 반복 소비가 되더라도 품질이 유지되며, 영구 보존이 가능하다.
재생산성	• 상대적으로 낮다. • 재고가 필요하다.	• 매우 높다. • 무한 복제가 가능하다.

기준	물리적 상품	디지털 상품
유통	• 물적 유통망이 필요하다.	• 네트워크를 통해 전달된다.
수정 용이성	• 한번 생산되면 수정 및 변형이 어렵다.	• 계속된 수정 및 변형이 가능하다.
생산비용	• 재생산에 드는 변동 비용이 많다.	• 초기 생산에 드는 고정 비용이 많이 들지만, 재생산에 드는 한계 비용은 매우 낮다

① 물리적 상품

물리적 상품은 음악 CD, 서적, 전자제품, 자동차, 의류 등과 같이 실체가 존재하고 직접 만져볼 수 있는 상품을 말하며, 거래를 위해서는 배달 및 물류 시스템과 반드시 연계되어야 한다. e비즈니스에서 물리적 상품을 거래할 때의 장점은 소비자는 원하는 상품을 비교하여 저렴한 가격에 편리하게 구매 가능하고, 공급자는 상점 운영유지비 등을 줄이고 가격을 낮춤으로써 저렴한 가격으로 공급이 가능하다는 것이다. 단점으로는 소비자에게 상품이 배달되기까지 시간이 걸리고, 배달 과정에서 상품이 손상되거나 분실될 위험성이 있으며, 소비자가 기대했던 것과는 다른 상품이 배달될 가능성이 있다는 것이다.

② 디지털 상품

디지털 상품은 인터넷을 통한 주식 관련 정보 및 여행정보, MP3 파일의 구입 등과 같이 디지털로 생산, 유통, 소비, 저장될 수 있는 상품으로, 실체를 만져볼 수는 없고 단지 컴퓨터를 통해서 보거나 즐길 수 있는 상품이다. 디지털 상품은 디지털 콘텐츠와 디지털 서비스로 대분될 수 있다. 디지털 콘텐츠는 상품이 가지고 있는 내용을 소비자가 사용함으로써 가치를 얻을 수 있는 상품을 말하며, 인터넷 게임과 MP3 음악 파일을 예로 들 수 있다. 디지털 서비스는 상품 자체로서 가치를 가지기보다는 다른 서비스를 이용하는 과정상의 매개체가 됨으로써 가치를 발휘할 수 있는 상품을 말하며, 인터넷을 이용한 영화나 공연 예약 서비스, 여행정보 서비스, 주식정보 서비스 등을 예로 들 수 있다.

디지털 상품의 특성을 살펴보면 다음과 같다. 첫째, 일단 생산이 되면 형태나 품질을 영구히 유지하는 것이 가능하다. 둘째, 수정하는 것이 쉽다. 셋째, 생산 초기의 고정비용은 많이 들지만, 생산된 상품을 추가적으로 생산하는 데 드는 한계비용은 매우 적다. 넷째, 소비자에게 어떤 가치를 가져올 수 있는가를 알기 위해서는 반드시 사용해보거나 경험해보아야 하는 경험재로서의 성격을 지닌다. 다섯째, 여러 사람이 이용하더라도 소비자 개인에게 제공되는 상품 자체의 양적 감소 및 질적 저하가 생기지 않는다.

디지털 상품은 다음과 같은 장점을 가진다. 첫째, 인터넷을 통해 전달되기 때문에 물류에 신경 쓸 필요가 없다. 둘째, 상품의 분리나 합성이 자유롭기 때문에, 원하는 부분만을 구매할 수 있고, 원하는 부분만을 구매한 후 합성하는 것도 가능하다. 셋째, 다양하게 변형시켜 판매 가능하다. 즉, 가격에 따라 기능의 차이를 두어 판매하거나, 요금에 따라 서비스에 제한을 둘 수 있다. 반면에, 디지털 상품이 갖는 단점은 불법 복제가 가능하다는 것이다.

4. e비즈니스 특징

e비즈니스는 인터넷 사용인구의 급속한 증가로 빠르게 확산되고 있으며, 유통 및 재고관리, 마케팅 등의 부분에서 기존의 거래형태와는 다른 특징을 드러내고 있다.

첫째, e비즈니스는 단축된 유통채널을 통해 소비자들에게 보다 저렴한 가격으로 상품을 공급할 수 있게 된다. 기존의 상거래에서는 일반적으로 도매상과 소매상을 통해서 소비자가 상품을 구입할 수 있었던 반면, e비즈니스에서는 인터넷을 통해 소비자에게 직접적인 제품공급이 가능하기 때문에 유통비용의 감축으로 인해 소비자는 저렴한 가격으로 상품을 구입할 수 있게 된다.

둘째, 시·공간의 벽이 사라지게 된다. 제한된 영업시간 내에서만 거래를 할 수 있는 기존의 상거래와는 달리, 초고속 통신망의 보급으로 인터넷은 24시간 접속이 가능하고 전 세계 어디라도 연결이 가능하기 때문에 언제 어디에서든지 정보를 수집하고 상품거래를 가능하게 된다.

셋째, 효율적인 마케팅이 가능하다. 기존의 상거래에서는 영업사원이 직접 시장조사를 하거나 고객의 수요를 파악하였고, 이로 인해 소비자의 의사를 제대로 반영하기

보다는 기업의 일방적인 마케팅 활동을 추진하는 경우가 많았지만, e비즈니스에서는 고객의 수요 및 개인 성향에 대해 실시간 파악이 가능해졌고, 소비자와의 직접적인 상호 커뮤티케이션을 통해 보다 적극적인 마케팅 활동이 가능하게 된다.

넷째, 판매 공간이 불필요하게 된다. 제품을 판매하는 시장이나 점포 등의 물리적인 공간에 고객이 직접 방문하여 구매하는 기존의 방식에서 탈피하여 e비즈니스에서는 네트워크를 통한 정보의 제공이 가능하게 되고 이로 인한 가상 공간에서의 판매활동이 이루어진다. 또한, 다양한 인터넷 기술의 발전으로 소비자들에게 더 다양한 제품 정보를 제공하기 위해 2차원 또는 3차원으로 사진 및 음향자료 등을 실시간으로 제공할 수 있게 되어 소비자의 제품구매결정에 많은 도움을 줄 수 있게 된다.

다섯째, 효율적인 재고관리가 가능하게 된다. e비즈니스에서는 기존의 전사적자원관리 시스템, 공급사슬관리 시스템 그리고 전달조달 체제 등의 재고관리와 관련된 시스템의 구축에 있어 기존의 시스템보다 한층 더 용이한 관리가 가능하게 된다.

여섯째, 소규모 자본으로도 사업전개가 가능하다. 기존의 상거래에서는 영업점 운영을 위한 토지나 건물 등의 구입·임대·판매와 관련된 비용에 있어서 부담이 컸지만, e비즈니스는 인터넷 서버의 구입 또는 임대, 사이트 구축 등의 비용만 필요하기 때문에 상대적으로 적은 비용이 소요된다.

02

e비즈니스 발전

1. 모바일 비즈니스

모바일 비즈니스는 무선 네트워크, 이동이 가능한 모바일 기기를 상거래 및 기업의 제반 활동에 이용하는 것이다. 모바일 비즈니스는 기존의 e비즈니스와 무선 인터넷이 결합한 개념으로 시작되었지만 스마트폰의 급격한 확산과 더불어 비즈니스의 많은 영역에 활용되고 있는 실정이다. 스마트폰에서 사용하는 애플리케이션인 앱을 설치해야 하므로 앱 비즈니스라고도 한다.

(1) 모바일 비즈니스 구성 요소

① 모바일 디바이스

모바일 디바이스는 모바일 비즈니스의 핵심 접점으로, 사용자가 비즈니스 서비스와 상호작용하는 주요 도구로 스마트폰, 태블릿, 스마트워치나 AR/VR 장치와 같은 웨어러블 디바이스를 의미한다.

② 모바일 애플리케이션

모바일 애플리케이션은 사용자가 비즈니스에 접근하고 서비스를 이용할 수 있도록 돕는 소프트웨어로 앱 스토어나 구글 플레이를 통해 다운로드하는 모바일 앱이다. 스마트폰의 운영체제는 iOS(아이폰), AOS(안드로이드)로 구분되며 모바일 애플리케이션은 해당 OS에 적합하도록 소프트웨어를 개발해야 한다. 모바일 앱은 개발 방법에 따라 [그림 1-1]처럼 4가지로 구분된다.

- **네이티브(native) 앱**

iOS와 AOS에 최적화된 프레임워크에서 개발된 것으로 가장 성능이 우수하고 안정적이지만, 두 개 버전으로 개발해야 하므로 시간과 비용이 많이 드는 단점이 있다.

- **모바일 웹**

PC에선 보는 웹을 모바일에서 볼 수 있도록 최적화시킨 것으로 앱이 아니라 브라우저를 통해 접속 가능하다.

- **모바일 웹앱**

모바일 웹보다는 더 모바일에 최적화되어 네이티브 앱화된 형태이다. 즉, 모바일 웹의 특징을 가지면서 네이티브 앱의 장점도 가지고 있다. 모바일 웹과 모바일 웹앱은 다운로드할 필요 없이 사용가능하며 웹 브라우저 크기에 따라 변경되는 반응형 웹과 접속기기의 종류에 따라 변경되는 적응형 웹이 있다.

- **하이브리드 앱**

모바일 웹과 웹앱의 단점을 보완하여 웹을 기반으로 하여 앱의 기능을 차용한 형태의 앱으로 네이버, 구글 같은 검색 플랫폼에서 많이 사용된다.

모바일 애플리케이션은 비즈니스의 다양한 분야에 활용되는데, 예를 들면 전자상거래 분야의 아마존, 쿠팡과 같은 쇼핑 앱, 금융 서비스 분야의 모바일 뱅킹 앱, 송금 서비스, 그리고 O2O 플랫폼인 배달의 민족, 카카오택시 등이다.

③ 무선 네트워크

무선 네트워크는 모바일 디바이스와 서버 간 데이터 전송을 가능하게 하는 기반 인프라이다. 5G 네트워크, Wi-Fi, 블루투스 등 안정적이고 빠른 데이터 전송으로 사용자 경험 개선하고 클라우드 서비스와의 연결을 통해 데이터 저장 및 처리를 지원한다.

■■ 그림 1-1. 모바일 앱의 종류

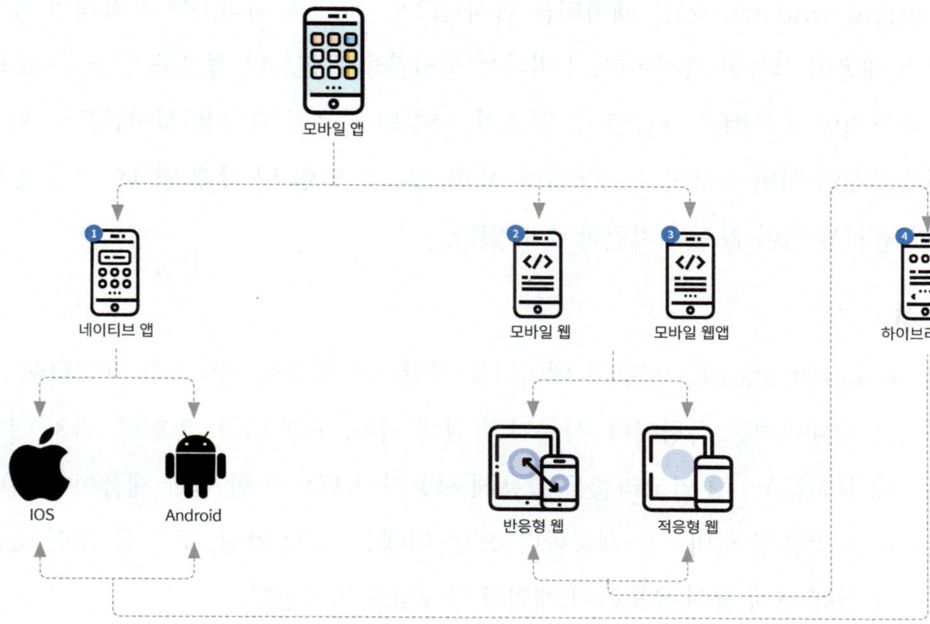

출처 : http://uxstory.co.kr/

(2) 모바일 비즈니스 특징

① 이동성

이동성(mobility)은 다양한 모바일 디바이스를 이용해 장소에 구애받지 않고 언제 어디서나 서비스를 이용하거나 비즈니스를 수행할 수 있는 특징이다. 4G, 5G와 같은 고속의 무선 네트워크 덕분에 데이터 전송이 원활하며, 어디서든 연결 가능하며 GPS와 같은 위치 추적 기술을 활용해 사용자 맞춤형 서비스를 제공할 수도 있다.

② 편리성

편리성(convenience)은 간편하고 직관적인 방식으로 서비스를 이용할 수 있는 특징이다. 모바일 앱이나 웹은 사용자 친화적으로 설계되어 초보자도 쉽게 사용할 수 있으며, 결제, 검색, 예약, 고객 지원 등의 기능을 하나의 플랫폼에서 제공해 불필요한 단계를 줄이며, 스마트폰으로 언제 어디서나 즉시 이용 가능하다.

③ 실시간성

실시간성(real-time access)은 데이터를 실시간으로 전송 및 처리하여 즉각적인 응답과 서비스 제공이 가능한 특징이다. 소비자는 실시간으로 필요한 정보를 얻을 수 있고, 기업은 즉각적인 피드백을 제공할 수 있으며, 다수의 사용자 요청을 실시간으로 처리해 동시다발적인 서비스 제공도 가능하다. 또한 실시간 알림 및 상태 업데이트를 통해 사용자가 놓치는 일이 없도록 지원할 수도 있다.

④ 개인화

개인화((personalization)는 사용자 데이터를 기반으로 맞춤형 서비스를 제공하여 소비자 경험을 극대화하는 특징이다. 사용자의 검색 기록, 구매 이력, 선호도, 위치 데이터를 수집해 분석하고, AI 알고리즘을 활용해 사용자가 필요로 할 만한 제품이나 서비스를 추천하는 맞춤형 서비스를 제공한다. 또한 이메일, 푸시 알림, 쿠폰 등 개인 맞춤형 메시지를 통해 고객 참여 유도하여 개인화 마케팅도 지원한다.

(3) 모바일 비즈니스 수익 모델

모바일 비즈니스를 통해 수익을 창출하는 방식은 크게 판매 모델, 광고 모델, 중개 모델의 세 가지로 구분할 수 있다.

① 판매 모델

판매 모델은 사용자에게 서비스를 유료로 제공하여 수익을 창출하는 모델이다. 판매 모델은 결제 유무에 따라 전면 유료화 모델과 부분 유료화 모델로 구분된다.

- 전면 유료화 모델 : 결제를 하지 않으면 서비스를 이용할 수 없는 모델로 결제 방법에 따라 일회성 결제 모델과 정기 구독 모델로 구분된다.
  - 일회성 결제 모델 : 사용자가 가격을 지불하고 상품이나 서비스를 구매하는 모델이다. 모바일 앱 중 가장 많은 유형으로, 쿠팡이나 아마존 같은 쇼핑 앱에서 사용자에게 제품을 판매하는 모델이 이에 해당한다. 또한 소프트웨어 판매도

처음 구매해서 평생 사용한 경우도 이에 해당된다.

- 정기 구독 모델 : 월이나 연 단위로 일정한 가격을 지불하면 서비스를 무제한으로 이용할 수 있는 모델로 다양한 OTT 서비스들이 이에 해당한다. 대표적으로 넷플릭스, 티빙, 디즈니 플러스 등을 예로 들 수 있다. 소프트웨어의 라이선스를 연 단위로 구매한 경우는 이에 해당된다.

- 부분 유료화 모델 : 결제를 하지 않아도 서비스를 이용할 수 있지만 더 나은 기능이나 서비스를 이용하기 위해서는 결제를 해야 하는 모델로, 처음에는 무료로 서비스를 이용하게 하여 서비스의 이용량을 증가시키고 과금을 통해 더욱 편리한 이용을 할 수 있도록 한다. 대표적인 예로 게임 앱을 들 수 있다.

② 광고 모델

광고 모델은 사용자에게 무료로 서비스를 제공하고 서비스에 광고를 연결하는 모델을 의미한다. 네이버나 구글 같은 검색 앱과 유튜브, 인스타그램과 같은 소셜 미디어 플랫폼에서 많이 사용한다. 앱광고 모델의 경우 앱에 올라가는 광고의 과금 방식에 따라 여러 종류로 구분되는데, 가장 일반적인 방식은 CPM과 CPC 방식이 있다.

- CPM(cost per mille) : 광고가 사용자에게 노출된 건수에 따라 광고 비용을 책정하는 방식이다. 사용자에게 광고 화면을 노출하고 광고 화면을 노출한 건수에 맞게 정산을 받게 된다.

- CPC(cost per click) : 광고를 클릭하여 광고 페이지를 클릭한 횟수로 책정하는 방식이다. CPM보다 더욱 정확한 광고 지표를 확인할 수 있다.

③ 중개 모델

중개 모델은 사용자 서비스 내에 입점된 업체에게 비용을 지불하면 이에 따른 수수료로 수익을 얻는 모델이다. 공급자와 수요자를 이어주는 역할을 앱이 하게 되는 것인데, 대표적인 예로 배달의 민족, G마켓, 야놀자 등을 들 수 있다.

2. 플랫폼 비즈니스 모델 확산

플랫폼 비즈니스는 인터넷과 디지털 기술의 발전을 바탕으로 급속히 확산되었으며, 현대 비즈니스 환경에서 핵심적인 역할을 하고 있다. 플랫폼 비즈니스는 생산자와 소비자를 연결하는 디지털 생태계를 구축하여, 거래, 정보 공유, 협업 등을 촉진하는 비즈니스 모델이다.

(1) 플랫폼

플랫폼은 영단어 platform에서 유래한 단어로 예전에는 사람들이 기차에 탑승할 때 연결해주는 장치를 말하거나 혹은 그 자체로 기차역이라는 의미로 쓰였다. 그러나 시대가 변하면서 오프라인 위주로 이뤄지던 물건이나 서비스의 생산 및 소비가 기술의 발전에 힘입어 점점 디지털로 전환됐고 온라인 환경에서 생산자와 소비자를 연결해주는 디지털 장소도 플랫폼이라 불리게 되었다. 플랫폼은 하드웨어 플랫폼, 소프트웨어 플랫폼 그리고 서비스 플랫폼 3가지 종류로 나눌 수 있다.

① 하드웨어 플랫폼

하드웨어 플랫폼은 제품을 대량 생산할 때 일정한 품질을 유지하면서 낮은 비용으로 생산할 수 있게 하는 프로세스와 물리적 장치를 말한다. 하드웨어 플랫폼의 제품에 공통으로 들어가는 표준화된 핵심 부분들이 소프트웨어 플랫폼의 운영체제의 역할과 동일하다고 볼 수 있다. 하드웨어 플랫폼의 대표적인 산업 제품으로는 자동차와 스마트폰을 예로 들 수 있다. 각각의 다른 브랜드들의 자동차들 안에 들어가는 엔진이 같다고 가정할 때 엔진은 플랫폼이라고 볼 수 있으며, 동일한 CPU를 사용하는 다양한 스마트폰 제품이 있다면 CPU를 플랫폼으로 볼 수 있다.

② 소프트웨어 플랫폼

소프트웨어는 시대가 점점 발전해 가면서 하드웨어의 부품 역할을 대신했고 소프트웨어 플랫폼이라는 개념이 만들어졌다. 가장 흔하게 들어본 용어로 정의해 본다면 운영체제라고 할 수 있다. 운영체제라는 말에서 알 수 있듯이 소프트웨어 플랫폼은 애플리케이션이 돌아갈 수 있게 하는 기초를 말하며 전자기기에서 사물 인터넷까지 다양한 분야에 사용되고 있다. 스마트폰을 예를 들면, 애플의 iOS와 구글의 안드로이드를 들 수 있다.

③ 서비스 플랫폼

서비스 플랫폼은 네트워크 상에서의 컴퓨터들 간의 상호작용을 하기 위한 소프트웨어 시스템인 웹 서비스의 등장과 함께 나타났다. 네이버나 다음, 구글 같은 검색엔진에서 시작한 포털사이트부터 카카오, 인스타그램과 같은 SNS까지 모두 서비스 플랫폼으로 정의할 수 있다. 처음에는 정보 교환의 형태로 시작한 서비스 플랫폼은 게임이나 광고까지 점점 영역을 확장해 나가고 있다. 서비스 플랫폼 안에도 다양한 유형으로 나눌 수 있으며 거래 플랫폼, 생태계 플랫폼, 다면 플랫폼 3가지로 나뉜다. 거래 플랫폼은 거래를 중개하는 역할을 한다. 생태계 플랫폼은 제품이나 서비스를 만들어서 수요자에게 제공하는 플랫폼이다. 다면 플랫폼은 공급자와 수요자에게 서로 다른 가치를 제공하는 플랫폼이다.

(2) 플랫폼 비즈니스 종류

플랫폼 비즈니스는 스토어형, 상거래형, 웹서비스 게임 비즈니스형, 사슬형, 에이전트형 총 5가지 모델로 분류된다.

① 스토어형

가치 교환의 형태를 지니며 공급자가 앱을 등록하고 사용자가 앱을 사용하는 형태이다. 대표적인 예로는 애플의 앱스토어와 구글의 Play 스토어가 있다.

② 상거래형

기존의 1:1의 거래방식에서 더 나아가서 다양한 공급자와 수요자들이 만나서 거래할 수 있는 비즈니스 형태이다. 또한 오프라인과 온라인을 하나로 묶는 플랫폼 구축을 전략으로 하고 있다. 대표적인 예로는 이베이가 있으며 국내 기업 중에는 쿠팡을 예로 들 수 있다.

③ 웹서비스 게임 비즈니스형

웹서비스 비즈니스 모델과 게임 비즈니스 모델로 다시 나눠진다. 웹서비스 비즈니스형 모델은 플랫폼 기반의 각종 원격 컴퓨팅 서비스를 비즈니스로 하는 모델로 대표적인 예로 아마존의 AWS가 있다. AWS는 Amazon Web Service의 약자로 클라우드 컴퓨팅 플랫폼이다. 스타트업 기업들이나 대기업들 또한 AWS를 이용하고 있는데 그 이유로는 자신이 쓴 만큼만 대가를 지불하면 되기 때문에 비용적 측면에서 실용적이기 때문이다. 비용뿐만 아니라 확장성 및 광범위한 서비스도 AWS가 인기있는 이유다. 게임 비즈니스 모델은 플랫폼 기반으로 게임에 관한 수요와 공급을 연결하는 비즈니스이다. 페이스북이나 카카오톡을 예로 들 수 있으며 기존에 제공하던 서비스와 함께 추가로 제공하는 게임 서비스는 기존 사용자들의 충성도를 높이면서 새로운 고객을 유치할 수 있다.

④ 사슬형

가치 사슬을 플랫폼에 형성해서 이를 기반으로 참여자들의 협업을 통해 비즈니스를 완성하는 것이다. 플랫폼에서는 B2B 거래를 연결해 주는 모델로 기업 간의 거래를 연결해 준다. 대표적인 예로는 홍콩의 기업 리앤펑이 있다. 리앤펑은 1906년 중국 자본으로 설립된 최초의 국제무역 회사로 SCM이라는 공급사슬관리를 통해 디자인에서 운송, 통관까지 고객 회사의 모든 일을 대행한다.

⑤ 에이전트형

공급자와 수요자가 원활하게 거래를 할 수 있도록 서비스를 중개해주는 것이다. 에이전트형 모델은 플랫폼이 단순히 대리인 역할 정도만 수행하는 것이기 때문에 공급자가 재고 관리부터 판매 전략까지 모두 자유롭게 통제할 수 있다. 이 모델의 예시로는 온라인 서점이 있다. 온라인 서점들은 많은 출판사들이 있으며 각 출판사마다 다루는 책도 다르고 판매 성격도 다르다. 대표적인 온라인 서점으로는 아마존을 예로 들 수 있다.

(3) 플랫폼 비즈니스 특징

① 승자독식 수익구조

특기할만한 점은 참여자 증가에서 비롯되는 플랫폼 매력도 증가가 다시 참여자 증가로 연결되는 선순환 구조가 만들어지고, 플랫폼의 지배력과 영향력이 더욱 굳건해지면서 기존 유저가 이탈하지 못하는 락인(Lock-in) 현상이 나타난다는 것이다. 따라서 플랫폼 비즈니스에서는 초기에 사용자를 임계점(Critical mass)까지 확보하는 것이 사업의 성패를 좌우한다. 이를 위해 플랫폼 기업은 초기에 적자를 감수하면서 무료나 매우 적은 비용으로 서비스를 제공하며 가입자를 유치하기도 한다. 일단 시장이 형성되기 시작하면 유사 서비스나 플랫폼이 시장에 진입하고 이들 간의 경쟁이 치열해진다. 이 시기에는 적자를 버티며 시장에서 살아남는 것이 플랫폼 기업의 지상과제가 된다. 어떤 플랫폼을 사용 중인 사람이나 기업이 플랫폼을 바꿀 때는 여러 가지 형태의 전환비용이 발생한다. 보통 이러한 전환비용 때문에 사람이나 기업은 하나의 플랫폼을 지속적으로 사용하게 되고, 네트워크 효과로 인해 참여자가 많은 지배적 플랫폼에 사용자가 더욱 몰리는 경향이 나타난다. 결국 시장에는 임계점을 넘는 유저를 보유하고 플랫폼 간 경쟁에서 적자를 버틸 여력이 있는 소수의 플랫폼만이 살아남게 된다. 살아남은 소수의 플랫폼이 유료화, 수익화에 나서게 되고, 이들이 수익모델 구축에 성공할 경우 비로소 승자독식의 수익 구조가 형성된다.

② 네트워크 효과

플랫폼에서 가장 중요한 특징은 네트워크 효과이다. 플랫폼 비즈니스는 공급자와 사용자로 구성되는 다수의 참여자가 공통의 플랫폼을 공유하며, 참여자들 간의 상호작용에 의해 가치가 창출된다. 따라서 참여자가 많아질수록 1인당 거래 및 운영 비용이 절감되고, 참여자들 간 연결과 상호작용이 활성화되어 효용은 높아진다. 이러한 구조와 특징을 플랫폼의 네트워크 효과라고 지칭한다. 플랫폼 비즈니스는 주로 승자독식 수익 구조를 보이는데, 네트워크 효과는 소수의 플랫폼 기업이 대부분의 시장 수익을 차지하게 만드는 원인이 된다. 플랫폼의 네트워크 효과는 일명 눈덩이 효과(Snowball effect)

로도 일컬어진다. 이는 참여자가 늘어나며 강해지는 플랫폼의 매력과 장점이 또 다른 참여자를 불러들여 플랫폼의 규모가 급격하게 팽창하는 특징을 설명하는 데 유용한 개념이다.

네트워크 효과에는 직접 네트워크 효과와 간접 네트워크 효과가 있다. 직접 네트워크 효과는 공급자와 사용자 중 어느 한 쪽에서의 참여자 증가가 동일한 측면의 다른 참여자에게 효용을 증대시키고 참여자 증가를 불러일으키는 현상을 가리킨다. 직접 네트워크 효과는 주로 사용자 측면에서 일어난다. 예를 들어, 페이스북 유저가 늘어날수록 보다 많은 사람들과 소통할 수 있는 가능성이 더 커지기 때문에, 신규 가입자가 더욱 증가하며 기존 가입자도 페이스북을 떠나기 힘들어지게 된다. 간접 네트워크 효과에서는 공급자와 수요자 중 어느 한 쪽에서의 참여자 증가가 다른 쪽 참여자의 효용성을 증대시키고 참여자 증가를 불러일으킨다. 예를 들어, 페이스북 유저가 늘어나면 광고 플랫폼으로서 페이스북의 매력도가 높아지고 더 많은 기업들이 페이스북에 광고주로 참여하게 된다.

③ 비즈니스 경계 파괴

플랫폼에서는 산업의 경계가 모호해지며 비즈니스 간 융합과 사업 확장 및 다변화 현상이 나타난다. 예전에는 제조업으로 사업을 시작한 회사가 지금은 회사의 제품을 팔 수 있는 쇼핑몰도 운영하며 고객에게 제품을 배송하는 것까지 모두 한 회사의 사업 영역 안에 존재할 수 있다. 또한 앞에 말한 것과는 다르게 플랫폼 비즈니스는 원래 회사와 완전히 무관한 사업 영역에도 뛰어드는 것을 가능하게 만들었다. 포털사이트로 시작한 네이버는 현재 한국의 대표적인 전자상거래 서비스를 하는 기업 중 하나이다. 이 뿐만 아니라 네이버에서는 식당을 가기 전에 미리 예약 및 결제를 해서 소비자들의 편의 또한 증가시켜준다.

④ 생태계 기반

플랫폼은 생태계에 기반한다. 생태계에 참여하는 기업은 공급자와 수요자, 광고 기업과 같은 다면 플랫폼의 주요 구성원을 포함한다. 또한 하드웨어 제조사와 함께 다양한 애플리케이션을 제작·공급하는 소프트웨어 개발사도 포함된다. 주요 구성원 간의 활발한 상호작용과 여기서 창출되는 가치가 생태계 활성화를 좌우한다. 또한 플랫폼 참여자들은 새로운 하드웨어, 소프트웨어, 솔루션 등을 만들어내 플랫폼의 혁신을 불러일으키는 원동력이 되기도 한다. 다면 플랫폼의 거버넌스에 따라 생태계의 폐쇄성과 개방성이 결정된다. 폐쇄적 생태계가 부정적인 모델인 것은 아니며, 개방형 생태계라고 해서 바람직한 성격을 지니는 것도 아니다. 폐쇄적 생태계와 개방형 생태계는 저마다 다른 장·단점을 지니며, 이 때 플랫폼 생태계의 성패는 참여자에게 얼마나 많은 효용과 가치, 그리고 수익을 제공하느냐에 달려 있다

⑤ 양면(다면) 시장 구조

플랫폼의 마지막 특징은 양면 시장, 또는 다면 시장 구조이다. 양면(다면) 플랫폼은 2개, 혹은 2개 이상의 고객 집단, 또는 참가자 집단 간의 직접적인 상호작용을 통해 가치를 창출하는 기술이나 제품, 서비스를 가리킨다. 상당수의 플랫폼은 양면, 또는 다면 플랫폼에 속한다. 플랫폼을 매개로 수요자와 공급자, 그 외 참여자가 연결되어 다양한 상호작용이 일어나는 양면(다면) 시장의 구조는 간접, 직접 네트워크 효과를 만들어내는 원동력이 된다.

양면(다면) 플랫폼을 설계할 때는 4가지 요소를 중점적으로 고려해야 한다. 플랫폼 생태계에 참가시킬 집단의 수는 가장 중요한 요소다. 주로 구매자, 판매자, 광고주로 이루어진 3면 플랫폼이 일반적이며, 그 외 구매자, 판매자로 이루어진 2면 플랫폼과 제4의 주체가 참여하는 4면 플랫폼도 존재한다. 참가자의 수는 플랫폼의 구조와 수익 모델을 결정하는 요소이다. 예를 들어, 소셜 구인/구직 서비스인 링크드인(LinkedIn)은 채용기업(담당자), 유저(구직자), 광고주를 연결하는 3면 플랫폼이며, 이들에게 각각 채용 솔루션, 프리미엄 구독 서비스, 광고 솔루션을 제공해 매출을 올리는 수익 구조를 취하고 있다. 참가자 집단의 수를 어떻게 설정하느냐에 따라 플랫폼 운영, 수익 모델 양상이 달라지게 된다.

두 번째로 플랫폼의 가격 구조를 고려해야 한다. 많은 다면 플랫폼이 1개 이상의 참

가자 집단에게 무료 서비스나 가격 보조를 제공하는 대신, 다른 집단으로부터는 수익을 취하는 비즈니스 모델을 갖고 있다. 이 과정에서 어떤 집단에게 어떤 가격 수준과 수익 구조(유료, 무료)를 설정해야 할지 결정하게 된다. 예를 들어 네이버와 같은 인터넷 포털은 거의 대부분의 서비스를 유저에게 무료로 제공한다. 이로부터 확보된 대규모의 유저들은 훌륭한 광고 노출 수익원이 되고, 실제 수익은 네이버에 광고를 게재하는 광고주로부터 거두어들이는 구조이다. 다면 플랫폼의 가격 구조를 설계할 때는 가격 민감도가 낮은 집단, 플랫폼으로부터 더 많은 이익을 얻는 집단에 더 높은 가격을 부과해야 한다.

세 번째 고려 사항은 플랫폼을 통해 발생하는 가치를 누구에게 얼마나 배분할 것인가이다. 다면 플랫폼에 참여하는 집단은 서로 자신이 취할 수 있는 수익이나 효용성을 극대화하고자 하는 욕망을 지니고 있다. 예를 들어, 광고 기반 플랫폼(SNS, 포털, 검색엔진)은 더 많은 광고를 눈에 잘 띄는 공간에 배치하고 싶어 하는 광고주의 욕망과 거추장스러운 광고 없이 서비스를 쾌적하게 이용하고 싶은 사용자의 욕망이 충돌할 수밖에 없다. 이 과정에서 광고주의 이익을 우선시하는, 즉 화면에 노출되는 광고 수와 유저의 클릭을 유도하는 장치를 늘린 서비스는 단기적으로는 수익 상승 효과를 볼 수 있을지 모르지만 서비스에 불편함을 느낀 유저가 이탈하게 되는 부작용을 겪게 될 수도 있다. 따라서 다면 플랫폼의 가치 균형을 유지하기 위해 각 집단 간 수익과 효용성을 적절하게 분배하고, 어느 한 쪽의 가치가 극단적으로 늘어나거나 줄어들지 않도록 관리해야 할 필요가 있다.

마지막 고려 사항은 플랫폼 참가자를 얼마나 어떻게 통제할 것인가로 연결되는 거버넌스의 문제이다. 플랫폼 소유자는 플랫폼에 대한 접근 규칙, 플랫폼상에서 이뤄지는 상호작용 규제 등을 통제함으로써 다면 플랫폼의 생태계 거버넌스를 결정한다. 예컨대 미국의 대표적인 데이트 서비스 플랫폼인 매치닷컴(Match.com)과 이하모니(eHarmony)는 회원 가입 자격과 회원 간 상호작용 통제에 큰 차이를 보인다. 매치닷컴은 등록 자격과 회원들 간 상호작용을 가급적 제한하지 않는다. 이에 반해, 이하모니는 250개 문항의 설문지를 통한 엄격한 자격 심사와 함께 회원들이 직접 다른 회원들에게 데이트 신청이나 접촉을 할 수 없도록 제한하고, 매칭 알고리즘에 의해 회원들을 연결해준다. 매치닷컴은 보다 많은 회원들을 유치할 수 있지만 회원들의 신원 보증이 확실하지 않고 회원들 간 데이트 신청이 혼란스럽게 전개될 수 있다. 반면에 이하모니는 회원 수 확보에서 매치닷컴에 비해 확실히 불리하지만, 회원들의 신원을 보증하고 더 적합한 데이트 매칭을 통해 장기적인 만남을 원하는 회원들에게 만족도 높은 서비스를 제공할 수 있다.

Part 02.

e 비즈니스 전략

01
e비즈니스 전략 정의

기업들은 수익을 얻기 위해 사업을 하며 사업의 성공은 사업성과 즉, 회계 상의 이익으로 측정되어진다. 전략적 경영활동이란 기업이 장기적인 목표를 달성하기 위하여 각종 정책들을 기획, 집행하고 이를 통해 주어진 자원을 성공적으로 배분하여 경쟁기업에 비해 경쟁우위를 획득하기 위한 경영활동을 이른다. 즉, 오늘날과 같이 치열한 글로벌 경쟁체제에서 경쟁기업과 비교해서 어떻게 경쟁우위를 획득할 수 있는가를 모색하여 추진하는 경영활동이라고 할 수 있다. 경쟁전략이란 기업이 경쟁우위를 획득하기 위하여 수립하는 전략이며, 기업이 비즈니스를 통해 지속적인 수익을 확보하기 위해서는 자사에 맞는 경쟁전략이 먼저 수립되어야 한다.

경쟁전략의 수립은 해당 기업이 가장 잘 할 수 있는 부분을 발견하는 것에서 출발한다. 이를 기업의 핵심역량이라고 부른다. 기업의 핵심역량은 그 기업의 수익창출 능력과 직접적인 관련이 있어야 한다. 아울러 경쟁전략의 수립은 해당 기업의 주변 환경과 본질적으로 연관되어 있다. 기업과 연관된 주변 환경은 경제적, 사회적 제반요인까지 포괄하는 것이지만, 직접적으로는 해당 기업이 경쟁을 벌이는 특정산업이나 산업군으로 볼 수 있다. 이는 산업구조가 해당 산업내 기업 간의 경쟁에 큰 영향을 미치기 때문이다. 기업은 내부 핵심역량 분석 및 외부 경쟁 환경 분석 결과를 토대로 경쟁전략 및 수익을 창출하기 위한 비즈니스 모델을 선택, 수립하고, 이에 기초하여 구체적인 비즈니스 프로세스를 개발한다. 기업은 경영환경의 변화에 따라 필요시 이러한 과정을 반복적으로 수행하여야 한다.

e비즈니스를 수행하려는 기업은 자사의 기업 환경 및 내부 핵심 역량에 관한 철저한 분석을 통해 자사에 맞는 e비즈니스 전략을 수립하여야 한다. 외부 환경 분석으로 가장 중

요한 것이 인터넷으로 인해 초래된 변화된 비즈니스 환경에 대한 분석이다. 자사의 핵심역량은 그 기업의 수익창출 능력과 직접적인 관련이 있는 것이어야 하며 기업이 가장 잘 할 수 있는 부분을 발견하는 것에서 출발하여야 한다. 기업 환경 및 내부 핵심 역량 분석 결과와 이에 따라 수립된 e비즈니스 모델은 경쟁전략 수립에 기초가 된다. 따라서 **e비즈니스 전략**은 e비즈니스 기업이 처한 환경과 역량을 파악하여 적절한 e비즈니스 모델을 설정하고 이를 수행하기 위한 구체화된 실행지침으로 정의할 수 있다.

02
e비즈니스 환경 분석

기업이 지속적으로 수익을 창출하고 경쟁우위를 확보하기 위해 수립하는 전략은 해당 기업을 둘러싼 주변 경쟁 환경에 대한 정보를 수집하고 분석하는 데서 출발한다. 이때 주변 환경이란 해당 산업내 경쟁상황, 고객의 니즈 및 선호에 대한 변화나 추세, 비즈니스에 대한 인식 및 활성화 정도, 정부의 지원정책 및 비즈니스 관련 규제나 법규의 변화 등을 말한다. 환경 분석은 크게 해당 산업내 경쟁 환경을 분석하는 5 요인 모델과 거시 환경을 분석하는 PEST 분석, 기업 내부 환경과 외부 환경을 분석하는 SWOT 분석으로 나누어 볼 수 있다.

1. 5 요인 모델

포터(Porter)는 산업내에서 한 기업의 경쟁적 지위를 결정짓는 요소로서 산업내의 현재 경쟁기업들, 현 산업에 진입 가능한 잠재적 진입자, 구매자, 공급자, 그리고 대체재의 다섯 가지를 제시하였다. 그리고 이들 요소를 기업의 경쟁적 위치를 위협하는 요소로 보아 기존 기업간의 경쟁 정도, 신규 진입자의 위협, 구매자의 교섭력, 공급자의 교섭력, 대체품의 위협을 [그림 2-1]과 같이 다섯 가지의 경쟁 요인이라고 정의하였다.

(1) 신규 진입자의 위협

어느 산업에 새로운 기업들이 진출할 때 이들은 새로운 능력과 시장을 확보하려는 강한 의욕, 그리고 때로는 상당한 자원을 가지고 뛰어든다. 그럴 경우 가격이 인하되거나

■ 그림 2-1. 5 요인 모델

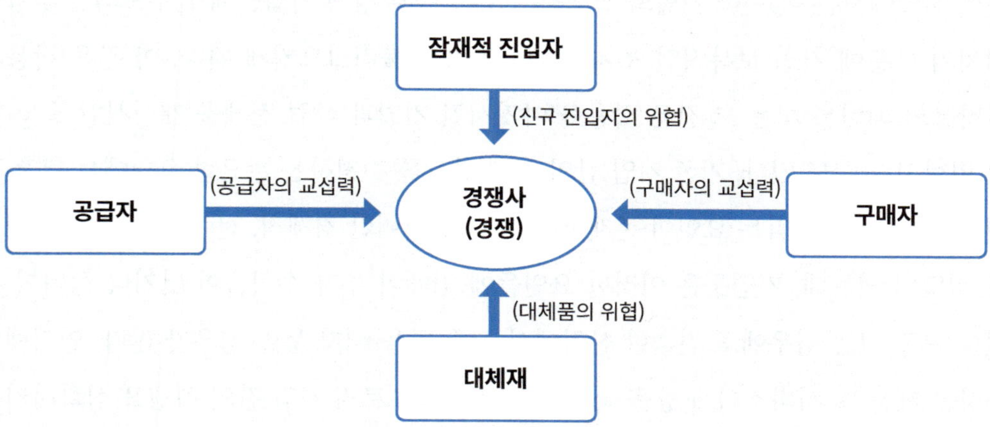

부대 비용이 상승해서 결국 수익성을 저하시킬 가능성이 많다. 어떤 산업에 신규 진입자가 등장했을 때에는 **진입 장벽**(entry barrier)과 기존 경쟁기업들의 대응에 따라 진출 기업이 주는 위협의 폭이 결정된다. 진입 장벽이란 어떤 기업이 새로운 산업에 진입하고자 하는 경우에 산업의 장벽을 의미하는데, 이는 새로운 시장에 얼마나 쉽게 진입할 수 있는가를 분석해 볼 수 있다. 진입 장벽이 높고 신규 진출 기업이 예상하는 기존 경쟁기업의 대응이 강할 경우에는 신규 진입자의 위협은 미약해진다. e비즈니스 환경에선 인터넷과 다양한 정보기술의 등장으로 인해 신규 진입자에 대한 장벽이 낮아지게 되어 신규 진입자의 위험이 높아질 소지가 많다. 다시 말해, 손쉬운 정보기술의 확보와 정보기술의 확산으로 인해 정보의 획득 및 공유가 용이해질 뿐만 아니라 신규 진입을 위한 투자비용이 극적으로 낮아짐으로 인해 신규 진입자로 부터의 위협이 훨씬 높아지게 된다. 하지만, 기존 산업 내에서 네트워크 효과가 발생하거나 정보기술 및 정보를 효율적으로 활용하는 경우 진입장벽을 높이는 효과가 발생할 수도 있다.

(2) 기존 기업 간의 경쟁 정도

기존 경쟁기업들간의 경쟁은 흔히 유리한 위치를 차지하려는 여러 가지 전술, 즉 가격 경쟁, 광고 경쟁, 신제품 소개, 대고객 서비스나 제품 보증 등의 형태로 전개된다. 대부분의 산업에서는 어느 한 기업의 경쟁적 조치가 다른 경쟁 기업들에게 두드러진 영향을 미치기 때문에 자연 보복적인 조치나 대응조치를 불러일으키게 된다. 이 같은 작용과 반작용의 패턴은 처음 그 같은 작용을 야기시킨 기업과 산업 전체를 개선시킬 수도 있고 악화시킬 수도 있다. 기존 기업 간의 경쟁 강도를 결정하는 주요한 요인에는 퇴출 장벽(exit barrier)이라는 요인이 존재한다. 퇴출 장벽이란 경제적, 전략적, 심리적 요인들로 설명이 되는데, 기업들은 이러한 요인들에 얽매어 투자 수익률이 낮거나 심지어 손실을 보고 있는 경우에도 진출한 산업에서 선뜻 발을 빼지 못할 경우가 많다. 인터넷의 등장은 제품 및 서비스의 모방을 더욱 용이하게 함으로써 기업 간의 경쟁을 심화시키는 결과를 초래하고, 인터넷 기업의 확산으로 인해 경쟁이 극심하게 된다. 반면, 인터넷을 통해 기업은 시장을 쉽게 확대할 수 있고 비용구조를 개선할 수도 있다. 다시 말하면, 인터넷을 활용한 전략을 어느 기업이 잘 구사하느냐에 따라 그 효과가 달라진다.

(3) 구매자의 교섭력

구매자의 교섭력은 제품 및 서비스의 구매자 집단이 갖는 협상력의 강도를 의미한다. 구매자들은 기업에게 가격, 품질 및 서비스에 관한 다양한 요구를 하며, 종종 경쟁기업의 제품 및 서비스와 비교하여 구매를 결정하기 때문에 구매자들의 협상력은 기업의 이윤 창출에 매우 큰 영향을 미친다. 구매자들의 교섭력이 클수록 이윤은 줄어들게 된다. 일반적으로 구매자가 시장 동향, 가격구조 등에 관한 자세한 정보를 가지고 있을 때 구매자의 교섭력은 증가하는데, 인터넷은 구매자의 정보 획득 및 거래비용을 낮출 수 있는 등 교섭력이 증가하는 추세이기 때문에 해당 산업의 이윤잠재력은 떨어지게 된다. 한편, 기업은 인터넷을 이용해 중개업자를 우회하여 구매자와 직접 접촉하고 보다 정확한 정보를 시기적절하면서도 저렴하게 확보할 수 있게 됨에 따라 경쟁력을 확보할 수 있다.

(4) 공급자의 교섭력

공급자의 교섭력은 공급자들이 해당 산업내 현존 기업들에 대해 갖는 협상력의 강도를 의미한다. 기업에 대하여 공급자들은 제품가격을 인상하거나, 제품 및 서비스의 향상된 품질을 무기로 협상력을 강화할 수 있다. e비즈니스 환경 하에서 공급자는 인터넷을 이용해 새로운 시장에 쉽게 접근하여 구매자를 확보할 수 있게 되었으며 이는 공급자의 교섭력 증가로 이어져 기업의 이윤잠재력 축소를 유발한다. 반면 기업이 공급자가 제공하는 제품이나 서비스의 가격이나 품질 등에 관한 충분한 정보를 가지고 있다거나 해당 정보를 저렴하고 쉽게 획득할 수 있다면 공급자의 교섭력은 약화되고 산업내 이윤잠재력은 증가될 수 있다. 인터넷은 보편성이라는 특성으로 인해 기업과 공급자 모두를 유리하게 하는 효과를 발생시킨다. 따라서 인터넷을 활용한 전략을 누가 더 잘 구사하느냐에 따라 그 효과가 달라진다.

(5) 대체품의 위협

대체 제품이나 서비스의 위협도 특정 산업 내 기업들의 이윤을 결정하는 데 영향을 미친다. 새로운 대체품이나 서비스는 기존 기업의 제품 및 서비스들과 경쟁하게 되어 기업들이 가격을 결정하는 데 영향력을 행사하게 되고 품질 및 서비스 개선을 위한 압박을 하게 된다. e비즈니스의 경우, 인터넷의 등장은 기업으로 하여금 다양한 채널과 비즈니스 프로세스를 제공할 수 있기 때문에 대체품의 등장을 용이하게 할 수 있다. 또한 기업의 효율적인 프로세스 적용 및 정보의 활용을 통해 대체품의 위협에 대응하는데 도움을 줄 수도 있다.

2. PEST 분석

PEST(Political, Economic, Social and Technological) 분석은 거시환경분석이라고 하는데, 전략 관리 구성요소 중 외부 환경 파악에 사용되는 정치적 요소, 경제적 요소, 사회적 요소, 기술적 요소를 묘사한 것이다. 일부 학자들은 법적(legal) 특성과 환경(environmental) 분야를 추가하여 PESTEL이나 PESTLE라고 하기도 한다. 시장 조사나 전략 분석을 할 경우 특별히 거시경제 요소에서 기업이 의사결정을 내려야할 때 사용하는 기법으로 SWOT 분석에서 기회와 위협 요인을 분석할 때 도움이 될 수 있다. 시장 성장과 축소, 사업 포지셔닝, 사업 방향 등을 파악하는 데 효과적인 도구이다. 어떤 산업의 구조와 기능은 여러 가지 외부 환경 요인에 의해 영향 받을 수 있다. 컴퓨터와 인터넷 관련 기술의 지속적이면서도 급속한 발전은 해당 산업내 기업 간 경쟁 환경을 변화시키거나, 새로운 산업을 창출할 수도 있다. 이들은 사업성과에 직접적으로 영향을 미치기보다는 사업모형 또는 기업 운영 환경에 영향을 미쳐서 수익성을 높이거나 낮추는 간접적인 영향을 미친다.

(1) 정치적 요소

정치적 요소는 정부가 경제에 간섭하는 정도로 세금, 노동법, 무역 제재, 환경법, 관세, 정치적 안정성 등을 포괄한다. 정치적 요소는 정부 차원에서 진행하거나 제재하고자 하는 재화나 용역의 종류를 포함하기도 한다. 이런 요소들을 검토해봄으로써 정치적 요인이 자사의 비즈니스에 어떤 영향을 미칠 것인지를 가늠해 볼 수 있다. 예를 들어, 건설사나 부동산 업체의 경우 정부의 부동산 정책에 촉각을 기울일 수 밖에 없고, IT 업체들 역시 정부의 IT 관련 정책에 많은 영향을 받는다.

(2) 경제적 요소

경제적 요소는 경제성장률, 금리, 환율, 인플레이션, 실업률 등으로 경제 주체인 기업이 의사결정을 내리는 데 막대한 영향을 끼친다. 예를 들면, 금리는 비용에 영향을 끼치기 때문에 금리가 오르면 대출로 투자를 많이 한 기업은 당분간은 현 상황 유지나 축소하는 방향으로 사업을 운영할 것이다. 환율 또한 수출입 및 수입가격에 적잖은 영향을 끼치는 요소이다.

(3) 사회적 요소

사회적 요소는 문화적 요소와 인구성장률, 연령대 분포, 교육 수준, 직업 태도, 라이프 스타일, 안전 관련 요소 등이 포함된다. 사회적 요소에 따라서 기업체의 제품과 경영방식이 영향을 받을 수도 있다. 고령인구가 많다면 노동력이 줄고 노동투입비용은 늘어날 것이다. 또한 다양한 경영전략을 세워서 중장년층 채용과 같은 사회적 변화를 반영하게 될 것이다.

(4) 기술적 요소

기술적 요소는 R&D 활동, 자동화, 특허, 기술혁신 등을 포함하며 기술 투자와 품질, 비용 및 혁신에도 영향을 끼치는 요소로 진입장벽, 아웃소싱 등에 영향을 미친다. 시간이 지날수록 모든 기업들이 주시해야 하는 요소는 기술이다. 인공지능, 빅데이터, 메타버스, 웹 3.0, 5G 등과 같이 시간이 흐를수록 기술의 발전 속도는 빨라지고 있다. 이러한 기술의 발전은 새로운 제품이나 서비스, 그리고 새로운 패러다임을 만들 수 있기 때문에 가장 중요한 요소라고 볼 수 있다.

(5) 법적 요소

법적 요소는 세법, 소비자 관련법, 고용법, 지적재산권, 독점금지법 등을 포함하는 것으로 기업을 운영하면서 법적으로 문제가 발생하지 않도록 해야 한다.

(6) 환경적 요소

환경적 요소는 생태학적 요소로 날씨, 기후, 기후변화 등을 포함하며 관광, 농업, 보험업계 등에도 영향을 끼치고 있다. 기후변화의 문제점이 대두되면서 제공 생산품의 경영과 신시장 개척, 현존하는 제품의 단종과 변화, 제품의 시장 축소나 소멸 등에도 영향을 미치는 부분이다. 최근 기업의 최대 이슈 중의 하나가 지속가능성인데 폐기물, 온실가스, 기후변화 등과 같은 환경적 요소들을 고려하여 시업 전략을 구상해야 한다.

3. SWOT 분석

SWOT 분석은 [그림 2-2]와 같이 강점(Strength), 약점(Weakness), 기회(Opportunity), 위협(Threat)의 머리글자를 모아 만든 단어로 경영 전략을 수립하기 위한 분석 도구이다.

기업의 내부 환경을 분석하는 강점과 약점 분석과, 외부 환경을 분석하는 기회와 위협 분석으로 나누기도 하며 긍정적인 면을 보는 강점과 기회 그리고 그 반대로 위험을 불러오는 약점, 위협을 저울질하는 도구이다. 이러한 분석을 통해 경영자는 회사가 처한 시장 상황에 대한 인식을 할 수 있으며 앞으로의 전략을 수립하기 위한 중요한 자료로 삼을 수 있다.

그림 2-2. SWOT 분석

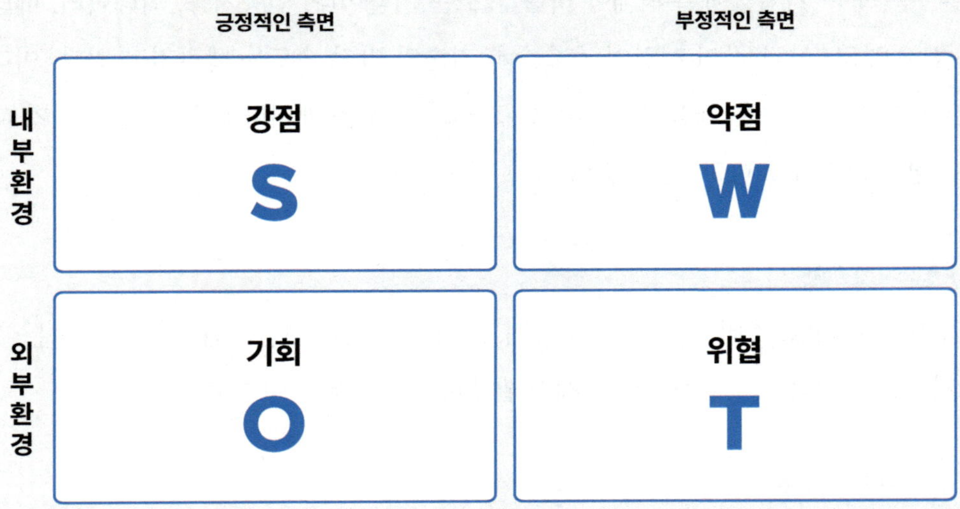

(1) 강점

기업이 경쟁사 대비 우위에 있는 내부적 요소이다. 예를 들어, 우수한 인재, 독보적인 기술, 특허, 강력한 브랜드 등을 예로 들 수 있다. 이러한 요소들은 기업이 시장에서 유리한 위치를 차지하게 해주며, 기회를 활용하고 위협을 극복하는데 기여한다.

(2) 약점

기업 내부의 한계나 단점을 말한다. 경쟁사에 비해 불리한 위치에 있게 만드는 요소로 예를 들면, 재무 구조의 취약성, 연구 개발 능력의 부족, 낮은 시장 점유율 등이다. 약점을 정확히 인식하고 개선 방안을 모색하는 것은 기업 성장의 기초가 된다.

(3) 기회

기업 외부에서 발생하는 유리한 상황이나 추세를 의미한다. 시장 확장, 기술 발전, 법적·정책적 변화 등이 이에 해당한다. 기회를 잘 파악하여 적극적으로 활용한다면, 기업은 성장과 발전을 이룰 수 있다.

(4) 위협

기업 외부에서 발생할 수 있는 위험 요소를 의미한다. 경쟁 심화, 경제 불황, 기술의 변화, 법적 규제 강화 등을 예로 들 수 있다. 위협 요소들을 미리 예측하고 대비책을 마련하는 것은 위기 관리의 중요한 부분이다.

03
e비즈니스 전략

환경 분석 후 기업은 직면한 경영환경에 효과적으로 대응할 수 있는 전략을 선택해야 한다. 전략의 선택에는 다양한 기준이 있는데, 주로 시장 상황을 고려하여 전략을 선택하는 것과 경쟁 기업과 비교해 경쟁우위 요소를 고려한 전략을 선택한다. 시장 상황을 고려해서 전략을 선택하는 방법은 주로 기업 차원에서 진출이냐 철수냐를 결정할 때 많이 사용된다. 반면 경쟁 기업과 비교해서 전략을 선택하는 방법은 이미 기업차원에서 사업에 진출하기로 결정한 경우에 해당 분야에서 경쟁우위를 확보하기 위한 전략을 결정할 때 사용된다.

1. 시장 상황을 고려한 전략

(1) 제품/시장 전략

제품/시장 전략은 앤소프(Igor Ansoff)가 개발한 것으로 [그림 2-3]처럼 시장을 기존시장과 신규시장으로 구분하고, 제품 역시 기존제품과 신제품으로 분류하여 기업이 처해 있는 상황과 그 상황 속에서 기회를 분석하고 선택 가능한 전략을 파악하는 좋은 도구이다.

① 시장침투 전략

기존제품과 기존시장에서 시장점유율을 확대함으로써 성장하기 위한 전략으로, 강력한 광고 및 판촉, 가격 인하, 유통망 확충 등의 공격적인 영업을 예로 들 수 있다. 시장침투 전략은 성장잠재력이 높지 않고, 장기적 관점에서 선택할 수 없지만 리스크가 가장 낮은 전략이다.

■ 그림 2-3. 제품/시장 전략

	기존 제품	신제품
기존 시장	시장 침투	제품 개발
신규 시장	시장 개발	다각화

② 시장개발 전략

기존제품을 신규시장에 출시함으로써 시장점유율을 증대시키려는 전략이다. 신규시장은 내수시장일수도 있고 해외 시장일 수도 있다. 처음 공략하는 시장이기 때문에 시장에 대한 지식은 부족하지만 제품의 속성이나 혜택에 대해서는 잘 알고 있기 때문에 기존 판매 경험으로부터 나온 통찰을 이용한다면 성공을 거둘 수 있다.

③ 제품개발 전략

기존시장에 신제품이나 기존제품을 개선하여 출시함으로써 시장점유율을 높이는 전략이다. 기존시장을 잘 이해하고 있다는 장점을 살려 시장의 니즈를 효과적으로 충족시켜줄 수 있는 제품을 개발할 수 있다면 효과적으로 성장을 이어갈 수 있다.

④ 다각화 전략

신규시장에 신제품을 개발하여 제공함으로써 성장하려는 전략이다. 네 개의 전략 중에서 가장 적극적이고 혁신적인 전략으로 리스크도 가장 크다. 기업의 입장에서는 단일 시장만 타깃으로 할 경우의 리스크 분산이 가능하고, 지속적인 성장을 추구할 수 있는 장점이 있다.

(2) 제품 포트폴리오 전략

제품 포트폴리오 전략은 보스턴 컨설팅 그룹(Boston Consulting Group; BCG)에 의해 개발되었는데, 사업 포트폴리오 분석 기법으로 자금의 투입과 산출 측면에서 사업이 현재 처해있는 상황을 파악하고 이에 맞는 처방을 내리기 위한 분석도구이다. 성장-

점유 매트릭스라고도 불리며, [그림 2-4]처럼 해당 제품시장의 미래 성장률과 기업의 상대적인 시장점유율을 토대로 현재 진행 중인 사업들을 평가한다. 이때 평가단위는 전략적 사업단위(Strategic Business Unit)가 되며, 기업이 어느 사업을 확대하고 어느 사업을 포기하는 것이 적절한지를 검토할 때 사용된다. 이 매트릭스에서는 현재 기업이 생산하는 제품의 시장점유율과 1위 제품의 시장점유율과의 상대적 차이를 토대로 개별 제품의 위치를 선정하게 된다.

■ 그림 2-4. 제품 포트폴리오 전략

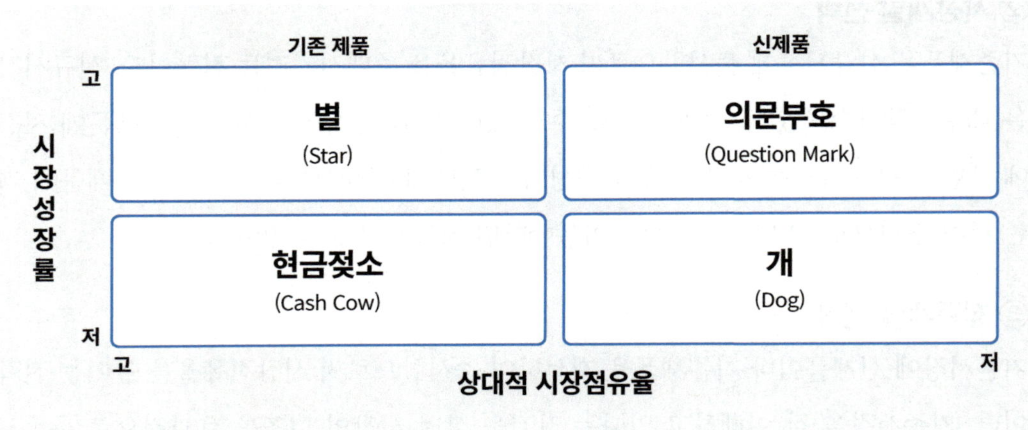

① 별 분면

자사의 시장점유율이 가장 높고 시장 성장률도 평균보다 높은 경우로서 떠오르는 스타처럼 가능성이 높음을 의미한다. 급속한 성장기회를 활용하기 위해 생산시설의 확충 등 많은 자금의 투자를 필요로 하며, 동시에 경쟁우위가 있어 많은 수익을 발생시킨다.

② 현금젖소 분면

자사의 시장점유율은 높지만 해당 시장의 성장률이 낮은 경우이다. 따라서 안정적이고 완만하게 성장하고 있는 시장에서 시장점유율이 높으니 수익성이 높고, 시장 성장률이 낮기 때문에 새로운 투자를 많이 요구하지 않아 현금 유동성이 높다. 이 부문에서의 잉여수익은 신규 사업에 투자될 수 있다.

③ 의문부호 분면

자사의 시장점유율은 낮지만 해당 시장의 성장률이 높은 경우로, 시장은 대단히 매력적이지만 상대적으로 시장 점유률이 낮기 때문에 시장 성장에 따른 잠재적 이익이 실현될 수 있을지 의문이 제기된다. 기업은 이 부문의 사업에 대해 전략적으로 투자 결정을 내려야 한다. 만약 이 전략이 성공하면 의문부호의 사업은 별 분면으로 이동하게 된다. 실패할 경우 해당 사업은 개 분면으로 이동하게 된다.

④ 개 분면

자사의 시장 점유율도 낮고 시장의 성장률도 낮은 경우이다. 시장성장률이 낮아 성장기회가 거의 없기 때문에 투자도 필요 없고, 시장 점유율도 낮아 이익이 나지 않는 사업이므로 사업을 축소하거나 철수해야 한다.

2. 경쟁우위 요소를 고려한 전략

기업은 지속적 발전을 위해 해당 산업에서 경쟁기업에 비해 우위를 점할 수 있는 분야를 찾고 개발해 나가야 한다. 경쟁우위 요소를 고려한 본원적 경쟁 전략에는 [그림 2-5]처럼 제품원가의 우위를 활용하는 비용 우위 전략, 제품과 서비스의 품질에서 경쟁우위를 획득하는 차별화 전략, 그리고 대상 고객을 세분화하고 특정 계층을 겨냥하여 비용우위나 차별화를 도모하는 집중화 전략이 있다.

(1) 비용 우위 전략

비용 우위(cost leadership) 전략은 경쟁사보다 저렴한 원가로 경쟁하는 전략이다. 동일한 품질의 제품을 경쟁사보다 낮은 비용에 생산하여 박리다매에 의한 매출 극대화를 노린다. 이 전략은 가격이 아무리 저렴해도 비슷한 품질의 제품을 제공해야 한다. 따라서, 비용 우위 전략이 성공하려면 효율적이고 효과적인 생산시설 및 관리체계, 유리한 조건의 자원 확보능력, 공급업체와의 긴밀한 유대관계 등 경쟁사들보다 우월한 경영여

■ 그림 2-5. 본원적 경쟁 전략

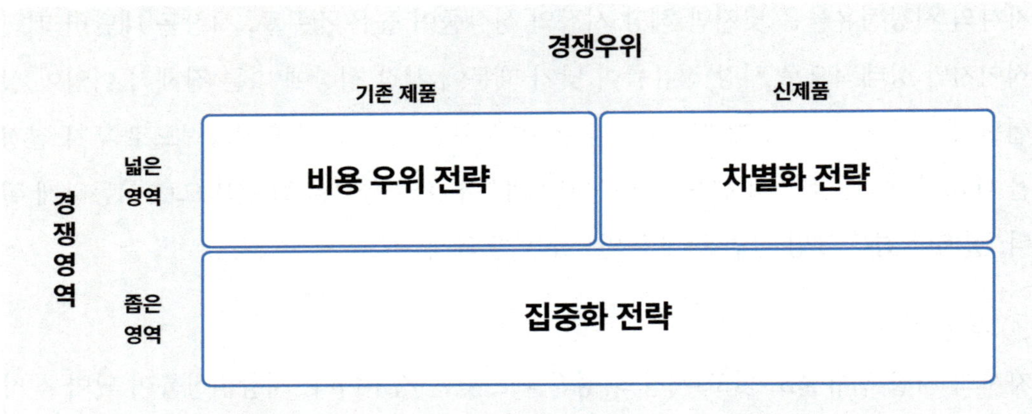

건이 선행되어야 한다. 비용 우위 전략의 단점은 기존 고객의 충성도를 기대할 수 없으므로 더 싼 제품을 제공하는 기업이 나타나는 순간 고객을 잃는다는 것이다. 인터넷 쇼핑몰의 경우 오프라인 매장보다 저렴한 가격으로 제품을 제공함으로써 경쟁우위를 갖게 되었다.

(2) 차별화 전략

차별화(differentiation) 전략은 가격이 아닌 디자인, 브랜드 충성도 또는 성능 등으로 차별화한다. 차별화 요소는 모방이 어렵기 때문에 경쟁업체보다 더 비싼 가격에 제품을 판매할 수 있다. 이 전략은 제품 디자인 또는 광고를 통해 차별화된 브랜드 이미지를 구축하거나 높은 서비스와 품질을 제공한다.

(3) 집중화 전략

집중화(focus) 전략은 세분화된 고객 중 특정한 계층의 고객에 초점을 두어 비용 우위나 차별화 전략을 집중 공략하는 전략이다. 이는 특정 고객층, 특정 제품, 특정 지역 등 영역이나 범위에 한계를 짓고 그 부분에 기업의 역량과 자원을 집중시키는 전략을 말한다.

3. e비즈니스 전략 수립과정

e비즈니스 전략은 <그림 2-6>에서 보는 것과 같이 순환과정을 통하여 수립되고 실행된다. 이것은 한 번 수립된 e비즈니스 전략이 변함없이 계속되는 것이 아니라 기업 환경 또는 내부 역량의 변화 혹은 비즈니스 모델의 변화로 인한 전략의 수정이나 재설계가 중요하다는 것을 의미한다.

(1) 목표 설정

e비즈니스 전략의 첫 단계인 목표 설정은 전략의 방향성과 성공 여부를 결정짓는 가장 중요한 과정이다. 명확한 목표를 설정함으로써 모든 비즈니스 활동이 일관성 있게 실행되고, 자원 낭비를 방지할 수 있다. 일반적으로 많이 사용되는 방식은 SMART 원칙

그림 2-6. e비즈니스 전략 수립 과정

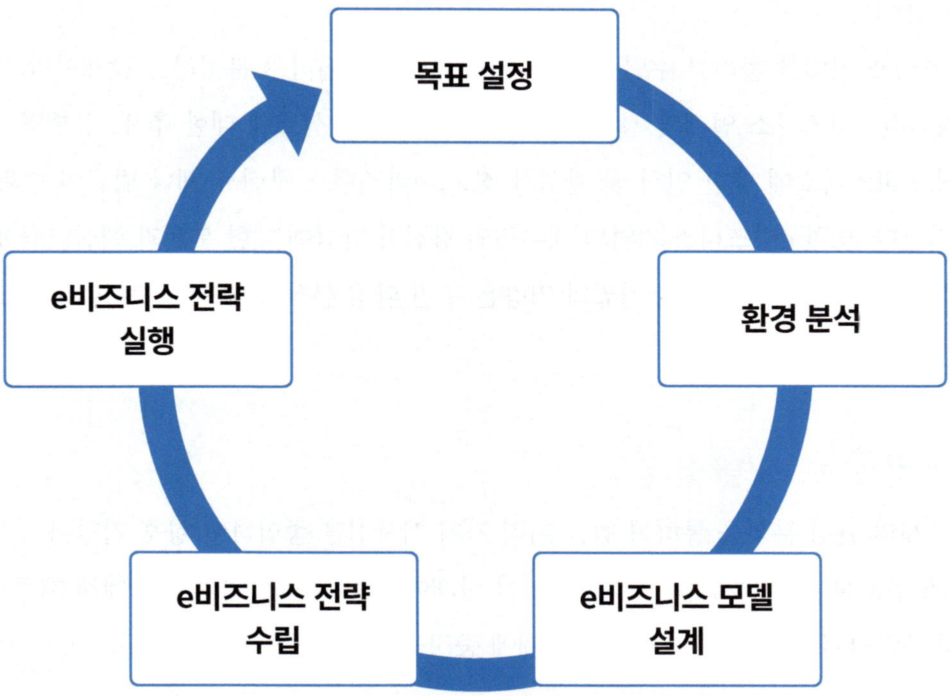

에 따라 구체적이고 실행 가능한 목표를 수립한다.

- 구체적(Specific) : 목표가 명확하고 구체적으로 정의되어야 한다. 예를 들면 3개월 내 신규 온라인 고객을 20% 증가시킨다.
- 측정 가능(Measurable) : 성과를 정량적으로 측정할 수 있어야 한다. 예를 들어, KPI로 신규 회원 가입 수, 웹사이트 방문자 수, 구매 전환율 등으로 설정한다.
- 달성 가능(Achievable) : 현실적으로 달성 가능한 목표여야 한다. 예를 들어, 현재 성장률 5%를 유지하며 e비즈니스 매출 10% 성장을 목표로 한다.
- 관련성(Relevant) : 기업의 비즈니스 전략 및 환경과 밀접하게 연관된 목표여야 한다. 예를 들어, 디지털 전환을 통해 시장 점유율 확대와 고객 만족도 향상.
- 시간 제한(Time-bound) : 목표 달성을 위한 명확한 기한을 설정한다. 예를 들어, 6개월 이내에 웹사이트를 리뉴얼하고 사용자 경험(UX)을 개선한다.

(2) 환경 분석

e비즈니스 기업을 둘러싼 주변 환경에 대한 정보를 수집하고 분석하는 단계이다. 주변 환경이란 e비즈니스 업계의 경쟁상황, 고객의 니즈 및 선호에 대한 추세, 정부의 지원 정책, e비즈니스에 대한 인식 및 활성화 정도, e비즈니스 관련 규제나 법규의 변화 등을 말한다. 또한 e비즈니스 기업의 내부적인 강점과 약점에 대한 분석과 핵심역량에 대한 분석이 포함된다. 이러한 기업의 역량은 주변 환경 분석 결과와 종합하여 다각도의 분석이 이루어져야 한다.

(3) e비즈니스 모델 설계

앞 단계의 환경 분석을 통하여 얻은 여러 가지 시사점을 종합하여 향후 기업이 수행할 e비즈니스 모델을 설계하는 단계이다. 이 단계에서는 특히 기업이 고객에게 제공하는 가치 제안과 수익 창출 프로세스의 설계에 중점을 두어야 한다.

(4) e비즈니스 전략수립

전 단계에서 산출된 e비즈니스 모델을 기반으로 e비즈니스 전략을 수립하는 단계이다. e비즈니스 전략은 철저하게 고객 중심적으로 이루어져야 하며 이를 위하여 다양한 시뮬레이션과 시나리오 기법을 활용하는 것도 좋은 방법이다. e비즈니스 전략은 e비즈니스 모델이 지향하는 목표를 달성하기 위한 목적으로 수립되는 만큼 차별화 전략과 핵심 경쟁력 강화 방안 등을 구체적인 실행과제의 형태로 정리하여야 하며 신규 사업의 경우 최종적인 산출물은 사업계획서의 형태가 되어야 한다.

(5) e비즈니스 전략 실행

앞 단계에서 산출된 e비즈니스 전략을 실제로 수행해 나가는 단계이다. 목표 설정 단계에서 설정한 핵심성과 지표에 따라 성과를 평가하고 지속적인 개선이 이루어지도록 해야 한다. e비즈니스 전략의 실행에는 최고경영층의 적극적인 지지와 관심을 필요로 한다.

이상의 다섯 단계를 거쳐서 e비즈니스 전략 수립 과정이 진행되지만 이러한 전략 수립 과정은 일회적인 것이 아니라 순환적이고 반복적인 것으로 이해해야 한다. 왜냐하면 e비즈니스의 환경이 매우 급변하고 있고, e비즈니스의 기반 기술들도 매우 빠르게 발전하고 있으며, 고객의 니즈나 선호도 빠른 속도로 변하기 때문에 이러한 변화에 민첩하게 반응하는 것이 매우 중요하다. 따라서 이러한 환경변화에 발맞추어 기업은 내부 역량을 축적하고 새로운 비즈니스 모델을 개발하며, e비즈니스 전략을 수립하여, 실행에 옮기는 일련의 순환과정을 반복한다.

04
디지털 트랜스포메이션

1. 디지털 트랜스포메이션 현황과 정의

디지털 트랜스포메이션은 디지털 기술을 모든 비즈니스 영역에 적용하여 운영 방식과 고객에게 제공하는 가치를 근본적으로 혁신하는 과정이다. 단순히 기술을 도입하는 것을 넘어, 기업의 문화, 조직, 프로세스, 비즈니스 모델 등 모든 측면을 디지털 방식으로 변화시키는 것을 포괄한다. 디지털 트랜스포메이션의 현황과 정의에 대해서 살펴보면 다음과 같다.

(1) 현황

디지털 트랜스포메이션은 한 가지 기술로 이루어지는 것이 아니라 활용 범위가 넓고 주체 또한 다양하다. 이러한 측면을 반영하여 여러 국제기관에서는 다양한 기준을 고려하여 국가 전체적인 디지털 수준 및 디지털 기술에 대한 정보를 제공하고 있다. 국가별 디지털 트랜스포메이션 수준을 평가하는 지표 중 가장 활발히 사용되는 지표는 IMD의 세계 디지털 경쟁력 순위(World Digital Competitive Rank)로 64개 국가를 대상으로 디지털 기술의 도입 및 활용 능력, 준비 상태 등을 평가한다. 평가 요소는 지식, 기술, 미래 대응역량으로 나눠진다. IMD에 따르면 2023년 한국의 디지털 경쟁력은 2022년과 비교해 주요 지표가 상승했으며, 미래 대응역량에서 1위, 지식 부문에서 10위, 기술 부문에서 12위를 기록해, 전체적으로 6위를 차지했다. 2023년 한국산업기술진흥협회의 조사에 따르면 디지털 트랜스포메이션을 추진하고 있는 기업은 전체의 33.6%, 추진 검토 단계에 있는 기업은 37.2%, 나머지 29.2%는 추진하지 않는 것으로 나타났다. 기업 규모별로는 대·중견기업의 62%, 중소기업의 31.7%가 추진 중이며, 중점 분야는 연구개발(37.4%), 제조생산(34.8%), 마케팅&판매(15.5%) 순으로 나타났다.

(2) 정의

디지털 트랜스포메이션(digital transformation; DT)과 관련하여 아직까지 학문적으로 통합된 정의는 없다. [표 2-1]처럼 다양한 기업이나 조직에서 나름대로의 정의를 하고 있지만 공통적인 내용은 디지털 기술, 변화로 이를 정리하면 **디지털 트랜스포메이션**은 기업이나 조직이 디지털 기술과 도구를 활용하여 비즈니스 모델, 프로세스, 조직, 문화 등을 근본적으로 변화시키는 디지털 기반 경영전략 및 경영활동이다. 약어로 DT 혹은 DX(digital experience)라는 용어도 사용하는데 DX는 주로 고객이나 사용자 중심의 디지털 경험을 강조하지만, 동일한 의미로 이해하면 된다.

표 2-1. 디지털 트랜스포메이션 정의

구분	정의
Bain & Company	디지털 엔터프라이즈 산업을 디지털 기반으로 재정의하고, 게임의 법칙을 근본적으로 바꿈으로써 변화를 일으키는 것
AT Kearney	모바일, 클라우드, 빅데이터, AI, 사물인터넷 등 디지털 신기술로 촉발되는 경영 환경상의 변화에 선제적으로 대응하고 현재의 비즈니스 경쟁력을 획기적으로 높이거나 새로운 비즈니스를 통한 성장을 추구하는 기업 활동
PWC	기업 경영에서 디지털 소비자 및 에코 시스템이 기대하는 것들을 비즈니스 모델 및 운영에 적용시키는 일련의 과정
Microsoft	고객을 위한 새로운 가치를 창출하기 위해 지능형 시스템 통해 기존 비즈니스 모델을 새롭게 구성하고 사람, 데이터, 프로세스를 결합하는 새로운 방안을 수용하는 것
IBM	기업이 디지털과 물리적 요소를 통합해 비즈니스 모델을 변환하고 전체 산업의 새로운 방향을 정립하는 전략
IDC	기업이 새로운 비즈니스 모델 및 서비스를 창출하기 위해 디지털 역량을 활용함으로써 고객 및 시장의 파괴적인 변화에 적응하거나 이를 추진하는 지속적인 프로세스
WEF	디지털 기술과 성과를 향상시킬 수 있는 비즈니스 모델을 활용해 조직을 변화시키는 것

출처 : 한국정보산업연합회, 2017년 IT 산업 메가트렌드, FKII Report, 2017. 2.

디지털 트랜스포메이션은 시기와 목적에 따라 3가지 단계로 변화·발전하고 있다. 1단계는 2000년대 초반까지 정보의 디지털화(digitization)를 목적으로 컴퓨터 시스템에 아날로그 정보를 디지털 정보로 전환하는 시기라고 할 수 있다. 2단계는 2010년대 초반까지 운영 혁신 및 효율화를 목적으로 업무 프로세스, 주문·생산 방식의 디지털라이제이션(digitalization)의 시기라고 할 수 있다. 3단계는 2010년대 초반 이후, 디지털화된 인프라·시스템에 대한 새로운 기술의 적용(예를 들어, 클라우드 컴퓨팅, 인공지능, 빅데이터 분석 등)과 고객의 인터넷 서비스에 대한 접속 환경의 다변화, SNS로 인한 커뮤니케이션의 다변화에 따른 비즈니스 혁신의 시대인 디지털 트랜스포메이션의 시기라고 할 수 있다.

기업은 디지털 트랜스포메이션을 통해 기존 업무 방식을 자동화하고, 데이터 분석과 인공지능 그리고 클라우드 컴퓨팅 등과 같은 기술을 활용하여 더욱 효율적으로 운영할 수 있다. 디지털 트랜스포메이션을 통해 적극적으로 디지털 기술을 활용하여 급변하는 경쟁 환경에서 경쟁력을 확보할 수 있다. 또 변화하는 고객의 기대와 요구에도 빠르게 대응할 수 있어 고객과의 연결성을 강화하는 데도 도움이 된다. 디지털 트랜스포메이션을 통해 기업은 더 빠르고 정확한 의사결정을 할 수 있으며, 비즈니스 프로세스의 자동화와 최적화를 통해 생산성도 향상시킬 수 있다.

2. 디지털 트랜스포메이션의 핵심 가치와 중요성

디지털 트랜스포메이션은 아이디어를 비즈니스로 실행하기까지 빠른 접근이 가능하게 한다. 수많은 기업들이 비즈니스 아이디어를 다른 기업보다 빨리 실행할 수 있기를 바라고 있다. 디지털 트랜스포메이션이 지향하는 핵심 가치는 최적화, 자동화, 아웃소싱 세 가지로 요약할 수 있다. 특히 인공지능과 머신러닝을 활용한 자동화와 데이터 기반 최적화는 디지털 트랜스포메이션의 핵심 엔진으로 자리 잡고 있다. 이러한 가치를 통해 디지털 트랜스포메이션은 고객 중심의 운영 최적화와 자동화를 통해 조직의 유연성을 강화하고, 이를 통해 최종적으로 지속 가능한 경쟁력을 확보할 수 있게 한다.

(1) 핵심 가치

① 최적화

최적화는 일부 프로세스를 제거 또는 간소화하거나, 모든 운영 프로세스를 데이터 기반으로 관리하여 자원을 최대한 활용할 수 있도록 한다. 프로세스를 데이터 중심으로 전환하여 고객 행동을 예측하고 더욱 개인화된 경험을 제공할 수 있게 하는 것이 핵심이다. 예를 들어, 쿠팡은 인공지능 기반의 수요 예측과 실시간 클릭 및 구매 기록을 분석해 고객 맞춤형 제품을 추천하여 만족도를 높이고 있다. 이처럼 디지털 프로세스 최적화를 통해 비즈니스 전반의 가시성을 높이고, 비용을 절감하며, 생산성을 극대화할 수 있다.

② 자동화

자동화는 반복적인 작업을 최소화하여 인적 자원을 전략적으로 활용하도록 돕는다. 반복적인 작업을 로봇 프로세스 자동화(RPA)로 대체해 직원들이 창의적인 업무에 더 많은 시간을 쏟을 수 있도록 지원한다. 예를 들어, 한 금융사는 인공지능 기반 챗봇을 도입하여 고객 지원의 반복적인 문의를 자동으로 처리함으로써, 직원들이 보다 전략적이고 창의적인 업무에 집중할 수 있게 했다. 특히, 인공지능과 하이퍼오토메이션으로 정확도와 효율성을 높여 전반적인 비즈니스 성과를 개선하는 데 도움을 주고 있다.

③ 아웃소싱

아웃소싱은 자원의 유연성을 극대화하고, 핵심 업무에 집중할 수 있는 환경을 제공함으로써 기업 운영을 근본적으로 변화시킨다. 넷플릭스는 클라우드 인프라 아웃소싱을 통해 전 세계로 서비스를 확장하고 고품질의 스트리밍 환경을 제공함으로써 경쟁 우위를 확보했다. 이를 통해 비핵심적인 업무는 외부 자원을 활용하면서, 내부 인력과 자원을 핵심 비즈니스 성장에 집중할 수 있게 하였다.

(2) 중요성

① 고객 경험 개선

디지털 기술은 소비자들의 행동 패턴을 분석하고 예측하는 데에 활용될 수 있다. 기업은 고객들의 이용 패턴을 분석하여 더 나은 상품과 서비스를 제공할 수 있으며, 디지털 플랫폼을 통해 고객과의 상호작용을 강화할 수 있다.

② 업무 프로세스 최적화

디지털 기술은 업무 프로세스를 자동화하고 효율적으로 관리하는 데에 활용될 수 있다. 기업은 디지털 시스템을 통해 생산성을 높이고 비용을 절감할 수 있으며, 빠른 의사결정과 실시간 데이터 분석이 가능하게 된다.

③ 혁신과 새로운 비즈니스 모델 구축

디지털 트랜스포메이션은 기업의 혁신을 촉진하고 새로운 비즈니스 모델을 구축하는 데에 기여한다. 새로운 기술과 데이터의 활용으로 인해 기업은 새로운 시장을 개척하고 새로운 수익원을 창출할 수 있다.

3. 디지털 트랜스포메이션 전략

디지털 트랜스포메이션 전략은 기업이나 조직이 디지털 기술을 효과적으로 활용하여 비즈니스 모델, 조직 구조, 운영 방식, 고객 경험 등을 근본적으로 혁신하려는 장기적인 계획으로, 기업의 경쟁력을 높이고 새로운 비즈니스 기회를 창출하기 위해 매우 중요하다. 이를 위해 각 조직은 디지털 트랜스포메이션 전략을 구체적으로 세울 필요가 있다.

(1) 디지털 트랜스포메이션 전략의 주요 요소

디지털 트랜스포메이션 전략을 수립하기 위해서 필요한 요소로는 목표 설정, 핵심 기술 선택, 조직 변화 관리, 고객 경험 혁신, 데이터 기반 의사결정이 필요하다.

① 목표 설정

디지털 트랜스포메이션의 첫 번째 단계는 디지털 트랜스포메이션을 통해 달성하고자 하는 목표를 명확히 정의하는 것이다. 각 기업은 자신의 산업과 시장 상황을 고려하여 디지털 기술이 해결할 수 있는 문제와 기회를 분석해야 한다. 이는 비즈니스 성과 향상, 고객 경험 개선, 운영 효율성 증대 등 다양한 목표일 수 있다.

② 핵심 기술 선택

디지털 트랜스포메이션을 위한 핵심 기술은 기업이 목표를 달성하는데 필요한 도구들이다. 각 기술은 기업의 산업과 비즈니스 모델에 맞추어 적합하게 선택되어야 하며, 주요 기술로는 다음과 같은 것들이 있다.

- 인공지능 및 머신러닝 : 고객 데이터 분석, 예측 모델링, 자동화 등 다양한 분야에서 활용
- 빅 데이터 분석 : 실시간 데이터 분석을 통해 의사결정을 개선하고, 고객의 니즈를 예측
- 클라우드 컴퓨팅 : 서버와 저장 공간의 효율적 활용, 비용 절감, 유연한 IT 인프라 구축
- 사물인터넷 : 다양한 기기와 시스템을 연결하여 실시간 데이터를 수집하고 분석
- 블록체인 : 보안성 있는 거래 및 데이터 관리, 특히 금융과 공급망 분야에서 활용

③ 조직 변화 관리

디지털 트랜스포메이션은 조직 내 모든 부서와 협력해야 하며, 기존의 업무 방식에서 벗어나 새로운 디지털 환경에 적응할 수 있도록 다음과 같은 변화가 필요하다.

- 디지털 마인드셋 : 전사적으로 디지털 중심 사고 방식을 채택해야 한다. 임직원들이 기존의 방식에서 벗어나 디지털 기술을 적극적으로 수용하고 활용하는 문화를 만들어야 한다.
- 민첩한 조직 : 디지털 환경에서는 빠르게 변하는 시장 상황에 대응할 수 있는 민첩한 조직이 필요하다. 이를 위해 팀 간 협업을 강화하고, 빠른 의사결정을 내릴 수 있는 구조를 만들어야 한다.
- 역량 강화 : 직원들의 디지털 역량을 강화하기 위한 교육과 훈련이 필요하다. 직

원들에게 새로운 디지털 기술을 이해하고 활용할 수 있는 능력을 배양하는 것이 중요하다.

④ 고객 경험 혁신

디지털 트랜스포메이션의 핵심 목표 중 하나는 고객 경험의 혁신이다. 고객의 기대에 맞춘 디지털 제품이나 서비스를 개발하고, 고객과의 소통 채널을 혁신하여 고객이 원하는 서비스나 제품을 디지털 환경에서 더 효과적으로 제공할 수 있도록 해야 한다.

- 고객 데이터 분석 : 고객의 행동, 선호, 구매 패턴 등을 분석하여 맞춤형 서비스를 제공하는 것이 중요하다. 빅데이터와 인공지능을 활용해 고객의 니즈를 실시간으로 파악하고, 이에 맞는 서비스를 제공해야 한다.
- 멀티채널 접근 : 고객과의 소통 채널을 확장하여, 고객이 원하는 방법으로 서비스를 제공할 수 있도록 한다. 모바일, 웹, 오프라인 등을 통합하는 옴니채널 전략을 채택하는 것이 중요하다.
- 개인화 서비스 : 고객에게 맞춤형 추천, 프로모션 등을 제공하여 고객의 만족도를 높이고, 재구매율을 증가시킬 수 있다.

⑤ 데이터 기반 의사결정

디지털 트랜스포메이션에서는 데이터 분석이 중요한 역할을 한다. 수집된 데이터는 의사결정을 위한 중요한 자원으로 활용되며, 이를 통해 조직은 더 나은 전략을 수립할 수 있다.

- 실시간 데이터 분석 : 실시간으로 데이터를 분석하여 빠르고 정확한 의사결정을 내린다.
- 예측 분석 : 과거 데이터를 바탕으로 미래를 예측하고, 이에 맞는 전략을 수립한다.
- 지속적인 피드백 : 디지털 트랜스포메이션은 일회성 프로젝트가 아니라 지속적인 과정이므로, 데이터 분석을 통해 꾸준히 피드백을 받고 전략을 개선해야 한다.

(2) 디지털 트랜스포메이션 전략의 실행 계획 수립

디지털 트랜스포메이션 전략의 실행 계획은 디지털 기술을 조직의 핵심 프로세스, 시스템, 문화에 통합하는 실제적인 로드맵이다. 실행 계획은 디지털 트랜스포메이션이 성공적으로 이루어지도록 하는 중요한 단계로, 전략이 단순히 구상에 그치지 않고 실제 변화를 이끌어내기 위해 필요한 세부적인 절차들을 포함한다. 디지털 트랜스포메이션 전략을 실행하기 위한 구체적인 실행 계획 수립은 다음과 같은 단계로 나누어 설명할 수 있다.

① 목표와 우선순위 설정

디지털 트랜스포메이션을 통해 이루고자 하는 목표를 다시 한 번 명확히 정의한다. 이 목표가 전체 조직의 비전과 일치하는지 확인하고, 필요한 경우 이를 구체적인 핵심성과지표로 세분화한다. 다음으로는 디지털 트랜스포메이션 전략에 포함된 여러 활동들 중, 무엇을 가장 우선적으로 실행할 것인지 설정한다. 디지털 트랜스포메이션은 일반적으로 점진적으로 이루어지므로 우선순위를 정해 단계적으로 접근하는 것이 중요하다. 이를 통해 각 단계별로 어떤 자원이 필요한지, 예상되는 성과는 무엇인지를 명확히 할 수 있다.

② 자원 할당과 예산 수립

디지털 트랜스포메이션은 인력, 기술, 인프라 등 많은 자원을 필요로 한다. 디지털 트랜스포메이션 프로젝트를 위한 전담 팀이 구성되는데 여기에는 IT 전문가, 데이터 분석가, 디지털 전략 전문가 등 다양한 인재들이 포함된다.

디지털 트랜스포메이션을 위한 예산을 수립해야 한다. 기술 도입, 직원 교육, 시스템 통합 등에 드는 비용을 예측하고, 예산을 계획한다. 예산을 설정할 때는 예상보다 더 많은 비용이 들 수 있기 때문에 여유 예산을 포함시키는 것이 좋다.

③ 구체적인 실행 계획 수립

디지털 트랜스포메이션의 전체 로드맵을 설정하고, 각 단계를 세부적으로 구분하여 각 단계마다 달성해야 할 목표와 일정을 설정하여 체계적으로 추진한다. 초기에는 기술 도입 및 시범 프로젝트부터 시작하여 점차적으로 전체 시스템을 전환한다. 일정은 현실적이어야 하며, 자원과 예산을 고려하여 조정 가능하다.

디지털 트랜스포메이션의 핵심은 기술 도입뿐만 아니라 기존의 비효율적인 업무 프로세스를 개선하는 것이다. 디지털 기술을 도입한 후, 업무 프로세스를 재설계하고, 자동화할 수 있는 부분을 찾아 효율성을 극대화한다. 이 과정에서 직원들의 의견을 반영하고, 디지털 기술이 실제 업무에 어떻게 적용될지에 대한 논의가 중요하다.

디지털 트랜스포메이션에서 데이터는 중요한 자원이다. 따라서 데이터 수집, 분석, 보고 시스템을 구축하여 실시간으로 유용한 인사이트를 얻을 수 있어야 한다. 의사결정을 데이터 기반으로 내릴 수 있도록 데이터 분석 툴을 설치하고, 이를 운영에 적용하는 방법을 설정한다.

④ 성과 평가 및 지속적인 개선

디지털 트랜스포메이션의 진행 상황을 평가할 수 있는 핵심성과 지표를 설정하여 목표 달성 여부를 측정한다. 핵심성과 지표는 매출 증가, 비용 절감, 고객 만족도 향상, 업무 효율성 증대 등 다양한 지표로 구성될 수 있다.

디지털 트랜스포메이션은 일회성이 아닌 지속적인 과정으로 피드백 루프를 통해 문제가 발생했을 때 신속하게 개선 조치를 취한다. 이를 통해 디지털 트랜스포메이션이 지속적으로 개선되고, 기업의 변화에 맞게 조정될 수 있도록 한다.

4. 디지털 트랜스포메이션의 성공 요인과 도전 과제

성공적인 디지털 트랜스포메이션은 기업의 경쟁력을 강화하고 새로운 성장 동력을 창출하는데 중요한 역할을 한다. 하지만 디지털 트랜스포메이션은 매우 복잡하고 어려운 과정이며, 다양한 도전 과제에 직면할 수 있다.

(1) 성공 요인

BCG의 연구조사에 따르면, 디지털 트랜스포메이션의 70%는 목표를 달성하지 못하고, 종종 심각한 결과를 초래한다고 한다. 그 이유는 근본적인 변화를 대대적으로 실행하는 것은 복잡한 조직에게, 특히 단기적인 압박이 있는 경우, 매우 어려운 도전과제이고, 리더 개개인들은 이러한 불리한 상황에서 스스로의 경력을 위태롭게 할 것인지 혹은 뒤쳐질 것인지 결정을 내려야 하기 때문이다. BCG는 글로벌 설문조사 결과를 바탕으로 다음의 6가지 성공 요소를 제시하였다.

① 확실한 변혁 목표를 반영한 통합 전략

전략은 왜, 무엇을, 어떻게를 구체적이고 정량화된 비즈니스 결과물과 연계해 설명되어야 한다. 모든 기업들이 일정 형태의 전략수립을 실행하지만, 단지 40%만이 장애물을 극복하고 진정한 통합 전략, 즉 전략적 필수사항과 정량화된 비즈니스 결과물이 뒷받침되는 확실한 비전을 창출해 디지털을 전반적인 비즈니스 전략 및 지속가능한 경쟁우위와 연결시킨다. 강력한 비전이나 목적의식은 조직에 활기를 불어넣고 조직을 하나로 만든다. 전략은 사용사례 및 기술, 사람, 조직 역량을 다루는 실행가능한 비즈니스 로드맵에 포함된 구체적인 조치들로 변환되어야 한다.

② CEO부터 중간관리자에 이르기까지 모든 참여자의 의지

대부분의 사람들이 CEO 및 최고 경영진의 대규모 변화에 대한 의지의 중요성을 이해하고 있다. 하지만, 의지는 그 자체만으로는 충분하지 않다. 기업들은 반드시 관련 중간관리자들을 변혁 프로그램 계획수립 및 실행에 포함시켜 이들이 목표와 전략을 수긍하도록 해야 한다. 그렇지 않으면, 중간관리자들은 종종 저항의 원천이 되어 팀 간의 사일로와 세력기반을 옹호할 수 있다. 기업들은 또한 변혁으로 인한 직원들의 경력 위협을 인식할 필요가 있다. 자동화, 바이오닉 프로세스, 그리고 새로운 업무방식은, 특히 재교육과 스킬향상 프로그램을 통해 보완할 수 없다면, 일자리 상실을 의미한다. 그리고 새로운 디지털 스킬은 반드시 도입되어야 한다. 중간관리자들은 특히 취약하다고 느낄 것이다. 조직들이 애자일한 운영모델을 도입함에 따라, 이들은 보상 프로그램과 경력 경로를 수정해야 하고 이 변화에 대해 효과적으로 소통해야 한다. 투명성이 보장된, 동기부여가 되는 목표는 사람들을 참여시키고 행동변화를 실행하는 강력한 무기가 될 수 있다.

③ 최고수준 인재 배치

경영진이 가장 유능한 인재를 파악하고 활용해 변혁 프로그램을 추진해야 한다. 기업들은 종종 필요한 스킬 구성을 갖추지 못하고 있으며 성공적인 디지털 변혁을 수행하기 위해 요구되는 사람들의 스킬과 전문성을 과소평가하는 경향이 있다. 실제로 조사대상 4개 중 1개 조직만이 이 요소의 기준을 통과했다. 이 기준을 통과한 기업들은 디지털 전문성 및 광범위한 스킬을 모두 갖춘 변혁 리더십 직책에 특히 주의를 기울였다. 성공적인 기업들은 변혁을 주도할 잠재력이 가장 높은 최고의 인재들을 임명함으로써 조직 전체에 변혁의지를 여실히 보여줬다. 필요한 역할과 능력을 신중히 평가하고 필요한 경우 일부 직책은 기꺼이 외부에서 조달할 준비가 되어 있었다. 또한, 예를 들어, 실적 우수자들은 보상을 주고 유지하며 실적 부진자들은 퇴출시키는 등의 방법을 통해 인재가 적극적으로 관리되도록 했다.

④ 광범위한 도입을 추진하는 애자일한 지배구조 마인드

리더들은 장애물을 빠르게 해결하고, 변화하는 환경에 따라 적응하며, 다기능의 미션중심적인 빨리 실패하고 배우는(fail-fast-learn) 행동 변화를 더 광범위한 조직으로 확장시킨다. 이 성공요인에는 상관관계가 매우 높은 두 요소가 있다. 첫째, 리더십은 반드시 애자일한 태도로 변혁을 관리해야 한다. 이는 리더십이 깊이 관여해 팀들의 효과적인 보고대상로서의 역할을 함으로써 의견 결정, 절충안, 우선순위를 적극적으로 조정할 수 있어야 한다는 의미이다. 둘째, 리더들은 애자일한 행동양식을 조직 전체적으로 광범위하게 추진해야 한다. 이를 위해서는 조직이 다기능, 미션 중심 방식으로 움직일 수 있도록 해 주는 매뉴얼, 프로세스, 지원 뿐 아니라 필수적 행동변화에 대한 진정한 믿음이 필요하다.

⑤ 정의된 결과물에 대한 진행상황 효과적 모니터링

프로세스와 결과물에 대해 데이터 가용성과 품질을 충분히 확보해, 확실한 지표 및 목표를 수립한다. 진행상황 모니터링은 보통 기업점검의 간단한 문제로 여겨진다. 하지만, 연구대상 기업들에서 5개 조직 중 2개만이 이 요소를 제대로 해결했는데, 성공적인 변혁 프로그램을 추진한 조직에서는 그 비율이 90%인 것과 비교된다. 성공을 제대로 평가하는 것에는 다음의 내용이 포함되어야 한다.

- 확실한 권한과 책임소재를 설정해 진행상황을 모니터링하고 장애물과 과제 해결
- 전략적 목적과 연계된 세부적인 운영 혹은 재무 지표 정의
- 프로그램 및 이니셔티브 차원 모두에 대해 결과물 정기적 추적
- 데이터에 대한 단일정보저장소 유지

⑥ 비즈니스 중심 모듈형 기술 및 데이터 플랫폼

비즈니스 니즈에 따라 목적적합한 첨단기술 아키텍처를 확립해 안정적이고 확장가능한 성능, 신속한 변경내용 배치, 매끄러운 생태계 통합을 가능하게 한다.

(2) 도전 과제

디지털 트랜스포메이션은 기업에 많은 도전과 어려움을 가져올 수 있다. 몇 가지 주요한 이유는 다음과 같다.

① 기술적 복잡성

디지털 트랜스포메이션은 기술적으로 복잡한 과정이라 어려울 수 있다. AI, 빅데이터, 클라우드 컴퓨팅 등 다양한 기술을 도입하고 통합하며, 빠른 기술 발전에도 대응해야 하기 때문이다.

② 조직 문화 변화

디지털 트랜스포메이션은 조직 문화의 변화가 필요한 과정이다. 기존의 업무 방식과 관행을 바꿔야 하며, 직원들의 마인드 셋과 역량을 조정해야 한다. 이 과정에서 변화에 대한 저항, 부족한 협업과 소통, 문화적 차이 등으로 어려움을 겪을 수 있다. 이를 위해 효과적인 변화 관리와 리더십의 역할이 중요하다. 또 경영진의 적극적인 지원으로 구성원들의 자발적인 참여를 이끌어 내 조직 문화 변화를 이루는 것이 필요하다.

③ 인력의 역량 부족

디지털 트랜스포메이션은 디지털 역량을 보유한 인력이 필요하다. 새로운 기술과 도구에 대한 이해와 스킬을 갖추고, 직원들의 역량을 향상시키는 교육과 지원을 해줄 수 있는 전문 인력이 디지털 트랜스포메이션을 이끌어 낼 수 있기 때문이다. 이러한 역량을 갖춘 인력을 확보하기는 상당히 어렵지만, 외부에서 도움 받을 수 있다.

④ 비용과 시간

디지털 트랜스포메이션은 상당한 비용과 시간이 소요될 수 있다. 새로운 시스템 및 기술의 도입, 인력 교육, 시스템 업그레이드와 데이터 마이그레이션 등에 많은 자원과 시간을 투자해야하기 때문이다. 또 전환 과정에서 업무 중단이 발생할 수도 있기 때문에 디지털 트랜스포메이션을 위해 비용과 시간을 충분히 고려해야 하며, 계획적인 프로젝트 관리와 내·외부 협업을 통해 디지털 트랜스포메이션의 어려움을 최소화할 수 있다.

Part 03.

e 비즈니스 모델

01
e비즈니스 모델의 정의와 구성 요소

1. e비즈니스 모델의 정의

비즈니스 모델(business model)은 고객에게 가치를 전달하고 이를 통해 수익을 창출하는 총체적 시스템으로 기업이 어떤 제품이나 서비스를 어떻게 소비자에게 편리하게 제공하고, 어떻게 마케팅하며, 어떻게 돈을 벌겠다는 아이디어를 말한다. 비즈니스 모델은 특히 인터넷 기업들이 인터넷상에서 독특한 사업 아이디어를 내 이를 웹상에서 운영하는 것을 특허 출원하기 시작하면서 널리 쓰이게 되었으며, 미국 프라이스라인과 아마존이 각각 특허를 출원한 역경매와 원 클릭 서비스가 대표적인 예라 할 수 있다. e비즈니스 모델이란 인터넷 환경을 전략적으로 이용하기 위한 비즈니스 모델로, 목표고객을 정의하고 고객에게 인터넷상에서 제품과 서비스를 제공하여 가치를 창출함으로써 기업이 목표달성에 기여하는 전략적 활동이다. 효과적인 비즈니스 모델의 수립을 위해서는 몇 가지 구성요소가 필수적이다. 티머스(Timmers)에 따르면, 비즈니스 모델은 다음 세 가지가 요구된다. 첫째, 상품, 서비스, 정보가 흐르는 구조와 해당 비즈니스 모델에 참여하는 사업자 및 그들의 역할에 대한 설명, 둘째, 사업 참여자들이 누리게 될 잠재적 이익에 대한 설명, 셋째, 수익원천에 대한 설명이 그것이다.

e비즈니스 모델은 기존 모델이 진화하면서, 아울러 여러 모델들이 서로 결합되면서 새로운 모델들이 나타나고 있다. 이렇게 다양한 비즈니스 모델이 존재하는 이유는 e비즈

니스 모델에 대한 명확한 합의가 이루어지지 않은 측면도 있지만, e비즈니스 특성상, 고객의 니즈를 신속 정확하게 파악하고 반영하며, 이를 적절히 제공해야 하는 스피드경영이 생명이기 때문이다. e비즈니스의 초기 단계에는 비즈니스 모델을 이용하는 목적이 해당 비즈니스 모델의 기술적 구현 가능성과 사업 타당성을 평가해 보기 위한 것이었다. 그러나 관련 IT기술의 발달과 새로운 형태의 다양한 비즈니스 모델이 창출되면서 최근에는 기업 간 전략적 제휴나 기업 간 인수·합병을 위한 분석 자료로도 사용되고 있다.

2. e비즈니스 모델의 구성 요소

e비즈니스 모델은 장기적으로 기업성과를 증대시키고 수익을 얻기 위한 구체적인 계획이다. 다양한 e비즈니스 모델들이 공통적으로 갖추고 있는 구성 요소는 5가지로 구성되며, 구체적으로 살펴보면 다음과 같다.

(1) 가치 제안

가치 제안(value proposition)은 상품이나 서비스가 특정 고객에게 일정 수준의 가격으로 제공하는 유무형의 혜택을 정리한 것으로, 고객이 금전적 대가를 치르고 얻을 유무형의 혜택에 만족하고 경쟁사보다 낫다고 판단한다면, 즉 차별화되면 가치 제안이 제대로 설정된 것이다. 차별화는 다른 제품에서 발견할 수 없는 가치 있는 어떤 것을 가졌다고 고객이 느낄 때 생겨난다. 따라서 기업은 경쟁사의 제품이 제공하지 않는 어떤 가치를 고객에게 제공할 것인가에 대해 충분히 고려하여야 한다. 가치는 품질이나 서비스의 차별화 또는 저비용의 제품이나 서비스의 형태를 취한다. 제품 차별화를 위한 가장 보편적인 형태는 경쟁사의 제품이 갖고 있지 않는 제품 특징을 제공하는 것이다. 예를 들어, 인터넷을 이용한 주문 생산, 24시간 서비스, 개인화된 서비스 제공 등이다. 제품을 판매하는 시점도 제품을 차별화할 수 있는 방식의 하나가 될 수 있다. 인터넷을 이용하면, 제품 개발자들이 제품 리드타임을 단축하는 것이 가능하게 된다. 예를 들어, 인텔이 일본에서 개발한 디자인을 이스라엘의 기술자들에게 넘기고 그것을 다시 미국의 기술자들에게 넘긴다면, 한 나라의 기술자들이 설계를 담당하는 것보다 훨씬 빠르게 제품을 완성할 수 있다.

(2) 범위

e비즈니스 모델을 만들 때 제품의 범위와 시장의 범위를 고려하여야 한다. 제품의 범위는 얼마나 많은 유형의 제품을 판매할 것인가 하는 것을 의미하며, 시장의 범위는 가치제안을 제공할 목표시장은 무엇으로 할 것인가를 의미한다. 예를 들어, 동일한 특징을 가진 제품이라도 장소에 따라서 차별화가 가능하다. 인터넷을 이용하면 장소에 의한 제품 차별화는 감소되지만, 사용자들은 서비스에 대한 정보를 교환할 수 있으며, 네트워크가 커질수록 서비스는 더 향상될 수 있다. 그 외에도, 더 많은 선택의 기회를 제공하는 제품 믹스나 브랜드 평판 등도 고려되어야 한다.

(3) 가격

기업은 시장점유율과 목표시장의 크기를 고려하여 제품이나 서비스의 적절한 가격을 어떻게 책정할 것인가 고려해야 한다. 다양한 가격 책정 유형이 있다. 첫째, 메뉴 또는 고정 가격 책정은 가장 일반적인 형태로, 판매자가 가격을 정하고 구매자가 그 가격을 받아들이면 거래가 이루어지는 형태이다. 이러한 가격 책정 유형의 단점은 판매자가 결정한 가격보다 고객이 더 많이 지불할 용의가 있을 때 판매자 입장에서 손해를 보게 되며, 가격이 지나치게 높을 경우 구매자들을 놓침으로써 판매자는 추가이익을 포기해야 하는 점이다. 그리고 가격이 일단 결정되면 변경이 어려운 점이 있다. 하지만, e비즈니스의 경우 인터넷상에서는 매우 적은 비용으로 가격을 변경할 수 있으며, 축적된 데이터를 분석하여 가격 책정에 활용함으로써 수익을 극대화할 수 있는 가격수준을 정하기 용이하다. 둘째, 일대일 가격 책정은 판매자와 구매자가 협상을 통하여 가격을 정하는 형태로, 메뉴 가격 책정의 단점을 극복할 수 있다. 단점은, 대규모의 오프라인 상점에서는 비현실적이며, 판매자 입장에서는 잠재 구매자가 가치가 있다고 믿는 제품에 지불을 할 의사가 있는지를 확신할 수 없고, 구매자 입장에서는 판매자가 최저 가격으로 판매하려고 하는지를 확신할 수 없다는 것이다. 인터넷을 이용하면, 인터넷의 고객 개인화 특성으로 인해 각 고객의 지불의사를 결정하는 데 도움을 주게 되어 가격이 쉽게 조정될 수 있게 된다. 셋째, 경매에 의한 가격 책정 형태로, 일대일 가격책정의 단점을 극복할 수 있다. 경매의 단점은, 구매자들이 상품의 가격을 떨어뜨리기 위해 공모할 가능성이 있고 판매자들이 언제든지 입찰 상품의 수를 제한할 수 있으며, 판매자들과 구매자들을 한 장소에 모으기 어렵다는 것이다. 인터넷을 이용하면, 판매자들과 구매자들을 한 장소에 모으기 쉽고, 구매자가 공모할 가능성과 판매자들이 입찰 상품의 수를 제한할 가능성을 현저히 줄일 수 있게 된다. 넷째, 역경매에 의한 가격 책정은 구매자가 가격을 제안하고 판매자는 입찰가격을 받아들일지 결정하는 형태로, 인터넷상에서 용이하게 적용될 수 있는 가격책정 방법이다. 다섯째, 물물교환에 의한 가격 책정이 있는데, 이는 가장 원시적인 형태의 가격 책정 방법이라 할 수 있다.

(4) 수익원천

수익 창출의 원천을 이해하는 것은 e비즈니스 모델을 검토하는 데 있어서 매우 중요하다. 오프라인 기업의 대부분은 제품판매와 서비스 제공으로부터 수익을 얻는다. 예를 들어, 제트 엔진 제조업자가 엔진은 기존 가격에 판매하고 애프터서비스를 통해서 수익을 올리기로 결정할 수도 있는데, 이때 제트 엔진 제조업자의 수익 원천은 제트 엔진의 애프터서비스가 된다. e비즈니스의 궁극적 목적은 이익실현이며, 이를 실현하기 위한 현실적인 방안을 찾는 일은 비즈니스의 성공을 위한 가장 기본적이면서 핵심적인 사항이다. 인터넷 기업에서 수익의 원천은 다양하며 기업은 수익 원천을 결정하여 비즈니스 모델에 포함시켜야 한다. e비즈니스의 일반적인 수익원천은 상품 및 서비스의 판매에 따른 직접 판매 수익, 판매대행 수수료, 광고 수익, 가입비, 정보 제공료, 컨설팅 수수료 등 다양하며 이에 따라 영업모델, 광고모델, 가입자모델, 거래비모델 등 다양한 수익모델이 설정될 수 있다. 예를 들어, 기업은 고객에게 제품을 무료로 제공하지만 고객이 아닌 광고업자들에게 요금을 부과할 수 있다. 또 온라인 자동차 판매상은 고객을 자동차업자에게 소개시

켜줌으로써 수수료를 얻고 동시에 사이트 방문자에게 보험을 판매함으로써 수익을 거둘 수 있다. 또 어떤 기업은 고객에게 손해를 보면서라도 상품을 판매하고 수집된 고객정보를 팔아서 수익을 올릴 수도 있게 된다. 몇 가지 대표적인 수익원천들을 살펴보자.

① 직접 판매 수익

인터넷상에서 제품이나 서비스를 직접 판매하여 수익을 얻는 방식이다. 가장 대표적인 예로는 온라인 상점이다. 온라인 상점은 오프라인의 거래와 같은 개념을 도입하고 있지만 물리적인 형태의 매장이 필요치 않고 복잡한 중간 유통과정도 단축시킬 수 있어 비용 절감이 가능하다.

② 수수료

사업자가 제품이나 서비스에 대한 소유권을 직접적으로 가지지 않고, 단지 다른 기업이나 개인들에게 상품이나 서비스 거래를 중개해 주거나 직접 필요한 서비스를 제공해 주는 대가로 일정액의 수수료를 받는 경우다. 가장 대표적인 예로 경매, 주식거래, 법률 서비스 등을 들 수 있다. G마켓이나 직방 등을 예로 들 수 있다.

③ 광고수익

사이트에 광고를 게재해 주는 대가로 광고주에게서 수익을 받는 형태다. 주로 검색엔진이나 포털 그리고 커뮤니티 사이트 등에서 이용되지만, 다른 유형의 사이트들도 대부분 광고 수입을 기본적인 수익 원천으로 활용한다. 주로 배너 광고나 이메일 등을 이용한 푸시와 같은 방법이 흔히 사용되는데, 최근 광고 수익을 높이기 위해 고객의 방문 횟수나 사이트 기여도에 따라 경품을 제공하거나 사이버 머니를 지급하는 방법 등 적극적인 수단들이 활용되고 있다. 네이버 등 많은 포털 사이트들이 이 경우에 해당한다.

④ 가입비 및 이용료

사이트에 입장하여 서비스를 이용하는 대가로 일정한 가입비 및 이용료를 받는 형태다. 최근 많은 서비스들이 온라인상에서 무료로 제공되고 있기는 하지만 오락 프로그램이나 각종 게임, 그리고 일부 기업 간 전자상거래의 경우 가입비를 별도로 받고 있는 경우도 많다. 이용료는 사용 건당 또는 이용 시간 등에 따라 부과하게 되는데, 최근 이용료의 효과적 징수를 위한 다양한 기술들도 빠른 속도로 개발되는 추세이다.

⑤ 확률형 수익모델

확률형 과금 방식으로 얻고자 하는 상품 및 서비스를 돈을 받고 확률에 따라 제공받는 형태로 게임 산업에서 많이 활용되는 수익모델이다. 이에 따라 돈을 지급하더라도 확률에 따라 상품이나 서비스를 받거나 못 받게 된다. 국내의 경우 2024년 3월에 게임 이용자의 권리보호를 강화하고 게임 산업의 투명성을 높이기 위해 확률형 아이템 정보공개가 의무화되었다.

(5) 연계된 활동

고객에게 가치를 제공하기 위해서 기업은 가치의 기초를 이루는 활동들(R&D, 제품설계, 제조, 시험, 마케팅과 판매, A/S 등)을 수행해야 하는데, 이러한 일련의 연결된 경영활동들을 가치사슬이라 한다. 고객에게 더 나은 가치를 제공하기 위해서 기업은 어떠한 활동들을 누가 언제 어떻게 수행할 것인지를 결정해야 한다.

첫째, 기업은 제공하는 가치와 일관성이 있도록 필요한 경영활동을 결정해야 한다. 예를 들어, 인터넷 소매상이 24시간 쇼핑을 제공하려고 한다면, 적절한 소프트웨어 및 고객서비스 뿐만 아니라, 제품을 제 시간에 운송하기 위한 물류체계를 갖춰야 하며, 이때 물류체계의 정비가 수행해야 할 연계된 경영활동이 된다.

둘째, 경영활동은 서로 간에 시너지 효과를 가질 수 있어야 한다. 경영활동이 상호간에 중복된다거나 일관되게 설계되지 않으면 비효율이 생길 수 있다.

셋째, 경영활동의 선택 및 설계는 비용이나 차별화에 가장 영향을 많이 미치는 요인이어야 한다. 예를 들어, 월마트의 핵심 사업수행능력 중의 하나는 물류체계이다. 따라서 월마트가 수행해야 할 활동은 이러한 물류체계를 잘 활용할 수 있는 활동이 되어야 한다. 이러한 경영활동들을 어느 시점에 수행할 것인가를 결정하는 것은 매우 중요한 고려요소가 된다.

02
e비즈니스 모델 종류

1. Timmers의 분류

티머스(Timmers)는 비즈니스 모델 아키텍쳐를 확인하는데 있어서 가치사슬의 분해(deconstruc-tion)와 재결합(re-construction)을 통해 체계적인 접근을 시도하였다. 즉 가치 사슬상의 요소를 확인하고, 거래참여자의 상호활동 패턴을 분석하여 가치사슬을 따라 정보를 통합하는 방법을 밝혀냄으로써 비즈니스 모델을 구분하고자 하였다. 가치사슬 분해란 포터가 언급했듯이 본원적 활동과 지원적 활동에 속하는 가치사슬상의 요소를 밝혀내는 것이며, 상호활동 패턴이란 1 대 1, 1 대 다수, 다수 대 1, 다수 대 다수를 의미하며, 가치사슬 재결합이란 가치사슬상의 여러 가지 단계를 따라서 이루어지는 정보처리 과정을 통합하는 것으로서 이를 통해 가치사슬 요소의 조합이 이루어진다. 가능한 비즈니스 모델 아키텍쳐는 가치사슬요소 조합과 상호작용 패턴을 연계함으로써 만들어진다. 예를 들면 전자상점(e-shop) 모형은 1 대 1 마케팅과 판매 모형이며, 전자쇼핑몰(e-mall) 모형은 N 곱하기 전자상점 모형이며, 공동 브랜드를 가진 전자쇼핑몰은 다수 대 1 마케팅과 판매 모형이 된다. 티머스가 제시한 11개 모형을 요약하면 다음과 같다.

(1) 전자 상점(e-shop)

가장 기본적인 사업 모형으로 기업이나 점포의 웹사이트를 이용한 마케팅 모형이다. 처음에는 기업홍보, 제품 PR을 위해 사용하다가 점차 고객으로부터 주문도 받고 대금도 지불할 수 있는 기능을 첨가하게 되었다. 판매 기업 입장에서는 기존의 마케팅 채널과 다른 또 하나의 마케팅 채널로서 저렴한 비용으로 전 세계로 시장을 확대함으로써 수요를 확충하여 매출 증대를 가능케 하고, 고객 입장에선 전통적 채널보다 저렴한 가격, 보다 많은 정보, 시간과 공간을 초월한 구매에서 대금지불 절차까지의 편리함을 제공함으로써 전자상거래에 참여하는 동기를 부여한다. 특히 한번 구매했던 고객의 경우 고객정보를 축적할 수 있어 이를 이용해 재구매시 개인화 서비스를 제공하거나, 데이터베이스 마케팅을 실시할 수 있다. B2C 전자상거래 모형에 많이 쓰인다.

(2) 전자 조달(e-procurement)

인터넷을 이용해 입찰공고와 협상을 통해 재화나 용역을 구매를 하는 모형으로, 구매자 입장에서는 공급선의 선택 폭이 넓어지고, 저렴한 원가, 보다 나은 품질, 배달 및 구매소요 비용 절감 효과가 있다. 공급자 입장에서는 입찰 정보에 대한 접근, 입찰 시장의 글로벌화, 입찰 비용 절감, 부분입찰 가능성, 공동 입찰과 같은 입찰의 유연성을 높여준다는 이점이 있으며, 주로 B2B 전자상거래 모형에 많이 활용된다.

(3) 전자 경매(e-auction)

전통적인 경매시장을 인터넷 공간으로 옮겨 인터넷이 가지는 장점을 극대화한 모형으로서 경매 대상이 되는 제품이나 서비스를 멀티미디어로 정보를 제공함과 동시에 단순한 경매 입찰 기능뿐만 아니라 계약, 대금결제, 배달 기능까지를 첨가할 수 있는 사업모형이다. 경매 제공자의 수입원은 인터넷 경매관련 기술 플랫폼 판매, 거래 수수료, 광고 수입이며 경매가 실제로 이루어질 때까지 물리적인 운송이 불필요하며 글로벌 소싱이 가능하다. 경매 참여자의 이점은 저가 품목의 소량매매가 가능하며 일반 경매보다 낮은 경매 비용에 있다.

(4) 전자 쇼핑몰(e-mall)

전자쇼핑몰은 전자 상점을 한 곳에 모아 놓은 것으로서 소위 고객들이 믿을 수 있는 유명한 브랜드 아래 품질 보증, 대금지불 보증 등과 같은 기능을 첨부할 수 있다. 취급하는 제품군에 따라 소비재를 다루는 e-Mall 과 산업재를 다루는 B2B 전자상거래 허브(B2B hub)형태를 취하게 된다. 전자 쇼핑몰 운영자는 입주하는 개개 사업체에 대해 사업적인 관심을 가질 필요는 없으며, 오히려 지원기술판매나 지원서비스 제공, 트랙픽을 대상으로 한 광고사업에서 수익을 추구한다. 이용고객 입장에서는 전자 상점의 이용 편익과 동일한 편익을 추구하며, 동일한 인터페이스 방식으로 다양한 쇼핑을 할 수 있다는 편리함이 있다. 전자 쇼핑몰 모형의 사업적인 성공가능성에 대하여는 논란이 있다. 긍정적인 측면에서는 점차 웹사이트 운영을 아웃소싱하려는 기업이 늘고 있어 기업간 전자상거래 차원에서 전자 쇼핑몰에 대한 수요는 늘 것이라는 견해와, 부정적 측면에서는 단순한 클릭만으로 다른 곳으로 이동해 갈 수 있는 사이버 공간에서는 소위 이웃이라는 개념이 존재하지 않기 때문에 전자 쇼핑몰에서 제공되는 편익이 기대만큼 고객에게 매력적으로 소구되지 않을 수 있고, 더구나 웹을 이용하는 대부분의 이용자들은 통일된 사용자 인터페이스에 싫증을 느끼기 때문에 사업성에 대하여 부정적인 견해가 있다.

(5) 3자 전자 시장(3rd party marketplace)

다양한 형태의 모형이 존재하며, 기존 오프라인 기업들이 웹 마케팅을 아웃소싱하려는 경향이 증가함에 따라 떠오르는 비즈니스 모델이다. 공급자의 제품 카탈로그를 수요자의 사용자 인터페이스를 통해 제공하는 것이 필수적이며 브랜딩, 대금지불, 물류, 주문 등 매매거래절차 모든 단계의 서비스를 추가로 제공 가능하다. 장터 제공자의 수입원은 회원가입비, 서비스 수수료, 거래수수료가 주가 되며 광고도 수입원이 될 수 있다.

(6) 가상 커뮤니티(virtual community)

가상 커뮤니티 모형의 궁극적인 가치는 가상 커뮤니티에 참여하는 고객과 파트너들로부터 나온다. 즉, 커뮤니티 회원들의 회비가 광고 수입과 함께 주 수입원이며 회원의 피드백이나 고객 서비스를 통한 관계 구축에 기업들이 많이 활용한다.

(7) 가치사슬 서비스 제공(value chain service provider)

전자지불 기능, 물류 등과 같이 산업의 가치사슬상의 특정한 기능에 특화하여 온라인으로 서비스를 제공하는 모형으로서, 은행들의 전자결제 인증 서비스에서부터 생산관리, 재고관리에 이르기까지 가치사슬상의 지원활동이 모형의 핵심이다. 수입원은 웹 기반 소포배달 서비스 FedEx나 UPS의 예처럼 주로 서비스 이용료 또는 커미션에 있다.

(8) 가치사슬 통합(value chain integrator)

가치사슬상의 여러 단계들을 묶어서 통합서비스를 제공하는 모형으로서, 수입원은 컨설팅 비용이나 거래 수수료이다.

(9) 공동작업 플랫폼(collaboration platform)

공동작업 플랫폼 비즈니스 모델은 기업간에 공동으로 작업할 수 있도록 필요한 도구나 소프트웨어 등을 제공하고, 동일한 인터페이스를 기업들에게 제공하는 서비스로서 공동 디자인, 공동 엔지니어링, 공동 프로젝트 컨설팅에 활용된다.

(10) 정보 중개(information brokerage)

정보 중개 사업 모형은 공개 네트워크인 인터넷상에서 구할 수 있는 수많은 정보를 수집, 가공해서 고객에게 제공하는 사업으로서, Yahoo 같은 정보검색 사이트에서 이용자 정보를 모아 고객 DB화해서 판매하는 정보사업으로서 주된 수입원은 DB 판매, DB 이용료, DB 상의 광고 수입에 있다.

(11) 신용 서비스(trust services)

신용 서비스는 인터넷상으로 공증 서비스나 인증 서비스를 제공하는 모형으로서 수입원은 확인서비스 수수료, 관련 소프트웨어 판매 등이 있다.

2. Rappa의 분류

라파(Rappa)는 9가지 일반 비즈니스 모델 유형을 제시하면서, 각 유형별로 사업운영 방식에 따라 보다 구체적인 모형들을 제시한 바 있다. 이 모형들은 독립적으로 응용될 수도 있지만, 사업 전략상 서로 다른 여러 개의 모형을 조합해서 적용하는 경우가 많다. 비즈니스 모델들은 빠르게 변화하고 새로운 비즈니스 모델들이 수없이 나오고 있어 이를 종합적으로 정리하는 것은 현재로선 불가능하지만, 비즈니스 모델들을 구분하는 기본형 모델들을 정리함으로써 앞으로 나올 파생모델(derivative models)을 가늠해 볼 수 있다. 라파의 전자상거래 사업 모형에는 티머스가 제시한 대부분의 사업 모형들이 포함되고 있으며, 이를 살펴보면 다음과 같다.

(1) 중개형 모형(Brokerage Model)

시장을 창출하는 모형으로서 구매인과 판매인을 한곳에 모아 거래를 촉진하는 역할을 하는 모형이다. 이 모형은 B2B 거래는 물론 B2C, C2C에 모두 적용할 수 있다. 중개인은 성사된 거래에 수수료를 부과함으로써 수입을 확보하며, 중개형 모형은 보다 세부적으로 다음과 같은 세부 모형을 형성한다.

① 단순 매도/매수 주문 소화형(Buy/Sell Fulfillment) : eTrade와 같이 고객이 금융수단에 대하여 낸 매도와 매수 주문을 성사시켜주는 온라인 금융 브로커와 여행사 등이 여기에 속하며, 거래 수수료를 매도인과 매수인에게 부과한다. 때로는 CarsDirect처럼 금융자산이 아니라 대량거래, 낮은 수수료로 최저협상가격을 보장하는 경우도 있다.

② 시장 거래소형(Market Exchange) : B2B 시장에서 점차 보편화되고 있는 사업 모형으로서 중개인은 판매자에게 성사된 거래 금액의 일정 몫을 중개 수수료로 받는 것이 보통이다. 가격 메커니즘은 단순 제안/구매, 제안/협상/구매, 경매 방식이 있다.

③ 고객 모집형(Buyer Aggregator) : 인터넷을 통해 개별 구매자를 끌어 모아 일

반적으로 대량 구매자에게만 적용되는 할인 가격에 구입할 수 있도록 한 모형이며, 판매자가 중개인에게 거래가 성사될 때마다 수수료를 지불한다.

④ 유통 및 배급형(Distributor) : 소매상과 제조업체를 연결해 주는 카탈로그형 사업으로서 중개인은 프랜차이즈 판매 대리점들과 소매상들과 거래를 촉진하는 역할을 한다.

⑤ 가상 몰형(Virtual Mall) : 온라인 상인들을 모아 주는 중개 모형으로 자동거래 서비스나 관계 마케팅을 가능케 하며, 일반 포털과 결합될 때 가장 효과적이다.

⑥ 메타 중개형(Metamediary) : 온라인으로 상인들과 구매자들을 끌어 모아 거래와 관련한 금융서비스, 품질 보증 서비스 등을 제공하는 가상몰이지만, 직접 거래를 처리하고, 주문을 추적하고, 과금하고 수금하는 업무를 한다는 점에서 차이가 있다. 메타 중개형은 소비자 만족을 위해 소비자를 보호하며, 거래마다 수수료를 받고, 상점개설 비용을 수입원으로 한다.

⑦ 경매 중개형(Auction Broker) : 판매자를 위해 경매를 주관하며, 성사된 거래에 대하여 일정 몫을 수수료로 받는 모형으로서, 가장 높게 입찰한 가격으로 경매는 결정된다.

⑧ 역경매형(Reverse Auction) : 구매자가 스스로 가격을 정해 입찰을 받는 방식으로서 Priceline에 의해 만들어진 모델이다.

⑨ 항목 분류형(Classifieds) : 일반 신문의 분류 광고처럼 세일이나 구매하고 싶은 항목을 모은 리스트를 제공하는 서비스 모형으로서 거래성사에 관계없이 리스트에 게재하는 비용을 받는다.

⑩ 검색 대행형(Search Agent) : 로봇 같은 검색 에이전트를 이용해 가장 저렴한 가격이나 조건을 갖춘 경우를 찾아내 거래를 촉진하는 모형이다.

(2) 광고형 모형(Advertising Model)

전통적인 방송미디어 모형을 인터넷에 적용한 모형으로서, 웹사이트에 컨텐츠를 제공하고 e-mail, 채팅, 포럼 서비스를 제공하면서 배너광고를 게시하는 모형으로서, 배너광고가 주 수입원이 된다. 광고형 모형은 웹사이트를 보는 트래픽이 크거나 매우 특화된 고객들로 이용자가 구성되어 있을 경우에 유효하다. 광고형 모형은 광고 수입을 창출해 내기 위해 필요한 이용자 기반 확보를 위한 방법에 따라 6가지 세분화된 모형으로 구분된다.

① 일반 포털형(Generalized Portal) : 일반적이고 다양한 컨텐츠나 서비스를 가지고 주로 월 1000만 이상의 방문자와 같이 높은 트래픽을 추구하는 사업 모형으로서, 트래픽이 차지하는 중요성 때문에 트래픽을 끌어 모으기 위해 이벤트, 홍보, 브랜드 광고, 무료 서비스 등 다양한 방법들이 동원되고 있다.

② 개인 포털형(Personalized Portal) : 일반 포털이 가지고 있지 않은 개인 이용자의 특성과 기호를 고려한 소위 맞춤형 포털이다.

③ 특화 포털형(Specialized Portal) : 골퍼, 임신부 등 특정한 고객 그룹을 대상으로 한 포털 서비스로서, 높은 트래픽보다는 고객의 충성도에 기초한 모형이며, 고객 세분화에 따른 표적 마케팅으로 인해 향후 확산이 예상된다.

④ 인센티브 마케팅형(attention/incentive marketing) : 고객이 관심을 보인 경우에 대가를 지불하는 모델로서, 어떤 광고를 보거나, 서류 작성, 게임에 참여한 방문객 수에 기초해 광고료를 지불하는 모형으로서, 제품 설명이 매우 복잡해 고객의 관심을 잃기 쉬운 경우에 적합한 모형으로 CyberGold가 창안한 모형이다.

⑤ 무료 모델형(Free Model) : 이용자들을 끌어 모으기 위해 무료로 웹사이트를 호스트 서비스하거나, 웹 서비스를 제공하거나, 무료 인터넷 접속서비스를 제공하거나, 하드웨어나 소프트웨어를 제공하거나, 인터넷 카드 서비스를 제공해 많은 수의 이용자를 담보로 광고를 유치하려는 무료 모델형은 단순히 광고 수입만이 유일한 수입이라면 사업성이 매우 떨어지며, 정보 중개형이나 다른 모형과 결합하여 사용하는 것이 바람직하다.

⑥ 바겐 할인형(Bargain Discount) : Buy.com이 대표적인 예로서 원가보다 낮게 상품을 판매하면서 광고를 통해 이익을 창출하고자 하는 모델이다.

(3) 정보 중개형 모형(Infomediary Model)

소비자에 대한 체계화된 정보는 기업이 효과적인 마케팅을 하기 위해 매우 중요한 자료로서, 인터넷에서 고객정보를 모아 기업에게 판매하는 게 정보 중개형 모형이다. 개인 고객의 정보는 다양한 방법을 통해 수집, 가공되어 데이터베이스화되며 광고형 모형에서와 같이 고객정보 제공자를 확보하기 위해 무료 인터넷접속이나 무료 하드웨어를 유인책으로 제공하기도 한다. 따라서 정보 중개형 모형은 단순한 광고형 모델보다는 안정적이라고 볼 수 있다.

① 추천형(Recommender System) : 판매회사, 제품 또는 서비스에 대하여 이용자들이 서로 의견을 교환할 수 있도록 한 사이트로서 고객정보의 가치를 높이는 방법이다. 단순한 의견 교환에서 더 나아가 이용자의 검색 및 구매 습관을 분석하여 관련된 제품을 추천함으로써 더욱 더 정교한 고객정보DB를 구축할 수 있다.

② 등록형(Registration Model) : 콘텐츠 사이트의 경우, 개인정보를 등록하면 무료로 정보이용권을 준다든지 하는 방법으로 고객정보DB를 구축하며, 등록을 통해 고객의 검색 습관 등 상세한 고객정보를 취득하여 광고주에게 잠재력이 큰 고급정보를 구축할 수 있다

(4) 상인형 모형(Merchant Model)

인터넷을 이용한 전통적인 도·소매상으로서 매출은 카탈로그에 기재된 가격이나 경매를 통해 결정된 가격에 의해 이루어지며, 때로는 전통적인 상점에서는 불가능한 상품이나 서비스를 취급한다. 상인형 모형에는 크게 ① 물리적인 점포 없이 웹 상에서만 운영하는 비즈니스로서 소위 e-tailer로 불리는 가상 상인형(Virtual Merchant), ② 메일오더 방식에서 점차 웹을 이용한 방식으로 옮겨진 카탈로그형(Catalog merchant),

③ 기존의 물리적인 점포망을 가지고 있으면서 동시에 웹 채널을 보유한 클릭&모타르형(Click-and-mortar), ④ 순수한 디지털 제품만을 웹으로만 판매와 배급을 하는 비트 벤더(bit vendor)의 4가지 유형이 있다.

(5) 제조업체형 모형(Manufacturer Model)

제조업체가 중간상을 거치지 않고 직접 소비자를 접촉하기 위한 사업 모형으로서 기존의 물리적인 유통망을 거치지 않는 모델이다. 이 모델은 기존의 유통망을 붕괴시킬 수 있다는 점 때문에 가격정책, 고객서비스 등에서 기존 유통망과의 마찰을 초래할 가능성이 있어, 효과적인 유통망 관리가 핵심적인 성공 요인이다.

(6) 제휴형 모형(Affiliate Model)

하나의 사이트로 대량 트래픽을 몰고 가려는 일반 포털과는 반대로 제휴형 모형은 고객이 인터넷상에서 서핑하는 데에 어디서든지 구매 기회를 제공하는 모형으로, 구매 포인트를 제공하는 제휴 파트너에게 매출의 일정액을 인센티브로 제공한다. 만일 제휴업체가 파트너에게 아무런 매출도 유도하지 않으면 상점 입장에서는 아무 비용도 지불할 필요가 없어 매우 활발하게 적용되고 있는 모델이다. 파생 모델로는 배너 교환, 클릭당 지불(pay-per-click)과 수입 공동분할(Revenue Sharing) 프로그램이 있다.

(7) 커뮤니티 모형(Community Model)

트래픽 위주의 모형과는 달리 이용자의 충성도에 기초한 비즈니스 모형으로서 이용자들은 해당 사이트에 많은 시간과 노력을 투자하는 게 보통이다. 따라서 B2C보다는 B2B 모델로서 많이 활용되고 있다. 지속적으로 사이트를 방문하는 이용자들에게 광고, 정보중개 또는 전문적인 특화된 포털 서비스 기회를 제공하는 모형이며, 때로는 이용료(subscription fee)를 받는 경우도 가능하다. 예를 들면, VerticalNet에 의해 개척된 개념인 Business Trading Community 또는 vertical web community에는 판매자 안내차원에서 제품정보, 공급선, 제품 디렉토리, 업계동향 정보, 뉴스, 취업정보, 광고나 기존의 트레이드 쇼와 협회활동을 대체하는 전문성을 갖춘 서비스가 제공되고 있다.

(8) 회원형 모형(Subscription Model)

신문 구독이나 잡지 구독처럼 이용자가 접속에 대하여 대가를 지불하는 모형으로서 고부가가치의 컨텐츠 보유가 가장 중요한 비즈니스 모델이다.

(9) 과금형 모형(Utility Model)

수도 요금이나 전기 요금처럼 이용량에 따라 이용료를 지불하게 하는 모형으로서, 이용한 정보량을 시간단위 또는 정보 바이트 단위로 측정하고 과금하는 능력이 가장 중요한 모형이다.

3. Jutra의 분류

주트라(Jutra) 등은 제품이 공급자로부터 최종 소비자에게까지 전달되는 과정과 상품의 제조 근원지를 기준으로 전자상거래 비즈니스 모델을 3개 유형으로 분류했다.

(1) 중개자형

사이버미디어리(cybermediary)라고도 불리는 중개자형(e-broker)은 공급자와 소비자 사이에서 중개인 역할을 한다. 이 모형은 공급사슬 과정에서 재고를 통제하기 위해 필요한 인적자원, 창고, 자본 등을 필요로 하지 않고, 무엇보다도 제조업자에서 소비자에게 이르기까지의 전 과정에서 전문성을 추구할 수 있다는 장점을 가지고 있다. 상품공급자는 제품생산계획, 재고통제, 생산에 집중하고, 중개자는 마케팅 과정을 전문적으로 수행한다. 각자의 역할에 최선을 다할수록 소비자가 구매하게 되는 상품의 질은 더 우수해지는 것이다. 이런 특징으로 인하여 중개자형은 소규모 기업들에게 매력적인 모형이며, 각자 아웃소싱을 수행하게 된다. 이때 중개자는 FedEx, UPS와 같은 제3자 물류채널을 이용해 상품을 공급자로부터 소비자에게 직접 전달하는 일을 맡는다. 또한 최상의 중개 조건을 찾기 위해 유사한 목적을 가진 다른 중개자들과 제휴해 서로 의견을 교환하기도 한다.

(2) 제조업자형

중개자형에서는 기업은 상품에 아무런 가치를 더하지 않는다. 즉, 단순히 완성된 제품을 소비자가 원하는 적정 가격에 구입해 소비자에게 중개해주는 역할을 할 뿐이다. 이에 비해 제조업자형(Manufacturer)에서는 기업 내부의 제조과정을 통해 완제품에 새로운 가치를 추가한다. 이 모형은 재조합이 가능한 제품을 생산하고, 전문적인 마케팅 부서를 가지고 있으며, 세련된 소비자 서비스를 수행하는 기업에 적합한 모델이다. Dell Computer, Cisco 등이 이 모형에 속하며 자동차 제조회사, 컴퓨터 테크놀로지 기업에서 이 모형을 사용한다.

제조업자형 모형의 장점은 소비자가 자신이 원하는 제품을 직접 설계할 수 있다는 것이다. 예를 들어 자동차를 구입하려는 소비자는 자동차 사이트에서 자신의 차에 장착하게 될 옵션을 직접 클릭하고, 그 차의 가격에서부터 배달 방법까지 다양한 정보를 얻을 수 있다. 또 다른 장점으로는 소비자로부터 유용한 정보를 직접 소비자에게 직접 제품을 공급함으로써 중개인을 거치지 않기 때문에 더 많은 소비자와 공급자 모두에게 더 많은 이익이 돌아간다는 것이다.

(3) 경매형

경매형(Auction)은 상품을 구매하고자 하는 측에서 먼저 제품의 구입 가격을 제시한 후 공급자가 그 가격에 동의하면 제품의 거래가 이루어진다. 따라서 공급자도 고객이 된다. 경매 사이트에서 하는 일은 고객과 공급자를 연결시켜주는 일이다. 이 모형의 전략은 소비자에게 초점을 맞추고 있으며, 소비자에게 요금을 부과하지 않고 거래가 성사된 공급자에게만 수수료를 받는다. 때문에 경매형 모델은 가격에 민감한 소비자들에게 매력적인 모델이며, 다양한 제품 정보를 필요로 하는 소비자에게 유용하다.

4. Berryman의 분류

베리만(Berryman)은 시장 주도자, 즉 마켓 파워를 보유하고 있는 주체에 의해 판매자가 통제하는 시장(Seller-controlled marketplaces), 구매자가 통제하는 시장(Buyer-controlled marketplaces), 그리고 중립적 시장(Neutral marketplaces)으로 분류하였다. 시장 주도자에 의한 분류를 정리하면 [표 3-1]과 같다.

표 3-1. Berryman의 분류

비즈니스 유형	특 징
판매자가 통제하는 시장	• 정보 서비스를 제공하는 사이트 • 온라인 주문 서비스 제공 사이트
구매자가 통제하는 시장	• 제품 구매 게재 사이트 • 구매 대행 • 구매 총괄
중립적 시장	• 산업/제품 검색엔진 제공 사이트 • 정보 시장 • 비즈니스 몰 • 경매 시장

(1) 판매자가 통제하는 시장

판매자에 의해 통제되는 시장은 다수의 구매자와 거래를 하는 하나의 판매자에 의해 형성된다. 이 시장의 목표는 모든 거래에서 시장의 가치와 마켓 파워를 획득하고자 하는 것이다. Cisco Systems 사이트는 구매자가 그들 자신의 판매경로와 리드 타임을 체크하고, 기술 전문가와 협의할 수 있도록 해준다. 뿐만 아니라 온라인에서 기술적 자료를 제공하고, 소비자에게 주문 정보를 제공해줌으로써 인쇄, 주문비용, 제품사양 에러

(configuration error), 전화를 사용한 기술지원 부문에 드는 노력 중 연간 2억7000만 달러를 절약할 수 있었다. 판매자에 의해 통제되는 시장에서는 주문속도를 높이고, 주문 과정을 소비자가 직접 체크할 수 있도록 함으로써 소비자 충성도를 높이는 노력을 하는 것이 중요하다.

(2) 구매자가 통제하는 시장

구매자가 통제하는 시장은 일반적으로 가치를 획득하려는 의도를 가진 하나 이상의 구매자에 의해 형성된다. 대부분 다수의 중개상과 연계하지만 강력한 힘을 가진 구매자의 경우 중개상 없이 자체적으로 시장을 형성한다. 예를 들어, 재팬 에어라인은 플라스틱 쓰레기 봉투, 일회용 컵 등과 같이 다량의 비행기내 물품을 필요로 하는 회사로 최상의 공급자를 찾기 위해 온라인에서 구매 광고를 띄운다.

(3) 중립적 시장

중립적 시장은 구매자와 공급자를 연결해주는 일을 하는 3자 중개상에 의해 주도되는 시장이다. 중립적 시장의 최대 장점은 모든 구성원이 이익을 도모할 수 있다는 것이다. 판매자는 기존 중개상을 통해 판매하는 것보다 더 높은 가격을 얻을 수 있고, 구입자는 중개상보다 더 낮은 가격에서 제품을 구입할 수 있다. 예를 들어, EastParts는 전자 부품 재고를 거래하는 시장을 운영하는데, 판매자들로부터 유용한 재고 정보를 얻은 다음 온라인 경매를 통해 구매자와 판매자를 연결시켜준다. 또한 회사에서 제품을 먼저 조사하기 때문에 품질이 보장된 제품을 소비자는 구입하게 되며, 약 8%의 수수료를 받는다.

03
비즈니스 모델 캔버스

비즈니스 모델 캔버스(Business Model Canvas)는 알렉산더 오스터왈더(Alexander Osterwalder)와 이브 피그뉴어(Yves Pigneur) 교수가 개발한 것으로, 조직이 비즈니스 전략을 시각적이고 체계적으로 정리할 수 있도록 도와주는 도구이다. 이 캔버스는 고객, 가치 제안, 채널, 고객 관계, 수익, 핵심 활동, 핵심 자원, 핵심 파트너, 비용의 아홉 가지 핵심 요소로 구성되어, 비즈니스 모델의 전반적인 그림을 한눈에 파악할 수 있게 해준다. 전략적으로 비즈니스 모델 캔버스는 조직이 기존의 비즈니스 모델을 평가하고, 혁신적인 전략을 수립하며, 시장 변화에 유연하게 대응할 수 있는 기반을 제공한다.

- **비즈니스 모델의 명확화**

비즈니스 모델 캔버스는 조직의 가치 제안과 고객 세그먼트, 그리고 수익 모델을 명확하게 정의하여, 내부 및 외부 이해관계자와의 소통을 원활하게 한다.

- **혁신과 경쟁력 강화**

비즈니스 모델 캔버스를 통해 조직은 기존 모델의 한계를 인식하고, 새로운 성장 기회를 모색하며, 경쟁사와의 차별화를 꾀할 수 있다.

- **의사결정 지원**

비즈니스 모델 캔버스에 기록된 각 요소들은 전략적 의사결정의 근거 자료로 활용되며, 프로젝트의 목표, 자원 배분, 비용 산정 및 리스크 관리 등 다양한 영역에서 체계적인 분석을 가능하게 한다.

1. 구성 요소

비즈니스 모델 캔버스는 아홉 가지 주요 구성요소로 이루어져 있으며, 크게 가치 전달과 가치 생산으로 나눌 수 있으며, 각 구성요소는 조직의 비즈니스 모델을 체계적으로 정의하는 데 중요한 역할을 한다.

① 가치 전달

● 고객

고객(Customer Segments)은 조직이 서비스를 제공하거나 제품을 판매하는 대상 고객 그룹을 의미한다. 이 단계에서는 주요 고객군을 식별하고, 각 그룹의 니즈와 특성을 분석한다. 게임기 제조사라면, 게이머, 게임 개발자를 예를 들 수 있다. 시장 조사, 고객 인터뷰, 데이터 분석을 통해 주요 고객 집단을 도출하고 고객의 요구사항과 행동 패턴을 명확히 하여, 가치 제안을 최적화하는 기반을 마련한다.

● 가치 제안

가치 제안(Value Propositions)은 조직이 고객에게 제공하는 고유한 이점이나 해결책을 의미한다. 이는 제품 또는 서비스의 경쟁 우위와 차별화 포인트를 정의하여 고객이 다른 회사가 아닌 이 회사를 선택하는 이유를 나타낸다. 구글의 무료 검색, 맞춤 광고 서비스를 예로 들 수 있다. 경쟁 분석, 고객 피드백, 내부 역량 분석을 통해 핵심 가치 제안을 도출하여 고객의 문제를 해결하거나 고객의 니즈를 충족시키는 구체적이고 매력적인 제안을 개발한다.

● 채널

채널(Channels)은 고객에게 가치 제안을 전달하는 방법과 경로를 의미한다. 채널은 공식 홈페이지일 수도 있고, 오프라인 매장, 도매시장인 경우도 있다. 또한 채널에는 판매, 유통, 마케팅 등 다양한 방식이 포함된다. 유통 경로 분석, 온라인 및 오프라인 채널 평가를 통해 효율적이고 효과적인 고객과의 접점을 최적화한다.

● 고객 관계

고객 관계(Customer Relationships)는 조직과 고객 간의 상호작용 방식과 관계를 정의한다. 기업 담당자가 직접 1:1로 응대하기도 하고, 고객 중심 커뮤니티를 운영하는 곳도 있으며 최근에는 인스타그램, 블로그 등 SNS를 통해 고객과의 관계를 이어가기도 한다. 고객 관계는 고객 유지, 지원, 그리고 서비스 개선에 중요한 영향을 미친다. 고객 서비스 정책 수립, CRM 시스템 분석, 피드백 수집을 통해 지속 가능한 고객 관계를 형성하고, 고객 충성도를 높이는 전략을 수립한다.

② 가치 생산

● 수익

수익(Revenue Streams)은 조직이 비즈니스 모델을 통해 창출하는 수익의 경로와 구조를 의미하며 판매, 구독, 광고 등 다양한 형태로 나타날 수 있다. 가격 전략, 판매 모델, 시장 동향 분석을 통해 조직의 다양한 수익원을 평가하고 조직의 재무 건전성을 확보하는 전략을 마련할 수 있다.

● 핵심 활동

핵심 활동(Key Activities)은 가치 제안을 구현하기 위해 조직이 수행해야 하는 핵심 업무를 의미한다. 프로세스 분석, 내부 역량 평가, 업무 분할 구조(work breakdown structure; WBS)를 작성하여 효과적인 작업 수행을 위한 필수 활동을 정의하고, 실행 계획에 반영한다.

● 핵심 자원

핵심 자원(Key Resources)은 조직이 비즈니스 모델을 실행하는데 필요한 인적, 물적, 기술적 자원을 의미한다. 자원 평가, 인력 및 기술 분석, 자산 목록 작성 등을 통하여 핵심 자원을 명확히 하고, 효율적으로 배분하는 전략을 수립한다.

● 핵심 파트너

핵심 파트너(Key Partnerships)는 조직이 비즈니스 모델을 성공적으로 실행하기 위해 외부와 맺는 협력 관계를 의미한다. 면도기를 만드는 질레트를 예로 들면 제조회사와 유통업체, 오픈소스 소프트웨어 레드햇의 경우는 오픈소스 개발 커뮤니티가 핵심 파트너라고 볼 수 있다. 협력사 평가, 계약 조건 분석 등을 통해 외부 자원을 효과적으로 활용하여, 내부 역량을 보완하는 전략을 마련한다.

● 비용

비용(Cost Structure)은 비즈니스 모델 실행에 따른 모든 비용을 포괄하며, 고정비와 변동비, 직접비와 간접비 등을 포함한다. IT 플랫폼 업체라면 플랫폼을 개발하고 유지하는데 들어가는 비용이 포함된다. 원가 분석, 비용 추정, 예산 수립 등을 통해 효율적으로 비용을 관리하고 자원 배분을 최적화할 수 있는 기반을 마련한다.

2. 비즈니스 모델 캔버스 수립 절차와 사례

① 수립 절차

비즈니스 모델 캔버스의 수립은 위의 각 구성요소를 체계적으로 도출하고, 상호 연계성을 고려하여 하나의 시각적 도표로 구성하는 과정이다.

- 초기 데이터 수집 : 고객, 시장, 경쟁사 분석 등을 통해 각 구성요소에 필요한 데이터를 수집한다.
- 아이디어 도출 및 분류 : 팀원들과 브레인스토밍을 통해 각 요소에 대한 아이디어를 도출하고, 유사한 항목을 그룹화한다.
- 구성요소 작성 : 도출된 데이터를 바탕으로 [그림 3-1]의 캔버스 아홉 가지 요소를 체계적으로 작성하며, 상호 관계를 명확히 한다.
- 검토 및 피드백 : 작성된 캔버스를 내부 및 외부 이해관계자와 공유하여, 피드백을 받고 수정 보완한다.

- 최종 문서화 및 보관 : 승인된 비즈니스 모델 캔버스를 공식 문서로 작성하고, 중앙 집중식으로 보관한다.

■■ 그림 3-1. 비즈니스 모델 캔버스

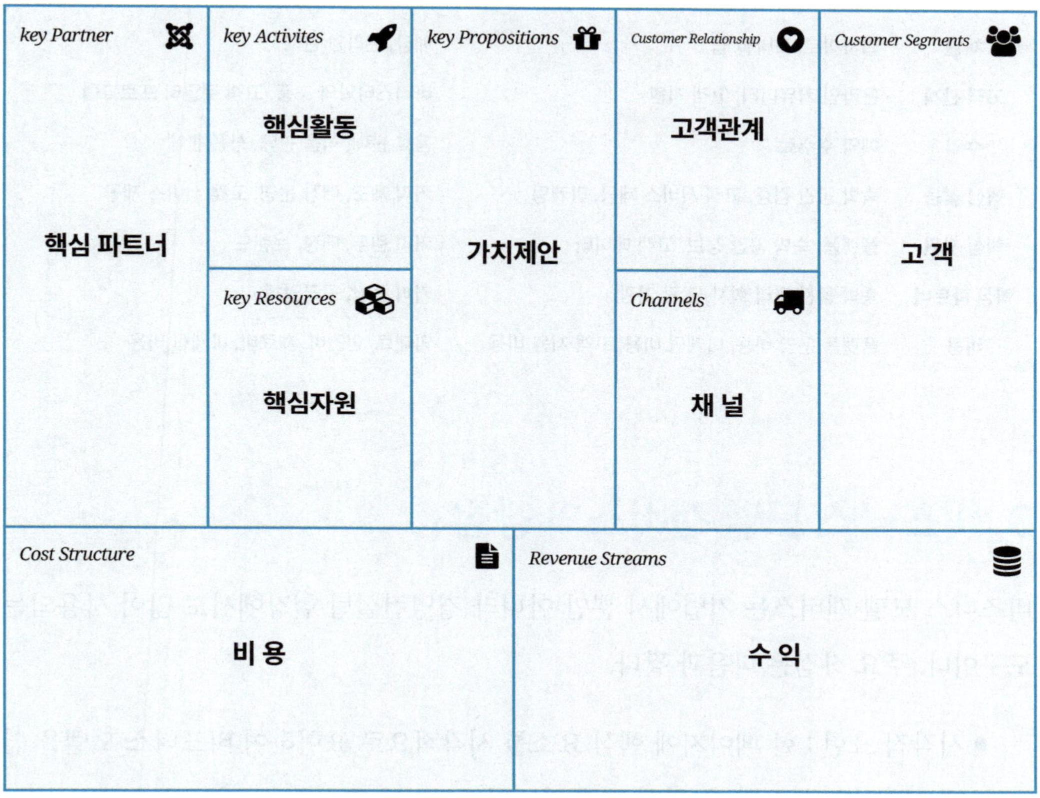

출처 : 웨이브온 https://www.waveon.io/blog/what-is-business-model-canvas

비즈니스 모델 캔버스는 조직의 핵심 전략을 명확히 하며, 투자 및 실행 계획 수립에 필수적인 기초 자료로 활용된다. 캔버스의 각 구성요소를 체계적으로 분석하고 기록함으로써, 조직은 혁신적인 비즈니스 모델을 수립하고 경쟁력을 강화할 수 있다.

② 사례

비즈니스 모델 캔버스 수립 절차에 따라 에어비앤비와 스타벅스를 분석하여 정리하면 [표 3-2]와 같다.

표 3-2. 비즈니스 모델 캔버스 사례

구성 요소	에어비앤비	스타벅스
고객	여행객, 숙박 공간 임대인	커피 애호가, 편안한 휴식 공간을 찾는 사람들
가치 제안	여행객에게 독특한 숙박 경험 제공, 임대인에게 수익 창출 기회 제공	고품질 커피, 편안한 분위기, 프리미엄 고객 경험
채널	웹사이트, 모바일 앱	매장, 온라인 판매
고객 관계	온라인 커뮤니티, 고객 지원	바리스타와의 소통, 고객 로열티 프로그램
수익	예약 수수료	음료 판매, 식품 판매, 상품 판매
핵심 활동	숙박 공간 검증, 고객 서비스 제공, 마케팅	커피 제조, 매장 운영, 고객 서비스 제공
핵심 자원	플랫폼, 숙박 공간 정보, 고객 데이터	커피 원두, 매장, 브랜드
핵심 파트너	숙박 공간 관리 회사, 관광 기관	커피 농장, 공급업체
비용	플랫폼 운영 비용, 마케팅 비용, 고객 지원 비용	임대료, 인건비, 재료비, 마케팅 비용

3. 비즈니스 모델 캔버스의 장점

비즈니스 모델 캔버스는 기업에서 뿐만 아니라 경영컨설팅 현장에서도 많이 사용되는 도구이다. 주요 장점은 다음과 같다.

- 시각적 표현 : 한 페이지에 핵심 요소를 시각적으로 표현하여 비즈니스 모델을 쉽게 이해하고 분석할 수 있게 해 준다.
- 체계화 : 비즈니스 모델의 각 구성 요소를 체계적으로 정리하고 분석할 수 있도록 도와준다.
- 의사소통 : 이해관계자들과 비즈니스 모델에 대한 이해를 공유하고 협업을 용이하게 해준다.
- 개선: 비즈니스 모델의 강점과 약점을 파악하고 개선 방안을 모색하거나 새로운 전략을 개발하는데 도움을 준다.

Part 04.

e 비즈니스 응용

01
전사적자원관리

1. 전사적자원관리 개요

(1) 전사적자원관리 역사

전사적자원관리(Enterprise Resource Planning; ERP)는 제조업체 생산부문의 효율적 관리를 위한 시스템인 자재소요량계획(Material Requirement Planning; MRP)에서 비롯되었다. 1960년대 등장한 MRP는 기업에서 가장 고민거리 중의 하나인 재고를 줄일 목적으로 단순한 자재수급관리를 위한 시스템이었다.

1980년대에 들어서면서 MRP는 MRP-II(manufacturing resource planning)로 확장되어 자재뿐만 아니라 생산에 필요한 모든 자원을 효율적으로 관리하기 위해 사용되었다. 그러나 MRP, MRP-II 시스템은 IT 자원이 충분히 뒷받침되어 주지 못해 만족할 만한 성과를 거두지는 못한 것으로 평가되고 있다. 컴퓨터 기술이 발전함에 따라 MRP-II와 유사한 개념이 제조, 재무 통합, 고객관계관리 및 인적자원 데이터통합을 넘어 비즈니스 활동을 위해 개발되었고, 1990년에 기술 분석가들은 이 새로운 범주의 비즈니스 관리 소프트웨어를 ERP라고 이름 붙였다.

1990년대에 들어 글로벌 경쟁 체제로 들어서면서 급변하는 경영환경과 컴퓨팅 파워가 막강해지고, 시장구조가 생산자 중심에서 소비자 중심으로 전환되어 가고 있는 가운데 기업체들은 살아남기 위해서 IT 자원을 활용한 첨단 경영기법을 도입해야 하는 상황에 처하게 되면서 자연스럽게 ERP 시스템에 주목하게 되었다.

2000년대부터는 기업 내부뿐만 아니라 기업 외부의 자원까지 효율적으로 관리하고자 하는 흐름이 일어났고, 이는 자연스럽게 기업 내부를 관리하는 ERP를 기업 외부까지 확장하였으며, 이를 e-ERP라고 한다.

(2) 전사적자원관리 정의와 특징

ERP는 기업의 모든 데이터를 수집하고 처리하며 조직 전체의 자원, 정보 및 기능을 통합적으로 관리하고 조정하는 정보시스템이다. ERP의 개념을 처음으로 제시한 가트너 그룹(Gartner Group)의 정의를 보면 "기업 내의 각 업무기능들이 조화롭게 제대로 발휘될 수 있도록 지원하는 애플리케이션들의 집합으로 차세대 업무시스템"이라 하였다. 오라클(Oracle)사에서는 ERP를 조직이 회계, 조달, 프로젝트 관리, 리스크 관리와 규정 준수, 공급사슬 운영 등 일상적인 비즈니스 활동을 관리하는데 사용하는 소프트웨어 유형이라고 정의하고 있다. 대부분의 ERP 시스템은 통합 데이터베이스를 사용하여 다양한 기능에 필요한 데이터를 저장하여 인사, 재무, 생산 등 기업의 전 영역에서 독립적으로 운영되던 관리시스템을 하나로 통합하여 생산성을 극대화하는 것으로 목표로 하고 있다.

ERP 시스템의 특징은 다음과 같다.

① 통합 시스템

ERP 시스템은 영업, 생산, 구매, 재고, 회계, 인사 등 기업 내의 모든 단위 업무가 통합되어 중앙 데이터베이스를 매개로 기업 활동 전반에 걸쳐 통합되어 있다. ERP 시스템은 각 부서에서 발생하는 각종 정보를 하나의 데이터베이스를 통하여 저장, 유지, 관리하도록 하고 있으므로 정보를 한 번만 입력하고 입력된 정보는 가공하지 않은 데이터로 어느 업무에서나 참조할 수 있게 된다.

② 업무 효율화

ERP 시스템은 비즈니스 프로세스를 표준화하고 자동화하여 업무 효율성을 높이고, 반복되는 작업을 줄일 수 있다. 또한 모든 부서가 동일한 절차를 따르도록 하여 업무 흐름을 일관되게 유지할 수도 있다.

③ 신속한 의사결정

ERP 시스템은 통합된 데이터베이스를 통해 실시간으로 데이터를 처리하고, 실시간으로 정보를 제공하여 경영진이나 관리자들의 의사결정을 촉진한다.

④ 확장성

ERP 시스템은 기업이 성장함에 따라 시스템을 확장하거나 업그레이드할 수 있도록 설계되어 있다. 추가적인 기능이나 모듈을 나중에 도입하거나, 더 많은 데이터를 처리할 수 있도록 시스템을 확장할 있으며, 글로벌 기업의 경우 여러 국가에서 운영될 수 있도록 다국어, 다통화 등을 지원하는 기능도 제공한다.

(3) 전사적자원관리 장점과 단점

ERP 시스템이 비즈니스의 모든 측면을 관리할 때 얻을 수 있는 주요 장점과 단점을 살펴 보면 다음과 같다.

① 장점

● 고객 서비스 개선

비즈니스 세계는 경쟁이 매우 치열하며 고객을 유치하고 유지하는 데 있어서도 마찬가지이다. 고객 서비스 경험은 조직에 중요한 부분이며 ERP 솔루션은 고객관계관리를 발전시키는 데 도움이 될 수 있다. ERP 소프트웨어와 같은 새로운 시스템은 모든 고객 정보를 한곳에 모으기 때문에 더 빠른 고객 서비스와 보다 개인화된 접근 방식을 촉진할 수 있다. 예를 들어 ERP 시스템에서 고객의 과거 주문과 실시간 재고를 추적하여 정확한 품목을 정해진 시간에 배달되게 한다.

● 맞춤형 보고

실시간 데이터 보고는 ERP 솔루션의 가장 큰 장점 중 하나이며 다른 비즈니스 관리 시스템에 비해 큰 이점을 제공하는 이유이기도 하다. 조직은 ERP 보고 도구를 사용함으로써 재무, 재고, 조달, 인사 등 다양한 기능에 걸쳐 보고서를 사용자가 지정하게 하고 조직에 가장 중요한 항목에 따라 최신의 데이터를 이용하여 맞춤 보고를 하게 한다. 이러한 접근 방식을 통해 기업은 가장 중요하다고 생각하는 핵심성과 지표를 측정하고 다양한 비즈니스 구성 요소의 성과를 추적할 수 있다.

● 협업 확장

ERP 솔루션의 구축 방식은 여러 부서 간에 탁월한 협업을 가능하게 한다. 통합 애플리케이션과 데이터 스토리지가 모두 하나의 솔루션에 통합되어 있기 때문에 조직 전체의 팀이 개별적인 플랫폼을 이용하지 않으면서 자유롭게 의사소통할 수 있다. 백엔드의 통합은 직원들을 하나로 통합하고 협력하도록 한다는 점에서 매우 중요하다. 모든 데이터에 액세스할 수 있기 때문에 전혀 관련이 없는 팀의 직원도 오작동이나 중복 작업을 줄이는 방법을 발견할 수 있다. 이러한 확장된 협업은 의사결정을 촉진하고 모든 데이터 입력에 대한 신뢰할 수 있는 단일 소스를 제공할 수 있다.

● 유연성 및 확장성 향상

ERP 소프트웨어의 고유한 기능 중 하나는 다양한 비즈니스 요구 사항에 맞는 애플리케이션 또는 모듈이 포함되어 있다는 것이다. 구매, 공급망관리, 재고 및 프로젝트 관리와 같은 ERP 애플리케이션은 모두 ERP에서 제공되는 별도의 애플리케이션이다. ERP 애플리케이션은 독립적으로 사용할 수도 있지만 전체 ERP 시스템에 통합할 수도 있기 때문에 조직에서 쉽게 확장하고 구성할 수 있다. ERP는 애플리케이션을 추가하거나 제거할 수 있으므로 비즈니스가 발전함에 따라 확장할 수 있다. 향후 비즈니스가 빠르게 성장할 계획이라면 사내 ERP보다는 클라우드 기반 ERP 시스템을 선택하는 것이 좋다.

● 생산성 증가

ERP 소프트웨어는 다양한 작업을 자동화함으로써 직원들이 보다 관련성 있는 작업에 집중할 수 있도록 하고 효율성을 높일 수 있다. ERP 시스템의 간소화된 접근 방식을 사용하면 정보 검색에 소요되는 시간이 줄어들기 때문에 직원들이 다른 업무를 더 빠르게 수행할 수 있게 된다.

● **비즈니스 프로세스 표준화**

ERP 솔루션을 구현하는 목적은 조직의 모범 사례와 일관성을 강조하고 이를 바탕으로 최적의 비즈니스 프로세스를 구축하기 위함이다. 이를 통해 운영을 간소화하고 프로세스를 표준화하여 궁극적으로 비즈니스 전반에 걸쳐 수작업과 인적 오류를 줄이는 것이다. ERP 소프트웨어는 많은 이점을 제공하지만 표준화는 가장 중요한 이점 중 하나이다. 표준화를 활용함으로써 조직은 프로젝트 비용을 절감하고 마찰을 줄여 팀 간 협업을 개선할 수도 있다.

② 단점

● **복잡성 증가**

ERP는 모든 것을 포괄하는 비즈니스 관리 도구로, 상당히 복잡할 수 있다. 일부 조직의 프로세스에서는 ERP 솔루션이 너무 커서 요구사항에 적합하지 않을 수 있다. 이로 인해 ROI가 저하될 수 있으므로 가능하면 피해야 한다. 이러한 문제를 방지하는 가장 좋은 방법은 조직의 상황에 맞게 가장 적합한 ERP 소프트웨어를 선택하는 것이다.

● **비용 과다**

ERP 소프트웨어로의 전환을 고려할 때는 여러 가지 요소를 고려해야 한다. 그 중 하나는 비용으로 소프트웨어 비용뿐만 아니라 시스템을 구현하고 모든 부서의 직원을 교육하는 데 필요한 시간과 리소스 비용도 고려해야 한다. 비용의 또 다른 측면은 ERP 솔루션, 특히 온프레미스 ERP 솔루션에 필요한 지속적인 운영 비용이다. 이러한 지속적인 비용을 피하는 방법은 어디서나 실행할 수 있는 클라우드 기반 ERP 시스템을 활용하는 것이다.

● **많은 시간 소요**

ERP는 획일화된 소프트웨어가 아니라 사용자 정의가 가능하기 때문에 시간이 많이 소요된다. 사용자 정의 설정은 ERP 솔루션의 큰 장점이지만, 처음부터 새로 구축해야 하므로 어려움이 많아 ERP 구현 계획을 수립하여 실행하는 것이 도움이 된다.

2. 전사적자원관리 소프트웨어 시스템 유형

ERP 소프트웨어 시스템에는 사내 시스템, 클라우드 기반 시스템, 하이브리드 시스템의 세 가지 유형이 있다. 모두 서로 다르며 비즈니스 요구 사항과 ERP 접근 방식에 따라 장단점이 있다. 이러한 ERP 소프트웨어 시스템은 모두 회사의 의사 결정 및 수익성에 도움이 될 수 있다.

(1) 사내 ERP

온프레미스 ERP라고도 하는 이 소프트웨어는 현장에 배포되며 대부분 사내 또는 회사의 엔터프라이즈에서 제어한다. 기업이 ERP 소프트웨어와 보안을 완전히 통제하려는 경우 이 옵션을 선택한다. 이 ERP 소프트웨어 옵션을 사용하려면 기술 및 애플리케이션 유지 관리를 처리하기 위해 온프레미스에 전담 IT 인력과 자원이 필요하다.

(2) 클라우드 기반 ERP

서비스형 소프트웨어(SaaS)라고도 하는 클라우드 기반 ERP 시스템은 서드파티가 클라우드에서 ERP 소프트웨어를 관리한다는 것을 의미한다. 이 유연한 옵션 시스템은 인공지능 및 머신러닝과 같은 기술을 사용하여 자동화 효율성을 높이고 직원이 인터넷을 통해 모든 장치에서 조직 데이터를 검색할 수 있도록 한다. IBM, 마이크로소프트, 오라클, SAP는 새로운 ERP 솔루션을 제공한다. 이 유형은 확장성, 민첩성 및 저렴한 비용으로 인해 ERP 소프트웨어에 널리 사용되는 모델이다. 가장 큰 단점은 ERP 공급업체를 신뢰할 때 감수해야 하는 보안 위험이다. 비즈니스 데이터는 민감하므로 신중하게 다루어야 한다.

(3) 하이브리드 ERP

비즈니스 요구 사항을 충족하기 위해 온프레미스 모델과 SaaS 모델의 특성을 모두 원하는 기업을 위한 유형이다. 이 유형에서는 ERP 애플리케이션과 데이터 중 일부는 클라우드에 있고 일부는 온프레미스에 있다. 이를 2계층 ERP라고도 한다.

3. 전사적자원관리 모듈 및 기능

ERP 시스템은 특정 비즈니스 프로세스를 지원하기 위해 존재하는 다양한 모듈을 기반으로 한다. ERP 시스템의 기반이 되는 모듈은 엄선되어 있으며 추가 기능에 액세스할 수 있는 서드파티 애플리케이션도 있다. 가장 인기 있는 모듈은 다음과 같다.

(1) 재무 및 회계

재무 및 회계 모듈은 많은 ERP 시스템에서 가장 중요한 역할을 하는 경우가 많다. 이 모듈의 주요 목적은 기업이 재무 전망을 이해하고 전체 비즈니스를 분석하도록 돕는 데 있다. 이 모듈의 주요 기능은 미지급금 및 미수금을 추적하는 동시에 장부를 효율적으로 마감하고 재무 보고서 및 가격 책정을 생성하는 것이다. 청구와 관련된 작업을 자동화하고 공급업체 결제, 현금 관리, 계정 조정과 같은 비즈니스에 중요한 재무 정보를 저장할 수 있으며, 회사에 명확한 지표를 제공하고 생산 계획 운영에 도움을 줄 수 있다.

(2) 구매

구매 또는 조달 모듈은 기업이 상품을 제조하는 데 필요한 자재와 서비스를 조달하는 데 도움을 준다. 구매하려는 자재와 서비스의 견적을 추적하고 분석하는 동시에 구매 프로세스를 자동화하는 데 유용하다. 구매 모듈을 통해 기업은 공급업체 목록을 유지하고 특정 품목과 공급업체를 연계할 수 있으며, 결과적으로 공급업체와 장기적인 관계를 구축할 수 있다.

(3) 생산

제조 실행 시스템이라고도 하는 생산 모듈은 ERP 소프트웨어의 중요한 계획 및 실행 구성 요소이다. 생산 모듈은 제조업체가 생산 계획을 수립하고 생산에 필요한 모든 것을 보호하는 데 도움이 된다. 생산 모듈은 생산 중인 품목이나 완제품에 대한 실시간 정보를 제공하는 동시에 진행 중인 상품의 상태를 업데이트할 수 있다. 이 모듈에는 일반적으로 MRP 솔루션도 포함되어 있다.

(4) 영업

영업 모듈은 고객 및 잠재 고객과의 열린 의사소통 라인을 유지하는 일을 담당한다. 데이터 기반 인사이트를 사용하여 매출을 늘리고 목표에 맞는 의사결정을 내릴 수 있으며, 프로모션이나 상향 판매 기회에 대한 인보이스 발행을 지원할 수 있다. 공급망 솔루션을 비롯한 기타 기능으로 유용한 재고 관리 및 주문 관리 대시보드, 향상된 비즈니스 인텔리전스, 사물인터넷 기술 등을 제공한다.

(5) 인적자원 관리

인적자원 관리 모듈은 성과 검토, 직무 설명, 복리후생 선택, 출결/휴가 기록 등 전체 직원들에 대한 세부 기록이 포함된다. 이 모듈은 직원 일정 관리, 채용, 보상 관리 등 업무를 자동화해 준다. 부서 간 협업이 간편하기 때문에 인적자원 모듈을 CRM 데이터에 연결해 영업 담당자의 보너스를 결정할 수도 있다. 이 방식은 수동 작업 방식에 비해 훨씬 손쉽고 정확도도 높다.

02
고객관계관리

1. 고객관계관리 개요

(1) 고객관계관리 정의

경영환경의 글로벌화와 정보기술의 발달로 인해, 이제 기업의 경쟁수준은 원가중심의 차별화 전략에서 고객 중심의 가치 창조로 변화되었다. 불특정 다수를 대상으로 하는 획일적인 마케팅보다는 고객의 특성과 욕구에 맞는 제품이나 서비스를 제공함으로써 고객과의 친밀한 관계를 유지하고 고객을 평생고객으로 만들어 고객으로부터 최대의 가치를 창출하고자 하는 것이 고객관계관리(Customer Relationship Management; CRM)의 개념이다. CRM 관점에서는 과거 마케팅 관점에서 강조되었던 제품의 시장 점유율보다 고객 점유율을 더욱 중요시한다. 일단, 기업의 수익 원천인 고객을 많이 확보하고 있어야 이들로부터 수익을 얻을 수 있는 기회를 확보할 수 있기 때문이다. 따라서 고객을 확보하기 위한 노력뿐만 아니라, 자신의 고객을 경쟁사에게 빼앗기지 않고 유지하기 위한 노력도 CRM의 중요한 부분이다. 이를 위해서는 고객 개개인에 대해 장기적인 관점에서 지속적으로 관찰하고 이해는 접근이 필요하다.

CRM은 국내·외 모두에서 중요한 비즈니스 접근법으로 폭넓게 인식되어 왔지만 개념에 대하여 보편적으로 수용되는 정의는 없는 상태이다. 가트너(Gartner) 그룹은 신규 고객의 획득, 기존고객의 유지 및 고객의 수익성 극대화를 목적으로 지속적인 커뮤니케이션을 통해 고객의 행동을 이해하고, 나아가 고객의 행동에 영향을 주기 위한 광범위한 접근으로 정의하고 있고, 칼슨 마케팅 그룹(Carlson Marketing Group)은 개별

임직원과 마케팅 종사자, 그리고 고객에게 조직에 대한 긍정적 선호도를 형성함으로써 고객 보유률과 경영 성과를 향상시키는 경영 전략으로 정의하고 있으며, Kumar and Reinartz(2006)는 마케팅 데이터베이스의 분석 및 활용과 다양한 커뮤니케이션 기술의 응용을 통해 개별 고객의 생애가치를 극대화되도록 기업의 모든 관습과 방법들을 정의하는 기법으로 정의하고 있다. 지금까지 언급한 CRM의 다양한 정의를 바탕으로 CRM을 정의하면 정보기술을 포함한 기업의 다양한 자원을 활용하여 고객을 정확하게 분석하고 적절한 활동을 지원함으로써 고객생애가치를 극대화시키는 활동이다.

(2) 고객관계관리 목적과 특성

① CRM 목적

CRM을 통해 달성하려는 목적은 다양한 측면에서 설명할 수 있지만 기본적으로 CRM의 목적은 고객의 전 생애에 걸쳐 고객관계를 구축하고 강화하여 고객의 수익성을 극대화하고자 하는 것이다. 다시 말하면 새로운 고객과의 거래를 시작한 후, 다양한 마케팅 활동을 전개하여 그 고객과의 관계를 강화시켜 평생고객으로 만드는 것이 CRM 목적이다. 이렇게 기업과 고객의 관계 강화를 통하여 매출 증대와 비용 감축의 일거양득이라는 효과를 얻고자 한다. 기업은 CRM 목적을 달성하기 위해 개별 고객의 생애에 따라 다음의 세 단계로 나누어 전개할 수 있다.

- 고객관계 구축 단계 : 신규 고객과의 첫 거래가 이루어지는 고객관계 구축 단계이다. 이를 위해 기업은 고객이 될 가능성이 높은 잠재 고객을 확보하여야 한다. 이 단계에서는 아무 고객이나 무차별적으로 접근하기 보다는 우량 고객이 될 가능성이 높은 고객들을 선별하여 차별적인 접근 방법과 유인을 통해 새로운 거래 관계를 형성함으로써 신규 고객으로 유치하는 것이 바람직하다.
- 고객관계 유지 단계 : 확보한 신규 고객이 반복적인 거래가 이루어질 수 있도록 고객과의 관계를 강화하면서 고객을 유지하는 단계이다. 백화점을 예로 들면, 일단 고객이 회원 카드를 발급받아 첫 거래가 시작된 후에 무료 주차와 같은 서비스

나 할인 쿠폰 등과 같은 방법을 통해 방문 횟수와 구매량을 늘리도록 유도하여 고객과의 관계를 강화해 나가는 것이다.

- 평생고객 단계 : 거래 관계가 최대한으로 확장되면서 평생고객이 되도록 하는 평생고객 단계이다. 백화점을 예로 들면, 고객과의 관계를 최대한으로 확장하여 고객의 충성도를 제고하는 것이다. 이를 통해 고객은 평생고객 또는 동반자 관계로 발전되어 간다. 관계가 강화된 고객은 다른 백화점으로 옮겨 가기에는 희생 비용이 크므로, 거래 백화점과 평생 파트너가 된다. 이 단계에 접어들면 심화된 거래 관계로 고객의 충성도가 높아지게 되고 백화점의 옹호자가 되어 새로운 고객을 데려오기도 한다. 또한 오랜 기간 동안의 거래로 인해서 받는 많은 혜택 때문에, 고객은 보통 그 백화점과의 거래에 드는 비용이나 가격에 대해 민감성도 낮아지기 마련이다. 이런 평생고객으로부터 얻는 백화점의 이윤도 크게 늘어나게 된다.

② CRM 특성

CRM의 목적은 고객의 생애에 걸쳐 고객관계를 구축하고 강화하여 고객의 수익성을 극대화하고, 이를 통해 기업의 수익성을 극대화하는 것이다. 이러한 목적을 달성하기 위한 CRM은 다음과 같은 특징을 가지고 있다.

• 고객 중심 경영

고객에게 필요한 상품과 서비스는 물론 차별화된 보상과 같은 적절한 혜택을 제공하여 고객과의 관계 관리에 기업의 초점을 맞추는 고객 중심적(customer centric)인 경영 방식이다.

• 장기적인 수익성 극대화 경영

고객의 생애전체에 걸쳐 관계를 구축하고 강화시켜 고객의 장기적인 수익성 극대화를 목적으로 하는 동적인 경영방식이다. CRM은 한 번에 큰 수익을 올리기보다는 고객과 평생을 같이하면서 필요로 할 때마다 수익을 창출하는 장기적 경영이다.

• 상호이익적 신뢰경영

고객과 기업사이의 상호적인 혜택과 신뢰를 바탕으로 상호 윈윈(win-win)의 결과를 위한 쌍방향의 관계를 형성하고 지속적으로 유지, 강화시켜야 한다. 고객의 욕구를 만족시킬 수 있는 상품과 서비스를 제공하여 고객의 만족을 바탕으로 기업의 이윤을 추구하므로 고객과 기업이 상호 만족할 수 있는 상호이익적 신뢰경영이다.

- **데이터 기반 경영**

CRM 시스템은 고객 관련 데이터를 수집, 분석, 활용한다. 고객 정보, 구매 이력, 상담 내용 등 다양한 데이터를 통합하여 고객을 종합적으로 이해하고, 마케팅 전략 수립 및 의사 결정에 활용한다.

- **조직체계의 변화 수반**

기업의 모든 내부 프로세스와 활동들이 고객을 향해서 배치되고 조직화되어야 하며 고객의 편의와 고객의 가치실현을 위하여 모든 기업의 활동이 고객방향으로 통합되어야 한다. CRM은 단순한 정보기술의 집합이나 마케팅 수단으로 그치는 것이 아니라 조직 전체에서 이를 지원할 수 있는 있도록 조직과 조직 구성원이 고객 중심으로 변화되어야만 한다.

(3) CRM 도입배경

① 기업의 성장전략 변화

CRM 도입의 이유로 기업의 성장전략변화를 들 수 있다. 지금까지 대표적인 경영 혁신 기법들인 BPR, ERP, SCM 등은 대체로 기업 효율성 제고에 초점이 맞춰져 왔다. 효율성 중심의 혁신 활동의 결과는 경영활동의 효율성이 높아질수록 오히려 투입되는 자원에 대비한 효용이 체감하고 있어 기업은 성장전략을 취할 수 밖에 없으며, 신제품이나 신규 브랜드 출시에 있어서 투입되는 마케팅 비용 대비 효과 역시 낮기 때문에 기업은 기존 고객의 유지와 그들을 통한 파생 수요에 성장의 동인을 의존할 수 밖에 없다. 따라서, 2000년대 이후 기업 마케팅 활동의 초점은 기존 고객과의 관계 강화에 있으며, CRM은 정보기술을 기반으로 기존 고객 유지와 강화라는 측면에서 기업에게 매력적인 정보시스템이다.

② 고객 대응

신속하고 일관성 있는 고객 대응의 필요성이 높아지고 있다는 것이다. 인터넷 확산에 따른 고객들의 가장 큰 변화는 정보의 비대칭성에 대한 상당한 개선과 네트워킹을 통하여 강화된 소비자 주권이라고 할 수 있다. 따라서 고객들의 높아진 서비스 수준에 대한 기대 충족과 불만의 예방을 위해 전사적인 입장으로 고객 대응을 해야 한다. 예전의 전통적인 채널인 전화, 팩스, 우편, 직접 대면만으로는 효과적인 응대가 불가능하기 때문에 전자우편, 채팅, 웹 사이트 등으로 확산된 신규 채널들을 통하여 실시간으로 처리하기 위해서는 최신 정보기술의 지원을 받는 CRM과 같은 시스템이 요구된다. 성공적인 CRM은 다양한 채널에 대하여 통합되고 신속한 고객 응대가 가능하도록 지원한다.

③ 대중 마케팅의 종말

대중 마케팅의 종말에 의한 이유로 효율성을 기대하기 어려운 시장에 있어서도 경쟁의 심화로 인해 차별화된 마케팅의 필요성이 높아지고 있다. 과거에는 원격지에 산재한 틈새시장에 대해 접근 가능한 마케팅 도구는 사실상 전무하다시피 했다. 또한 고객의 욕구가 매우 세분화되어 이를 충족시킬 만한 구색을 갖추거나 제품에 대한 정보의 제공이 어려웠던 시장도 그 예가 될 것이다. CRM은 SCM과 연계하여 이들에 대해서 보다 경제적으로 고객화에 근접하는 제품을 제공할 수 있다.

④ 고객접근 방법의 발전

마지막으로 고객에 대한 접근 방법의 발전이다. 전통적인 시장세분화의 방법은 고객에 대해 접근할 수 있는 구체적인 도구가 정교하지 못하였다. 그러나 인터넷은 고객에 대해 보다 정교한 방법으로 일대일에 가깝게 접근할 수 있는 길을 열어 주었으며, CRM은 일대일 마케팅을 지원하는 시스템이라 할 수 있다.

2. 고객 가치의 개념과 측정 모형

(1) 고객 가치 개념

일반적으로 가치란 어떤 행위를 했을 때 행위 주체가 제공한 유·무형의 비용에 비해 자신이 얻게 되는 혜택의 정도를 의미한다. 따라서, 구매자와 공급자 관계에서 주요 행위 주체인 고객과 기업이 존재하므로 고객 가치 역시 고객 관점과 기업 관점으로 나누어 봐야 한다.

고객 관점에서의 고객 가치는 고객이 기업과의 거래를 통해 얻을 수 있는 고객 지각 가치(Customer Perceived Value; CPV)를 의미한다. 고객 지각 가치는 어떤 제공물과 지각된 대안의 모든 혜택과 모든 비용에 대한 잠재 고객의 평가 차이이다. 총 고객혜택(total customer benefit)은 제품, 서비스, 사람, 그리고 이미지 때문에 고객들이 특정 마케팅 제공물에 대해 기대하는 경제적, 기능적, 및 심리적 혜택 묶음의 지각된 금전적 가치이다. 총 고객비용(total customer cost)은 고객들이 특정 시장 제공물을 평가, 획득, 사용 및 처분하는데 들 것으로 예상되는 비용의 묶음으로 금전, 시간, 에너지 및 심리적 비용이 포함된다. 따라서, 고객은 주어진 제품이나 서비스에 대해 자신이 얻을 수 있는 총 혜택이 총 비용보다 크게 되면 고객 가치가 높다고 평가할 수 있고, 구매를 하게 된다. 고객 관점의 고객 가치는 개인의 구매 행동을 설명해 줄 수 있는 역할을 하므로 기업과의 지속적인 관계 유지를 위해 항상 적정한 수준을 유지할 필요가 있다.

기업 관점에서의 고객 가치는 기업이 고객과의 관계를 통해 얻게 되는 고객 자산(customer equity)을 의미한다. 고객 자산은 현 고객과 잠재 고객 각각의 할인된 고객 생애가치를 합한 것을 의미한다. 수익성 높은 고객이 기업에 대해 더 높은 충성도를 보일수록 그 기업의 고객 자산은 증가한다. 고객 자산은 미래의 성과를 반영하기 때문에 과거의 성과를 반영한 매출 혹은 시장 점유율보다 더 나은 기업 성과 지표일 수도 있다. 고객 가치를 경제적 가치로 측정하기 위해 기업에서는 RFM(Recency, Frequency, Monetary) 모형이나 고객생애가치(customer lifetime value; CLV or LTV) 등의 기법을 활용한다.

(2) 측정 기법

CRM을 위한 고객 가치 분석으로는 크게 고객과의 커뮤니케이션에 초점을 맞춘 **RFM 모형**과 고객에 초점을 맞춘 고객생애가치에 근거한 것이 있다. RFM이란 차례로 구매의 최근성, 빈도, 금액을 뜻하는 것으로 고객 세분화를 위한 구매 패턴 분석에 이용된다. 즉, R은 고객이 가장 최근에 기업과 커뮤니케이션한 것이 언제인가를 나타내는 척도이고, F는 일정 기간 동안 고객이 기업과 커뮤니케이션한 횟수를 나타내며, M은 고객이 기업과의 접촉에서 평균 어느 정도의 금액을 소비했는가를 나타낸다. R, F, M 각각에 따라 구간을 나누어 점수를 부여하여 고객 개개인을 평점화하여 순위를 정하고 가장 가치있는 고객을 선별하는 데 이용될 수 있다. 각 R, F, M에 대한 점수를 산정하여 각각 5단계의 등급으로 분류하고 해당 업체에게 중요한 기준에 가중치를 많이 주는 방식으로 다음과 같은 일반적인 모형을 만들 수 있다.

$$\textbf{RFM 지수} = \mathbf{a \times R + b \times F + c \times M}$$

한편, 상기 RFM 모형에는 각 변수 앞에 a, b, c와 같은 가중치, 즉 상대적 중요도가 존재하는 것을 알 수 있다. 이는 산업마다 R, F, M의 중요도가 다를 수 있다는 것을 의미하며, 그 중요도에 따라 다른 가중치가 적용되어야 한다. RFM 기법은 사용하기는 편리하지만 개별 고객별 수익 기여도를 직접적으로 측정하지 못하는 한계점을 가지고 있다.

고객생애가치(CLV)는 고객의 평생 구매에 대해 예상되는 미래 이익 흐름의 순 현재가치를 나타낸다. 다시 말하면, 주어진 기간 동안 고객으로부터 실현될 이익의 순 현재가치 또는 한 고객이 한 기업의 고객으로 존재하는 전체 기간 동안 기업에게 제공할 것으로 추정되는 재무적 공헌도의 합계라고 할 수 있다. CLV 산출모형은 기업에 따라 다를 수 있지만, 기본적으로 고객으로부터 얻는 수익, 비용, 시장이자율, 생애기간 등을 고려하여 산출하는 것이 일반적으로 다음 식과 같다. 고객 단위별 직접 비용과 마케팅 비용이나 기간별 활동 확률을 현실적으로 결정하기 어려운 경우 공헌 마진을 고객생애가치로 활용하는 경우도 있다.

$$CLV_i = \sum_{t=1}^{T} \frac{CM_t \times P_t - MC_{ti}}{(1+r)^t} - AC_t$$

CM : 공헌 마진으로 구매액×마진률　　P : 활동 확률로 t 시점에서 구매할 확률

r : 이자율　　t : 시간 단위로 생애기간

MC : 고객 i에 대한 반복적 마케팅 비용

AC : 고객 i를 획득하기 위해 소요된 초기 비용

3. CRM 시스템

CRM 시스템은 CRM 전략을 지원하는 정보시스템이다. 고객과의 뛰어난 관계를 추구하는 기업에게는 이러한 관계를 지원하는데 필요한 하부구조를 제공하는 CRM 시스템의 도입이 있어야 한다. CRM 시스템은 [그림 4-1]과 같이 운영적 CRM, 분석적 CRM, 협업적 CRM으로 구분한다.

■ 그림 4-1. CRM 시스템

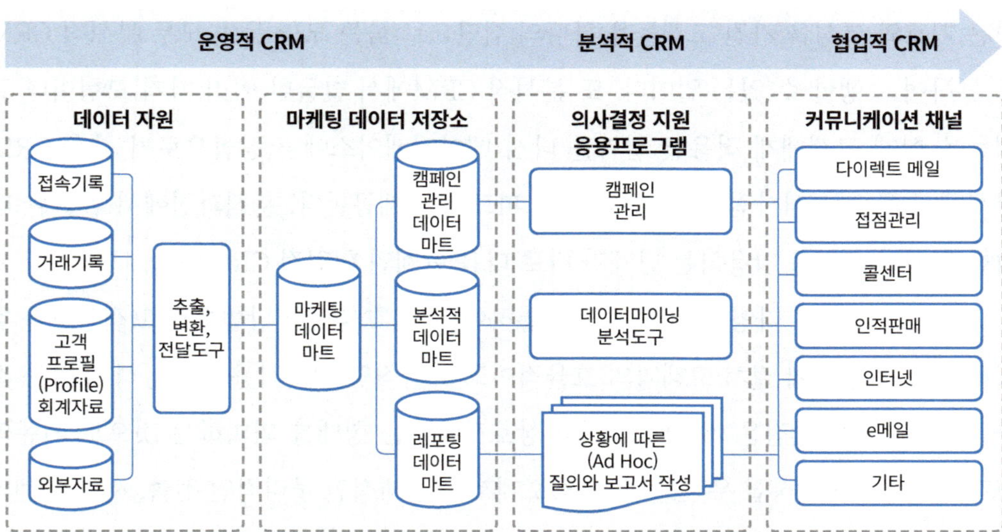

출처: Alex Berson, Stephen Smith and Kurt Thearing, Building Data Mining Applications for CRM, McGraw-Hill, 2000.

운영적 CRM은 다양한 고객과의 접점을 통해 수집한 데이터를 데이터마트나 데이터웨어하우스에 수집하고 저장하며 분류하여 체계적으로 통합하고 관리한다. CRM을 위한 주요 데이터 자원은 고객과의 접촉기록, 고객의 거래기록, 고객 프로필(나이, 주소, 전화번호 등) 자료, 외부자료가 있다. 이렇게 각각 다양한 양식과 다른 시스템으로부터 수집된 데이터 자원을 기업의 마케팅, 생산, 재무 등 특정한 목적에 맞도록 데이터를 정제하고 추출하고 변환하여 기업의 주요 저장소인 데이터마트로 옮겨서 보다 체계적으로 관리하게 된다. 그림에서는 마케팅 데이터마트에 담긴 데이터를 다시 세부 목적별로 캠페인 관리, 분석용, 레포팅용으로 데이터 마트를 구분하여 관리하는 형태를 보여주고 있다.

분석적 CRM은 세부 목적별 데이터마트로부터 의사결정을 위하여 다양한 규칙과 모형을 발굴하는 것으로 캠페인 관리, 데이터마이닝 분석, 상황에 따른 질의 및 보고서 작성이 모두 가능하다. 운영적 CRM에서 수집한 각종 데이터를 다양한 첨단기법들을 이용하여 판매나 마케팅에 적용할 만한 수리모형이나 규칙들을 발굴하고 개발한다. 예를 들면, 고객의 평생가치를 계산하여 고객가치를 등급화할 수 있는 등급모형을 개발한다든지, 고객이 사이트를 항해하거나 특정 페이지에 머무른 시간을 바탕으로 고객이 원하는 제품의 특성을 예측하여 만족할 만한 상품을 추천하는 추천모형을 만들거나, 같은 기호와 특성을 가진 고객들을 하나의 집단으로 묶는 모형 등이 모두 분석적 CRM을 통하여 수행할 수 있는 일이다. 또 분석적 CRM에서 발굴한 여러 가지 모형이나 규칙들을 실제 고객에게 적용한 결과를 다시 데이터베이스에 저장함으로써 향후 CRM 분석에서 중요한 시사점을 얻을 수 있는 피드백을 제공한다. 분석과정에서 발굴한 다양한 규칙과 모형을 활용하는 단계가 바로 다음 단계인 협업적 CRM이다.

협업적 CRM은 다양한 고객 접점을 통하여 보다 효율적인 방법으로 고객정보를 취득하고 조직 전반에 걸쳐 고객과의 효율적이고 효과적인 상호작용을 가능하게 하는 것을 말한다. 고객 접점은 기업이 고객과 상호작용하는 형태를 의미하는 것으로 기존의 고객 접점인 전화, 직접 우편물 발송, 점포에서의 실제적인 물리적인 접촉, 서비스 센터뿐만 아니라 최근의 웹 사이트, 콜 센터, 스마트 폰, 전자 우편 등을 예로 들 수 있다. 각 채널의 특성을 잘 활용하면서 각종 캠페인을 진행하고 분석적 CRM 과정의 규칙과 모형을 제대로 적용함으로써 고객의 만족을 최대로 향상시킬 수 있고, 이렇게 함으로써 기업은 장기적 이윤추구의 발판을 마련하는 것이다.

03
공급사슬관리

1. 공급사슬관리 개념

(1) 공급사슬

공급사슬(supply chain)은 고객에게 상품과 서비스를 제공하는 데 사용되는 조직, 공급업체, 운송회사와 중개업자로 구성된 통합 네트워크로 이들 구성원들이 유기적으로 서로 얽혀 상호작용 하는 것을 의미한다. 제조업체의 공급사슬에서 원자재는 공급업체에서 제조업체, 유통업체, 소매업체, 최종적으로 소비자에게 전달된다. 공급사슬은 서비스업체와 제조업체 모두 존재하지만, 공급사슬의 복잡성은 조직과 산업에 따라 크게 다르다. 제조업체 공급사슬의 주요 연결 고리는 공급업체, 제조업체, 유통센터, 소매업체와 고객이다.

공급사슬관리(supply chain management; SCM)는 공급사슬에서 발생하는 모든 활동을 효율적으로 조정하고 관리하는 것이다. SCM 협회에 따르면, SCM은 불확성이 높은 시장변화에 고객, 소매상, 도매상, 제조업 그리고 부품 자재 공급업자 등으로 이루어진 공급사슬 전체를 기민하게 대응시켜 전체 최적화를 도모하는 것이다. SCM의 개념이 등장하기 전에도 공급사슬은 존재하였다. 하지만, 공급사슬에 속한 각 기업들은 자기 회사만의 최적 의사결정을 하고자 도모하였고 거래관계에 있는 다른 기업들의 결정은 일종의 제약조건으로 작용하였다. 이런 과정에서 상호간 갈등이 유발되었으며 거래 상대방의 약점을 적극적으로 악용하고자 하는 기회주의적 행동이 일반적인 관행으로 받아들여지기까지 하였다. 그리고, 거래 관계에 있는 기업들 간에 정보 공유를 해보았자 별다른 인센티브가 주어지지 않았기 때문에 정확한 정보를 제시할 이유도 없었고 정보 공유 자체가 전략적으로 불이익을 가져다주는 행위로 간주되었다. 또한 정보기술 측면에서도 e비즈니스가 활성화되기 전에는 공급사슬 전체의 최적화를 도모하는 공급사슬관리는 현실적으로 불가능하였다.

(2) SCM 등장배경

얼마 전까지만 하더라도 기업들은 기업 내의 생산성 향상과 리드타임 단축, 원가 절감, 정보 통합화 등에 기업역량을 집중하고 개선하려고 노력했지만, 최근 들어서는 이러한 경향보다는 가치사슬이나 공급사슬관리를 더 우선시하는 기업들이 점점 더 많아지고 있다. 이와 같이 기업 내부의 노력만으로는 한계가 있다는 사실을 깨달은 기업들이 공급사슬 전체로 눈을 돌리게 됨으로써 SCM 개념이 등장하게 되었다. SCM의 등장배경을 보다 구체적으로 살펴보면 다음과 같다.

첫째, 공급사슬은 부가가치의 원천이라는 인식이 확대되었다. 1980년대 후반 미국의 자동차 업계는 큰 위기에 빠졌다. 당시 경제적으로 부상하던 일본의 자동차 회사들과의 경쟁에서 밀리기 시작하면서 글로벌 시장은 물론 미국 시장 내에서도 점유율이 낮아지고 있었던 것이다. 당시 미국의 자동차 회사들은 생산성과 기술력에서 결코 일본의 자동차 회사들에 뒤지지 않았지만 시장에서의 우위를 점하지 못하였다. 이러한 원인을 파악하던 미국의 자동차 회사들은 결국 현재의 경쟁이 단순히 자동차 회사들 간의 대결이 아니라 미국 자동차를 만드는 공급사슬과 일본 자동차를 만드는 공급사슬 간의 대결이라는 사실을 인식하였다. 아무리 미국이 자동차 회사의 기술력이 우수하다고 하더라도 그들에게 부품을 공급하는 공급업체들이 우수하지 못하다면 공급사슬 차원에서 패배하게 되는 것이었다. 예를 들면, 하나의 자동차를 만드는데 80%의 비용이 부품을 조달하는데 사용된다면, 결국 기업 경쟁력의 80%는 부품을 공급하는 업체로부터 나온다는 것이다.

둘째, **채찍효과**(bullwhip effect)라는 수요왜곡현상이다. 1990년대 초 P&G사는 팸퍼스 기저귀에 대한 수요가 공급사슬을 거슬러 올라가면서 최종소비자의 수요변동이 증폭되어 공급사슬의 상위에 있는 기업들이 느끼는 수요변동폭이 최종소비자의 수요변동폭보다 훨씬 크다는 것을 발견하였다. 이렇게 수요관련정보가 왜곡되어 전달됨으로써 공급사슬의 상위에 있는 기업들은 최종 수요의 실제 변동폭보다 훨씬 큰 변동폭에 대비하여 생산 및 구매 계획을 세우고 실행에 옮기게 되어, 결과적으로 필요 이상의 잉여재고가 발생하게 되고 생산량 변동으로 인한 추가비용이 발생하게 되어 공급사슬 전체가 비효율적으로 운영될 수밖에 없다는 현상을 밝혀냈다.

셋째, 기업 활동의 글로벌화가 이루어졌다. 글로벌 환경하에서는 개별기업 차원에서 글로벌 시장에 대응하는 데는 한계가 있다. 더욱이 공급사슬 자체가 글로벌화되어 해외로부터 원자재를 조달하고 완제품을 해외로 수출하는 것이 보편화된 상황에서 공급사슬의 효율적 관리는 기업의 글로벌 경쟁력을 확보하는데 결정적인 영향을 미치게 된다.

2. 공급사슬 흐름 관리와 유형

(1) 공급사슬에서의 흐름관리

공급사슬에서의 흐름은 일반적으로 물적 흐름(physical flow), 자금 흐름(cash flow), 그리고 정보 흐름(information flow)을 포함한다. 물적 흐름은 공급사슬의 상류(원자재 공급)에서 하류(최종 소비자)로 자재나 제품이 이동하는 것을 의미하며, 자금 흐름은 반대로 공급사슬의 하류에서 상류로 이동하게 된다. 물론 반품이나 불량품의 경우 공급사슬의 하류에서 상류로 역 흐름이 발생할 수도 있다. 정보 흐름은 생산량, 재고 수준, 송장, 배송 상태 등과 같은 정보는 상류에서 하류로 이동하게 되며, 주문 전송, 매출 상황, 수요 예측치와 같은 정보는 하류에서 상류로 이동하게 된다. 고객의 수요정보에 대한 실시간 공유를 통해 공급업자 측은 비교적 정확한 공급 및 생산 계획을 수립할 수 있고 이에 따라 재고의 과부족 현상도 줄어들 수 있으며, 수요와 생산 계획에 등에 관한 정보가 재무부서에서도 공유된다면 훨씬 유연한 자금운영 계획수립이 가능해진다. 이처럼 공급사슬에서 정보 흐름의 영향은 자금이나 물적 흐름보다 크기 때문에 SCM에서 정보 흐름의 통합적 관리를 통해 전체 공급사슬의 효율을 극대화할 필요가 있다.

(2) 공급사슬 유형

미국 와튼 경영대학원의 피셔(Fisher) 교수는 제품의 특성을 기능적(functional) 제품과 혁신적(innovative) 제품으로 나누고, 각각의 제품 특성에 대응하는 차별화된 공급사슬 유형으로 효율적(efficient) 공급사슬과 반응적(responsive) 공급사슬로 구분하였다. 기능적 제품은 수요 예측이 가능하고 제품 수명주기가 2년 이상이며 공헌 이익이 5~20%이며, 리드타임이 상당이 긴 제품이고, 혁신적 제품은 수요 예측 어렵고 제품 수명주기가 1년 이내로 짧으며 공헌 이익이 20~60%이며, 리드타임이 2주 이내인 제품이다.

효율적 공급사슬은 높은 가동률, 최저 재고수준 유지, 원가를 유지하면서 리드타임 단축 등의 전략을 채택하고, **반응적 공급사슬**은 여유 생산 능력, 충분한 완충 재고, 과감한 리드타임 단축 등을 통해 수요변동에 대비하는 전략을 취한다. 결론적으로 기능적 제품에 적합한 유형은 효율적 공급사슬이며, 혁신적 제품은 반응적 공급사슬이 적합하다는 것이다. 이러한 맞춤형 공급사슬 전략은 모든 산업에서 모든 기업에게 맞는 공급사슬 전략은 존재하지 않는다는 것을 기본 전제로 한다. 심지어 한 기업에서도 목표 고객에 맞춰 다양한 공급사슬 전략이 존재할 수 있다.

제품과 서비스 생산을 이끌어내는 프로세스에 따라 공급사슬은 푸시(push) 시스템, 풀(pull) 시스템, 푸시-풀 시스템으로 구분하기도 한다. **푸시 시스템**은 수요 예측에 따라 먼저 생산해두고 이후에 고객에게 전달하는 형태의 공급사슬이다. 수요 예측에 기반하여 자재의 조달, 인력 및 자금의 수급, 설비의 가종 등 생산 및 운영의 제반 활동이 계획되며, 계획에 의해 생산된 제품은 고객의 수요가 발생되기 이전에 완료되어 일단 완제품 재고로 보유하였다가 고객 수요가 발생할 때 고객에게 전달된다. 만들어서 일단 재고로 보유하므로 계획생산(make-to-stock) 방식이라고도 한다. 일용품과 같이 수요가 일정하거나 소비자 욕구가 크게 다양하지 않은 제품이라면 미리 수요 예측을 하고 제품을 대량생산하면서 비용을 최소화할 수 있지만, 리드타임이 길고 재고수준이 높다는 문제점이 발생한다.

풀 시스템은 소비자 수요가 명확하게 알려진 시점에서 공급사슬이 작동한다. 주문을 받아서 생산을 시작하므로 주문생산(make-to-order) 방식이라고도 한다. 소비자들이 주문하면 그것을 근거로 소매점, 도매점, 제조업체, 원자재 공급업체가 움직이게 되며,

예측을 근거로 하지 않고 소비자의 주문 요청에 기초하여 움직이기 때문에 불필요한 재고가 발생하지 않는다. 그러나 고객 수요가 급증하거나 고객 수요 발생 대비 공급일정이 늦어지면 재고부족을 초래할 수 있다. 컴퓨터 업계에서 주문생산 방식을 최초로 도입한 델(Dell)은 오랜 기간 풀 시스템 활용의 우수사례로 인정받아왔다. 델은 정보기술을 바탕으로 공급사슬을 운영하는데, 실제 고객 주문에 따라 필요한 부품을 조립공장으로 배송받고 완제품 재고는 보관하지 않는다. 풀 시스템은 클라우드 컴퓨팅 등의 진화하는 정보기술의 도움으로 인해 운영이 쉬워지는 추세로 판매, 제고, 운송 중인 화물 등에 대한 최신 데이터 확보로 불필요한 재고를 줄임으로써 효과적인 풀 시스템 구성을 촉진한다.

푸시-풀 시스템은 푸시 시스템과 풀 시스템을 결합한 형태의 시스템이다. 다양한 조합으로 결합이 가능한 중간 조립품을 미리 생산하여 준비해 두고 있다가 고객 주문이 발생하면 이들을 고객 요구에 맞게 결합하여 고객의 주문 내역에 부합하는 완제품을 제공한다. 미리 만들어 둔 중간 조립품을 주문이 들어오면 빠르게 조립하여 완제품을 만들게 되므로 주문조립(assemble-to-order) 방식이라고도 한다. 중간 조립품은 쉽게 결합될 수 있도록 모듈의 형태로 되어 있어야 하며, 고객의 주문 사양은 다양하게 나타날 수 있기 때문에 공통 모듈의 형태를 갖도록 하는 것이 필요하다. 푸시-풀 시스템은 공통 모듈의 생산까지는 푸시 시스템, 공통 모듈에서 최종 완제품이 되는 과정은 풀 시스템으로 구성되며, 푸시 부분과 풀 부분의 경계에 공통 모듈 및 관련 부품들이 재고로 보유되어 있는 형태를 띠게 된다.

3. SCM과 IT

(1) SCM에서 정보의 가치

일반적으로 정보는 경영의사결정에 있어 중요한 역할을 담당한다. 경영에 필요한 데이터나 정보가 없다면, 고객이 무엇을 원하는지, 재고가 얼마나 있는 혹은 얼마나 필요한지, 자재를 얼마나 언제 주문할고 생산을 해야 하는지 등 공급사슬 운영과 관련된 어떠한 의사결정도 내릴 수 없게 된다. 공급사슬관리에 있어 정보 및 IT는 의사결정자로 하여금 공급사슬의 성능을 향상시키기 위해 효과적인 의사결정을 내릴 수 있도록 도와주고, 더 나아가 공급사슬 참여자간의 협업적 의사결정을 가능하게 하는 중요한 요소이다. SCM에서 효과적인 의사결정을 지원하기 위해 정보가 가지고 있어야 할 특징은 다음과 같다.

첫째, 정보는 정확해야 한다. 예를 들어, 많은 경우 실제 재고와 전산상의 재고 정보 간에 차이가 존재하는데, 이때 경영자가 실제 재고가 아닌 전산상의 재고 정보에 근거하여 의사결정을 하게 된다면 결국 올바르지 못한 결과로 나타난다. 따라서 공급사슬에 대한 정보가 정확하지 못하다면 경영자는 올바른 의사결정을 내리기가 어렵다.

둘째, 정보는 적시성이 있어야 한다. 즉, 아무리 좋은 정보라 할 지라도 경영자가 필요한 시점에 활용할 수 없다면 무용지물이다. 따라서 올바른 의사결정에 활용되기 위해서는 최신 정보가 의사결정자에게 적시에 제공되어야 한다.

셋째, 정보는 유용해야 한다. 즉, 의미 없는 대량의 데이터보다는 의사결정에 활용될 수 있도록 정보가 의사결정과 연관되어 있어야 하며, 이는 곧 계획 없이 무작정 데이터를 수집하는 것이 아닌 어떤 정보가 유용할지 취사선택하는 과정이 필요함을 의미한다.

마지막으로, 정보는 공급사슬 참여자 간에 공유되어야 한다. 공급사슬은 공습사슬 참여자 간의 네트워크로 이루어져 있기에 효과적인 의사결정을 위해서는 각 참여자 간의 의사결정들이 일관성이 있어야 하며, 이는 공통된 정보를 공유하는 것이 전제되어야 한다.

효율적인 SCM을 위해서는 빠르고 정확한 의사결정을 내라고 공급사슬상의 정보 흐름을 원활하게 하는 정보기술의 도움이 필수적이다. SCM 시스템이 제공해야 할 기능적인 요소는 다음과 같다.

먼저, 공급사슬상에서 각 제품별로 제품의 물리적인 상황을 그대로 반영하는 정보를 수집하고, 관련자들이 이러한 정보에로의 접근을 용이하게 해주는 정보 가시성을 제공해야 한다. 예를 들어, 제품 배송에 지연이 발생하였다면, 이러한 상황을 즉각적으로 관련자들에게 제공해주어야 한다는 것이다.

둘째, 정보의 접근 측면에서 보면, 대개 각 정보의 운영주체별로 시스템이 분리되어 운영되고 있다. 시스템 간의 정보전달 및 교환이 원활하게 이루어지지 않는다면 시스템 간의 정보 불일치가 발생하고 각 운영주체별 일관성 있는 의사결정을 기대하기 힘들게 된다. 만약 단일 접점으로 모든 정보의 접근이 가능해진다면 가장 이상적인 상황이라 할 수 있겠다.

셋째, 공급사슬 전반에 걸쳐 수집된 데이터는 공급사슬 내 여러 단계에서 의사결정을 위해 필요하게 되는데, SCM 시스템은 의사결정자들이 이러한 데이터를 기반으로 의사결정을 내릴 수 있도록 효과적인 의사결정지원을 제공해야 한다. 제품의 생산, 조립, 저장, 유통 등에 이르기까지 공급사슬 운영의 효율성 향상을 위한 다양한 의사결정 문제들을 지원하기 위하여 분석 모델, 최적화 모델, 예측 모델 등과 같은 다양한 의사결정 지원 모델을 제공하는 것이 중요하다.

마지막으로, 앞서 언급한 바와 같이 공급사슬 참여자 간의 정보공유가 성공적인 SCM을 위해 중요한데, SCM 시스템은 다른 참여자들과의 협력을 위한 정보 및 참여자 간의 시스템 통합을 지원해야 한다.

(2) SCM 시스템 구성

경쟁력 있는 SCM 시스템을 위해서는 공급사슬상의 참여자인 공급업체, 제조업체, 도·소매상 그리고 소비자 간의 효율적인 의사소통과 개별 참여자의 효율성, 그리고 공급사슬 전체의 효율성을 도모하는 것이 필요하다. 공급사슬 간 경쟁에 우위를 점하기 위해서는, 기업 내부뿐만 아니라 기업 간의 정보시스템을 기반으로 정보 교류 및 공유를 통하여 공급사슬의 경쟁력을 확보하는 것이 중요하다. SCM 시스템을 공급사슬 프로세스 관점에 따라 다음과 같이 분류할 수 있다.

- 공급자 관계관리 시스템 : 기업과 기업이 상류에 위치한 공급자들 간의 상호작용 및 관련 의사결정을 지원하기 위한 시스템
- 기업 내 공급-수요관리 시스템 : 공급사슬 관점에서 수요와 공급 간의 균형을 맞추기 위한 기업 내 다양한 프로세스 및 의사결정 지원을 목적으로 하는 시스템
- CRM 시스템 : 기업과 기업의 하류에 위치한 고객들 간에 일어나는 상호작용 프

로세스 및 일련의 의사결정과정을 지원하기 위한 시스템

(3) SCM관련 정보기술

① 빅데이터 분석 및 인공지능

● 수요 예측 및 재고관리

빅데이터 분석과 인공지능 기술의 발전은 수요 예측과 재고관리 영역에서 혁명적인 변화를 가져왔다. 이 기술들은 과거 판매 데이터, 시장 동향, 날씨 변화, 경쟁사 활동 등 다양한 변수를 종합적으로 분석하여 미래의 수요를 정확하게 예측할 수 있는 능력을 제공한다. 이를 통해 기업은 제품의 재고 수준을 최적화하고, 재고 부족이나 과잉 재고로 인한 비용 손실을 효과적으로 줄일 수 있다.

● 물류 최적화

물류 최적화는 SCM에서 인공지능과 빅데이터 분석의 중요한 응용 분야 중의 하나이다. 인공지능 기술은 운송 경로의 최적화, 운송 수단의 선택, 그리고 배송 시간의 예측 등 물류 과정의 여러 측면에서 효율성을 개선하는데 활용될 수 있다. 이러한 기술적 접근은 물류 비용을 절감하고, 배송 시간을 단축하는 등의 실질적인 이점을 제공한다.

● 공급사슬 리스크 관리

인공지능은 공급사슬 리스크 관리 분야에서 그 중요성이 더욱 커지고 있다. 인공지능 기술을 활용하여 자연재해, 정치적 불안정, 공급업체의 재정 문제 등 다양한 리스크 요인을 사전에 분석하고, 발생 가능성을 예측하고, 각각의 리스크 상황에 대한 최적의 대응 방안을 제시함으로써 공급사슬의 안정성을 보장하고 비즈니스 연속성을 유지할 수 있다.

② 사물인터넷

● 실시간 재고관리

사물인터넷 기술의 발전은 재고관리 방식을 혁신적으로 변화시키고 있다. IoT 센서를 활용한 실시간 재고관리 시스템은 제품의 수준, 위치, 상태 등을 실시간으로 파악할 수 있게 해주어 재고관리의 정확성과 효율성을 크게 향상시킨다. 이러한 시스템은 자동발

주시스템과 연계되어 재고 부족 상황을 사전에 예방하고, 필요한 재고를 자동으로 주문하는 등의 작업을 수행한다.

- **물류 추적 및 관리**

IoT 센서의 활용은 물류 추적 및 관리를 획기적으로 개선하고 있다. 이 센서들은 화물의 위치, 온도, 습도 등 다양한 환경 변수를 실시간으로 모니터링하여 물류 과정의 가시성을 높이고, 운송 중 발생할 수 있는 다양한 문제 신속하게 대응할 수 있는 기능을 제공한다. 이런 기술의 도입은 물류 효율성을 크게 향상시켜 배송 오류를 최소화하고 고객 만족도를 상승시키는데 기여한다.

- **설비 예지 보전**

설비 예지 보전은 IoT 기술을 활용하여 생산 설비의 상태를 실시간으로 모니터링하고, 잠재적인 문제를 사전에 파악하여 고장을 예방하는 고도의 유지보수 전략이다. 이 접근 방식은 생산 설비의 효율성을 극대화하고, 예기치 못한 중단을 방지하여 전체적인 운영 비용을 절감하는데 중요한 역할을 한다.

③ 블록체인

- **공급사슬 투명성 및 추적성**

블록체인 기술은 SCM에 혁명을 가져오고 있다. 이 기술을 활용하면 제품의 생산부터 유통, 판매에 이르기까지 모든 과정을 투명하게 추적할 수 있으며, 각 단계의 정보를 블록체인에 기록함으로써 데이터의 위변조를 방지할 수 있다. 이는 공급사슬의 투명성과 추적성을 크게 향상시키며 식품 안전, 원산지 확인, 위조품 방지 등 다양한 분야에서 응용될 수 있다.

- **스마트 계약**

블록체인 기술에서 스마트 계약(smart contract)은 매우 혁신적인 도구로 SCM에 중대한 역할을 한다. **스마트 계약**은 자동화된 계약 실행 메커니즘으로 계약 조건이 충족될 때 자동으로 결제가 이루어지거나 계약 내용을 변경하는 등의 특정 작업을 수행한다. 스마트 계약은 블록체인의 투명성과 불변성의 이점을 활용하여 거래의 안전성을 보장하여 사기나 오해의 가능성을 줄여줘 공급사슬을 더욱 빠르고, 비용 효율적이며, 안전하게 만든다.

④ 클라우드 컴퓨팅

• SCM 시스템 유연성 및 확장성

클라우드 컴퓨팅은 SCM 시스템의 유연성과 확장성을 혁신적으로 향상시키는 기술이다. 이 기술을 통해 기업은 비즈니스 요구와 시장 변화에 빠르고 효과적으로 대응할 수 있다. 클라우드 기반 SCM 시스템은 필요에 따라 자원을 즉각적으로 확장하거나 축소할 수 있는 능력을 제공함으로써 기업이 시장 변화에 민첩하게 운영될 수 있도록 지원한다. 클라우드 SCM 시스템은 기업이 시장 변화에 유연하게 대응하고, 운영 비용을 최적화하며, 기술적 복잡성을 관리하는데 크게 기여하여 기업의 경쟁력을 유지하고 지속적으로 성장할 수 있게 한다.

• 협업 및 정보 공유

클라우드 컴퓨팅 기술은 공급사슬 내 모든 참여자들 간의 협업과 정보 공유를 촉진한다. 클라우드 기반 SCM 시스템이 핵심 장점은 실시간 정보 공유로 공급사슬의 모든 단계에서 발생하는 데이터를 서버에 저장하고 관리하여 언제 어디서든 해당 정보에 접근할 수 있는 환경을 제공한다. 또한 협업 프로세스를 자동화하여 반복적인 작업을 인적 오류를 최소화하여 의사결정 과정을 더 빠르고 정확하게 만든다. 이를 통해 공급사슬의 효율성을 극대화하고 경쟁력을 강화시킬 수 있다.

Part 05.

스마트 금융

01
온라인 뱅킹

1. 인터넷 뱅킹

전자금융(electronic banking)이란 CD/ATM, 텔레뱅킹, PC 뱅킹, 인터넷 뱅킹 등 전자화된 매체에 의한 금융 서비스 제공과 지급결제기능을 수행하는 것을 지칭하여, 이 중에서 인터넷 뱅킹은 전자금융의 핵심 분야라고 할 수 있다. 인터넷 뱅킹이란 고객이 PC나 노트북 컴퓨터를 이용하여 인터넷에 접속하여 거래하는 은행 웹사이트에 방문하여 각종 은행 업무를 처리할 수 있는 서비스이다. 고객이 직접 은행을 방문하지 않아도 시간에 구애받지 않고 계좌 조회, 이체, 대출 신청, 환정 등 다양한 금융거래를 할 수 있다. 국내는 1999년부터 실질적으로 인터넷 뱅킹이 제공되어 서비스를 시작하였고, 통신 보안을 위해 비밀번호 이외에 2003년부터 금융감독원의 지시로 보안카드가 필수화가 되었으며, 2008년 초 법인의 경우 OTP(one time password)가 의무화되었다.

현재 국내의 모든 은행과 우체국에서 인터넷 뱅킹이 가능하며, 제공되는 서비스는 계좌 관리, 이체, 금융 상품 정보제공, 대출 등 거의 모든 금융 서비스를 제공한다.

인터넷 뱅킹 서비스 공급자인 금융기관은 인터넷으로 고객과 연결되므로 지점의 설치 및 운영경비가 절약되어 고객에게 더 유리한 금융정보를 제공할 수 있게 된다. 그리고, 인터넷에 접속된 전 세계의 거대한 잠재 고객층에 접근할 수 있어 해외 점포를 개설하지 않아도 글로벌 영업망을 구축하는 효과를 거둘 수 있다. 또한 금융 전산망을 이용하여 고객의 입출금 및 자금 포지션에 대한 데이터를 처리하고 각종 금융 거래를 수행하여 고객에 대한 정보를 획득할 수 있게 되어 고객에게 더욱 차별화된 서비스를 제공할 가능성이 높아진다. 인터넷 뱅킹 서비스 이용자인 고객은 물리적인 은행에 직접 가지 않고 집, 사무실, 세계 어디서나 1년 365일 24시간 인터넷이 연결된 곳에서 편리하고 안전하게 금융 서비스를 제공받을 수 있게 되었다.

(1) 인터넷 뱅킹의 개념

인터넷 뱅킹이란 고객이 인터넷을 통해 금융기관 홈페이지에 접속하여 금융 업무를 처리할 수 있는 시스템으로서 넓은 의미에서는 금융권역을 불문하고 금융기관이 전자화된 매체를 이용하여 금융서비스를 제공하는 것을 총칭하는 전자금융의 의미로 사용된다. 그리고 좁은 의미로서는 고객이 인터넷을 통해 계좌개설, 자금 이체, 예금, 대출 등과 같은 전통적인 은행 업무를 은행의 웹 사이트를 통해 처리할 수 있는 은행시스템을 의미한다. 또한 인터넷 뱅킹을 다각적인 시각에서 정의할 수도 있다.

① 기능적인 시각

인터넷 뱅킹은 인터넷을 통해 제공되는 다양한 금융 서비스로 정의할 수 있다. 계좌 조회, 이체, 대출 신청, 신용카드 관리 등 기존 은행 업무를 온라인으로 처리할 수 있도록 지원하는 시스템이다.

② 채널적 시각

인터넷 뱅킹은 은행 업무를 처리하기 위한 새로운 채널로 정의할 수 있다. 기존의 은행 지점, ATM, 전화 뱅킹 등과 함께 인터넷이라는 새로운 채널을 통해 고객에게 금융 서비스를 제공하는 방식이다. 주요 특징으로는 시간과 장소에 구애받지 않고 언제 어디서든 이용가능하며 기존 채널 대비 수수료 절감 효과가 있다.

③ 비즈니스적 시각

인터넷 뱅킹은 은행의 비즈니스 모델을 변화시키는 중요한 도구로 정의할 수 있다. 인터넷을 통해 고객과의 관계를 강화하고 새로운 수익을 창출하는 핵심적인 역할을 수행한다. 주요 특징으로는 인터넷을 통해 고객과의 소통을 강화하고 맞춤형 서비스를 제공하며, 지점 운영 비용 절감 및 업무 효율성이 증대하고, 온라인 채널을 통해 신규 고객을 유치할 수 있고, 온라인 금융 상품 판매 및 다양한 부가 서비스를 제공하여 수익 창출을 도모할 수 있다.

(2) 인터넷 뱅킹의 장점과 단점

인터넷 뱅킹의 장점은 먼저, 편리하다는 것이다. 은행을 방문하지 않고 언제든지 자신의 계좌를 확인하고 거래할 수 있어 시간과 노력을 절약할 수 있다. 그리고 실시간으로 거래 내역을 확인할 수 있고, 온라인으로 간편하게 이체 및 결제가 가능해 편리하고 빠른 서비스를 이용할 수 있다.

둘째, 안전하다는 것이다. 보안이 강화되면서 더욱 안전한 거래가 가능해졌다. 또한 비밀번호 이외에 보안카드와 OTP 등 추가적인 보안장치를 통해 개인 정보를 안전하게 보호할 수 있다.

인터넷 뱅킹의 단점으로는 첫째, 개인정보 관리 문제이다. 인터넷 뱅킹의 가장 큰 문제 중의 하나가 개인정보 관리에 대한 고객의 불안이다. 많은 인터넷 뱅킹 이용자가 개인정보 유출에 대한 불안감을 가지고 있다.

둘째, 해킹 등과 같은 새로운 리스크가 출현한다는 것이다. 인터넷 뱅킹은 다른 사이버 거래와 마찬가지로 해킹 사고의 위험이 존재한다. 해커 침입에 대한 보안 대책, 새로운 경쟁자의 출현에 따른 리스크, 디지털 정보에 익숙하지 않은 사람들에게는 사용이 어려울 수 있다는 등 새로운 리스크 출현에 대한 전략 수립이 필요하다.

마지막으로 인터넷 연결이 필요하다는 것이다. 인터넷이 연결되지 않는 경우에는 거래 및 조회를 할 수 없게 된다.

2. 모바일 뱅킹

한국은행에 따르면 2024년 상반기 모바일 뱅킹 이용 건수는 2,199만건이고, 금액은 17조 2,000억원으로 작년 같은 기간보다 각각 15.1%, 17.6% 늘었다. 전체 인터넷 뱅킹 이용 규모 중 모바일 뱅킹이 차지하는 비중은 건수 기준으로 88.7%에 달한다. 2023년 현재, 인터넷 은행 3사는 모두 개인고객 대상으로는 전면 모바일뱅킹 체제로 운영되고 있는 실정이다.

금융권은 비용 절감을 위해 은행 점포를 축소하는 대신 모바일뱅킹을 강화하고 있다. 금융감독원 금융통계정보시스템에 따르면 올해 상반기 기준 국내 은행(KB국민·신한·하나·우리·NH농협)의 영업 점포 수는 3,920개로, 5년 전인 2019년 4,661개보다 741개 줄었다. 반면 앱을 통해 금융 거래를 하는 사람 숫자는 계속 늘고 있다. 2022년 5대 시중은행(KB국민·신한·하나·우리·NH농협은행)에서 앱을 통해 유치한 가입자 숫자는 7,777만명이었는데, 2023년 8,382만명으로 늘었고, 2024년 3분기 말 기준 8,874만명이 됐다. 우리나라 인구가 5,175만명이라는 점, 이 중 약 90%가 성인이라는 점을 감안하면, 대부분의 국민이 5대 은행 앱을 최소 1개 이상 설치하고 있다는 의미가 된다.

모바일 뱅킹은 휴대 전화나 스마트폰 혹은 태블릿 등 모바일 기기에서 은행 업무를 볼 수 있게 한 것이다. 초기 국내 모바일 뱅킹은 단말기 문제, 높은 요금제, 산업 주도권과 수익 배분 등을 둘러싼 이동통신 사업자와 은행 간의 갈등으로 인해 인터넷 뱅킹과 비교하면 활성화되지 못했다. 그러나 2009년 말 아이폰의 국내 출시 이후 개방성을 특징으로 하는 스마트폰이 급격히 보급됨에 따라 모바일 뱅킹은 스마트폰 중심으로 급격히 확산되어 현재에는 스마트폰 뱅킹이라고도 한다. 모바일 뱅킹이란 어디서든 사용할 수 있다는 무선의 의미와 언제든지 이용할 수 있다는 온라인의 의미, 그리고 금융 서비스 가운데 뱅킹이란 세 가지 의미가 결합된 용어다. 좀 더 구체적으로 설명하면, 무선이란 개인적, 이동 중, 그리고 편리성이란 개념으로 실현되고 온라인은 네트워크와 자동화란 개념으로 실현되어 모바일 뱅킹은 이런 개념을 포함한 의미로 기존 금융 정보 및 금융거래의 제공뿐만 아니라 무선과 모바일 기술을 활용한 새로운 금융 서비스로 확대하는 것으로, 스마트 디바이스가 일상화됨에 따라 모바일 뱅킹도 일상화되고 있다.

(1) 모바일 뱅킹의 장점과 단점

모바일 뱅킹의 가장 큰 장점은 편리함이다. 은행을 직접 방문할 필요 없이 스마트폰 하나로 금융 서비스를 간편하게 이용할 수 있기 때문이다. 실시간 거래가 가능하다는 점은 긴급 상황에서도 빠르게 송금이나 결제를 처리할 수 있게 해준다. 또한 단순한 계좌 관리뿐만 아니라 대출 신청, 보험 가입, 투자 상품 가입까지 모두 앱으로 처리할 수 있어 현대인의 라이프스타일에 완벽하게 부합된다.

둘째, 시간의 제약이 없다는 것이다. 은행 영업시간과 관계없이 24시간 언제든지 서비스를 이용할 수 있어 바쁜 현대인들에게 최적의 선택이 된다. 특히 해외에서도 몇 번의 터치만으로 금융 문제를 해결할 수 있어 글로벌 시대에 필수적인 도구로 자리 잡았다.

셋째, 접근성이다. 인터넷만 연결되어 있다면 사용자는 계좌 잔액 조회, 자금 이체, 청구서 납부, 기타 다양한 거래를 손쉽게 수행할 수 있다. 이러한 접근성을 통해 개인은 이동 중에도 재정을 관리할 수 있어 은행 활동을 더 잘 통제할 수 있게 된다. 이러한 장점에도 불구하고 해결해야 할 단점도 물론 존재한다.

모바일 뱅킹의 단점은 먼저 보안 문제이다. 스마트폰 분실이나 해킹으로 인해 계좌 정보가 유출될 위험이 있기 때문이다. 은행들은 이러한 문제를 해결하기 위해 다양한 보안 시스템을 도입하고 있지만, 우선적으로 사용자 스스로 비밀번호를 정기적으로 변경하고 공공 Wi-Fi 사용을 자제하는 등 기본적인 보안 수칙을 철저히 지켜야 한다.

둘째는 디지털 소외 문제이다. 고령층이나 기술에 익숙하지 않은 사람들에게 모바일 뱅킹은 여전히 어렵게 느껴질 수 있다. 이를 해결하기 위해 은행들은 직관적인 사용자 인터페이스와 오프라인 상담 서비스를 제공하고 있지만, 여전히 금융 접근성의 격차는 존재한다. 따라서 디지털 금융 혜택이 모든 사람에게 고르게 전달될 수 있도록 포괄적인 금융 교육과 지원이 필요하다.

마지막으로 기술에 대한 의존도 문제이다. 모바일 뱅킹은 기술, 특히 스마트폰과 인터넷 연결에 크게 의존한다. 기술적 결함이 발생하거나 인터넷 연결이 안정적으로 이루어지지 않으면 사용자가 금융 서비스를 받는데 지장을 받을 수 있다. 또한 기술에 대한 의존도는 시스템 중단이나 오작동의 위험을 초래하여 일시적으로 뱅킹 서비스를 중단시킬 수 있다.

(2) 모바일 뱅킹 슈퍼앱

일상 생활에 필요한 서비스를 하나의 앱에서 원스톱으로 처리하는 것은 해외뿐만 아니라 우리나라에서도 이미 익숙한 모습이다. 이러한 모바일 앱을 슈퍼앱(super app 또는 superapp)이라고 한다. **슈퍼앱**은 결제 및 금융 거래 처리를 포함한 여러 서비스를 제공할 수 있는 모바일 또는 웹 애플리케이션으로, 사실상 개인과 영리를 추구하는 삶의 모든 양상을 포괄하는 자체 탑재 상거래 및 통신 온라인 플랫폼이다. 사용자들은 슈퍼앱을 통해 여러 앱을 설치하거나, 추가 가입 등의 불편 없이 다양한 서비스를 사용할 수 있고, 내부의 각 서비스와 연계된 포인트 등 혜택을 제공받을 수 있다. 슈퍼앱은 중국에서 처음 등장하였으며, 현재는 전 세계적으로 인기를 얻고 있다. 국내에서는 대표적으로 토스를 예로 들 수 있다. 기업 입장에서도 슈퍼앱은 고객의 체류 시간을 확보하며, 이를 통해 사용자 데이터를 쌓고 연계된 서비스를 바탕으로 추가 수익 창출 가능성까지 이끌어낼 수 있다. 확보한 데이터를 AI 등을 사용해 고객서비스에 도입하거나 신규 비즈니스에 적용할 수도 있다. 아시아와 아프리카에서는 이미 많은 슈퍼앱이 보급되어 일반화되어 있으나, 미국이나 유럽 등 서구권에서는 이제 새로운 트렌드로 떠오르고 있다.

① 슈퍼앱 특징

슈퍼앱은 서비스간 연계성을 이용하여 사용자에게 편리한 사용 환경을 제공하며 다양한 요구를 충족시킨다. 즉 사용자가 더 편리하고 원활하게 서비스를 이용할 수 있도록 하나의 앱에서 다양한 기능을 제공한다.

• 다양한 서비스 포괄

슈퍼앱은 동일한 애플리케이션 내에서 다양한 서비스를 제공한다. 특정 기능에 초점을 맞춘 단일앱과 달리 슈퍼앱은 SNS, 전자상거래, 결제, 예약, 뱅킹 등 다양한 서비스를 통합한다. 이를 통해 사용자는 시간을 절약하고 보다 효율적으로 생활할 수 있게 된다.

● 초개인화 서비스

초개인화는 슈퍼앱의 주요한 특징 중의 하나이다. 초개인화란 사용자들의 니즈를 취향과 선호도에 따라 분석하여 사용자에게 특화된 맞춤형 서비스를 추천하는 것이다. 슈퍼앱은 다양한 기능을 통해 사용자의 행동 패턴에 대한 데이터를 분석하고, 이를 바탕으로 더욱 정교하며 개인화된 콘텐츠와 서비스를 제공할 수 있다.

● 원활한 서비스간의 연동

슈퍼앱은 다양한 서비스 간의 원활한 연동을 통해 사용자를 더욱 편리하게 한다. 예를 들어, 여행을 가기 위해 숙소를 예약한 후 교통수단과 맛집 추천을 자동적으로 제공하며, 배달 서비스를 이용할 때 주문한 음식의 현재 상황을 실시간으로 확인할 수 있다. 이처럼 다양한 서비스를 하나의 플랫폼에서 자연스럽게 연동되면서, 사용자는 다양한 정보를 한 곳에서 관리하고 보다 간편하게 처리할 수 있다.

② 국내 금융권 현황

토스가 대표주자라고 할 수 있다. 간편 송금으로 시작한 토스는 계좌조회, 카드발급, 중고차 매매 등 다양한 금융서비스를 추가하였고 보험 대리판매, 증권, 은행 지불 결제 등 금융사업을 추가하였고, 월간 이용자수는 2024년 상반기 기준 1,910만명에 이르고 있다. 금융당국으로부터 신사업에 대한 허가를 얻어야 하는 전통 금융사(은행·보험·카드사 등)와 달리 빅테크 및 핀테크 기업들은 IT기술을 바탕으로 금융 시장에 손쉽게 진출했다. 2022년 하반기에 금융당국이 디지털 유니버설 뱅크 지원을 통해 은행이 다양한 금융, 비금융 서비스를 제공할 수 있도록 하고 통합 앱에서 계열사 서비스를 제공할 수 있도록 규제를 완화하여서 금융권에서도 슈퍼앱 경쟁이 더 치열해 질 것이다.

시중은행 중에서 가장 먼저 슈퍼앱 전략을 펼친 곳은 신한은행으로 지난 2018년에 금융앱 6개를 통합해서 신한쏠(SOL)을 내놨고, 이후 지속적인 업데이트를 통해 계열사의 서비스를 하나로 모았고, 2023년 12월 슈퍼SOL을 출시하여 그룹의 디지털 앱 브랜드를 SOL로 통합했다. KB금융그룹은 청소년 전용 금융서비스 리브 넥스트를 KB스타뱅킹과 통합하기 위해 신규 가입 절차를 중단했고, KB스타뱅킹 내 국민지갑을 통해 여권 재발급, 예비군 동원훈련 일정조회, KTX·SRT 승차권 예매 등의 서비스를 제공하고 있으며, 그 외 자동차, 통신, 부동산, 여행 등의 정보를 추가하여 생활 밀착형 플랫폼으로 확대하고 있다. 하나금융의 경우 은행 하나원큐와 카드 원큐페이를 양축으로 투슈퍼 앱(Two Super-App) 전략을 추진하고 있다. 하나원큐는 종합금융플랫폼으로, 원큐페이는 결제·라이프스타일 플랫폼으로 고도화하여 각 플랫폼에서 그룹사 간 핵심 기능을 연계 강화한다. 하나은행은 특히 하나원큐를 더 쉽고 빠르게 이용할 수 있도록 그룹의 주요 서비스를 지속적으로 추가하고 개선하는 동시에 외부의 다양한 생활밀접서비스를 연결하고 있다. 우리금융그룹은 2024년 11월에 슈퍼앱 뉴 우리 원(WON) 뱅킹을 출시하여 기존 우리 원(WON) 뱅킹을 대폭 업그레이드 했고, 은행의 예금 및 대출 등 고유업무 외 증권, 보험 등 금융·비금융서비스를 포함하는 뱅킹서비스인 유니버설뱅킹 기능도 새롭게 탑재하여 서비스하고 있다. NH농협은행이 자사 애플리케이션 NH올원뱅크 서비스를 2025년 1월에 개편하여 전체 상품군의 계좌관리 서비스 확대, 비대면 판매 상품 확대, 증권·카드·보험 등 계열사 종합금융 서비스 제공, 부동산·모빌리티·헬스케어 등 생활서비스 연계 등 고객이 필요로 하는 일상서비스를 확대해 고객편의를 강화했다.

3. 인증서

(1) 공인인증서

온라인 뱅킹은 고객과 대면 거래가 아닌 인터넷 통신망을 통하여 금융거래를 하므로 고객의 신원 및 거래내용의 위·변조 여부 확인이 불가능하고 거래한 사실에 대한 부인방지 등에 곤란한 문제가 발생한다. 위와 같은 문제는 현실 세계의 인감과 동일한 효력이 있는 전자서명(digital signature)을 사용하여 거래 내역을 송·수신함으로써 해결할 수 있다. 전자서명은 암호기술을 이용하여 생성되기 때문에 인터넷상의 전자거래에 안전하게 사용할 수 있게 된다. **공인인증서**는 전자서명의 소유자와 전자서명에 사용하는 키의 관계를 객관적으로 확인해 주는 전자증서를 국가가 공인한 인증기관에서 발급한 것이다. 이러한 공인인증서는 온라인 뱅킹뿐만 아니라 인터넷 쇼핑, 증권, 전자지불 등 인터넷상의 모든 전자거래에서 거래당사자의 신원확인에 사용된다.

국내에서 공인인증서는 1999년 전자서명법이 시행되면서 도입되었으며, 2006년 12월 전자금융감독규정 개정으로 전자금융거래에서 공인인증서 사용을 전면적으로 의무화되었다. 공인인증서의 궁극적인 문제는 공인인증서를 개인이 하드디스크나 USB, 핸드폰 등과 같은 별도 저장 장치에 저장해야 한다는 것과 공인인증서를 가동하기 위해 별도의 프로그램을 설치해야 한다는 것이다. 이러한 문제점이 있는 상황에서 2015년 천송이 코트 사건을 계기로 공인인증서의 의무 사용이 폐지되었고, 2018년 9월 과기정통부가 전자서명법 전부개정안을 국회에 제출하여 2020년 5월 국회를 통과하여 12월 10일부터 공인인증서 제도가 폐지되었다. 그러나 이것은 **공인인증서** 제도가 폐지된 것이지 공인인증서 자체가 사라지는 것은 아니기 때문에 현재 공동인증서의 이름으로 다른 여러 인증수단의 하나로 계속 사용되고 있다. 공인인증서의 폐기는 전자서명 시장 경쟁이 촉진되어 블록체인과 생체인증 등 신기술 기반의 다양한 전자서명 개발, 이용의 활성화 및 전자서명 이용 편리성 향상 등을 기대할 수 있게 된다.

(2) 민간인증서와 금융인증서

공인인증서 폐지 이후, 여러 전자서명 방식이 본인 인증 수단으로 사용되고 있다. **민간인증서**는 정부로부터 인증서 발급 자격을 갖췄다고 인정받은 민간 기업들이 발급하는 인증서로, 간편인증이라고도 한다. 현재 네이버, 토스, 카카오, 이동통신 3사, 금융기관 등 많은 기업이 민간인증서를 발급하고 있다. 은행 앱을 이용할 때 각 은행들이 자체 발급한 인증서들로 예를 들어, KB국민은행에서는 KB국민인증서라는 민간인증서를 활용할 수 있다. 이러한 민간인증서들은 공동인증서와 달리 인증서 파일을 PC나 USB, 스마트폰에 저장하지 않고 클라우드에 저장하기 때문에 스마트폰 앱에서 간단한 인증

과정만 거치면 편리하게 이용할 수 있다는 게 가장 큰 장점이다. 다만 민간인증서는 사용하려는 서비스가 해당 민간인증서를 지원해야만 이용할 수 있다. 민간인증서 지원을 위해서는 각 발급 기관과 계약해 인증 모듈을 마련하는 절차가 필요하기 때문이다. 사용자들이 많이 사용하고 있는 민간인증서를 간단하게 설명하면 다음과 같다.

- 패스(PASS): 통신사에서 제공하는 인증 서비스로, 간편하고 빠르게 본인 인증을 할 수 있다. 스마트폰 번호와 생체인증(지문, 얼굴인식) 등을 활용해 로그인하거나 금융 거래를 진행할 수 있다.
- 카카오톡 인증 : 카카오톡을 기반으로 한 인증 서비스로, 모바일 환경에서 사용하기에 매우 편리하며 카카오톡에 가입된 사용자라면 간단한 절차만으로 전자서명을 진행할 수 있어 인기가 많다.
- 네이버 인증서 : 네이버는 공인인증서 폐지 이후 전자서명 및 본인 인증 서비스로 네이버 인증서를 제공하고 있다. 로그인 후 네이버 앱을 통해 간편하게 본인 인증을 진행할 수 있다.
- 토스 인증 : 금융 플랫폼인 토스는 인증 기능을 강화하여 금융 거래뿐만 아니라 전자서명도 지원하고 있다. 비밀번호나 생체 인증을 통해 신속하게 본인 확인이 가능하다.

금융인증서는 공인인증서 폐지 이후 금융결제원이 새롭게 선보인 인증서로 기존 공인인증서나 공동인증서의 단점을 보완한 방식이라고 할 수 있다. 가장 큰 특징은 인증서 파일을 사용자가 직접 저장해 보관하는 게 아니라, 민간인증서처럼 클라우드 서버에 저장한다는 점이다. 유효 기간이 1년인 공동인증서와 달리 유효 기간도 3년으로 길고 자동 갱신까지 되니, 유효 기간을 신경 쓸 필요가 없다는 것도 장점이다. 다만 금융인증서라는 이름처럼 아직은 금융기관으로 사용처가 한정된 편이다.

공동인증서, 민간인증서, 그리고 금융인증서의 특징과 장단점을 비교하여 정리하면 [표 5-1]과 같다.

표 5-1. 인증서별 비교

구분	공동인증서	금융인증서	민간인증서
발급기관	6개 공인인증기관	금융결제원	민간기업
저장위치	개인기기	클라우드	클라우드 등
비밀번호	혼합 10자리	6자리 숫자	혼합 4~6자리
유효기간	1년(수동)	3년(자동)	2~3년(자동)
인증방식	• ·비밀번호	• 비밀번호 • 지문 등 생체인증	• 비밀번호 • 지문 등 생체인증
장점	• 오랜기간 검증 • 사용처 많음	• 보안성이 좋음 • 다양한 인증방식 • 갱신기간이 길다	• 편리함 • 다양한 인증방식 • 갱신기간이 길다
단점	• 갱신기간이 짧음 • 프로그램 설치	• 사용처가 적음(은행권으로 제약) • 공공기관 미지원	• 사용처가 적으나 점점 확대(제휴사만 가능)

02
핀테크

1. 핀테크의 개요

(1) 핀테크 정의

핀테크(FinTech)는 금융(Finance)과 기술(Technology)의 결합으로, 첨단 기술을 활용하여 금융 서비스를 혁신하는 산업을 의미한다. 전통적인 금융 서비스와는 달리, 디지털 기술을 통해 더 효율적이고 사용자 친화적인 방식으로 서비스를 제공하여 금융 산업의 변화를 주도하고 있다. 특히, 인터넷과 모바일 기술의 발전으로 핀테크 서비스는 더 빠르고 편리한 금융 거래를 가능하게 한다.

영국과학청은 **핀테크**를 기술을 핵심 요소로 하는 금융 서비스 혁신으로 정의하고 있다. 핀테크에서 기술은 모바일, 소셜네트워크, 클라우드 컴퓨팅, 빅데이터를 비롯하여 사물인터넷, 가상현실 등 다양한 기술을 포함한다. 이러한 기술은 금융 서비스를 새로운 방식으로 개선하는데 결정적인 역할을 담당하며, 핀테크 추진 주체는 창의적인 아이디어를 보유한 스타트업 또는 혁신적인 기존 금융 기관이 될 것으로 전망하였다.

Ernst & Young은 [표 5-2]와 같이 핀테크를 전통적 핀테크와 신흥 핀테크로 구분하여 전통적 핀테크는 기존 전자금융과 같이 금융 서비스의 가치사슬 상에 포함되어 서비스의 효율을 높이는 조성자로서의 역할을 하고, 신흥 핀테크는 기존 금융 서비스의 전달체계를 와해시키는 파괴자의 속성을 가지고 서비스를 혁신한다고 하였다. 전통적 핀테크는 금융업무에 IT를 접목하여 자동화, 효율화를 추진하는 것으로 금융 인프라 지원 역할을 담당하며, 신흥 핀테크는 금융 회사의 솔루션 역할에서 벗어나 고객과 직접 소통함으로써 금융업 가치사슬의 핵심을 담당한다. 또한 전통적 핀테크는 기존 PC 중심으로 핵심 가치사슬은 금융회사가 담당하고 IT가 금융거래의 후방에서 지원하고, 신흥 핀테크는 고객과의 접점이 모바일 기기에 쏠림에 따라 핵심 가치사슬은 앱을 제공하는 소프트웨어 기업이 담당하고, 금융 회사는 금융거래의 후방에서 보조적인 업무만을 담당한다.

표 5-2. 전통적 핀테크와 신흥 핀테크 비교

	전통적 핀테크 (Traditional Fintech)	신흥 핀테크 (Emergent Fintech)
정의	전자적 채널을 통하여 금융상품 및 서비스를 제공하는 것(BIS)	기술을 핵심요소로 하는 금융 서비스 혁신
목적	기존 금융 서비스의 효율적인 개선 지원 (조력자 역할)	기존 금융기관을 우회하거나 새로운 방식으로 금융 서비스 제공(파괴자 역할)
역할	금융 인프라 지원	인프라 우회 또는 대체하여 직접 금융 서비스 (대체 시 위험은 높으나 성공한 경우 높은 수익 보장)
관련 기업	IBM(IT 솔루션), Infosys(IT 하드웨어), SunGard(금융소프트웨어), Symantec(정보보안)	Alipay(지급결제), Transferwise(외화송금), Lending Club(P2P대출), FidorBank(인터넷은행), Coin Base(비트코인)
수익 모델	고객 접점은 금융회사가 주도하고 IT가 금융거래의 후방에서 지원, 금융거래 처리 효율성 향상	고객접점을 비금융사가 주도하고 금융회사는 금융거래의 후방에서 지원, 고객 경험 개선
개념도	자금공급자(대출자)-금융회사(+금융망)-자금수요자 (차입자)	자금공급자(대출자)-플랫폼(+인터넷)-자금수요자 (차입자)
비고	PC기반, 금융회사/대형 ICT 기업 중심	모바일기반, 스타트업 중심

출처 : Ernst & Young, Landscaping UK Fintech (2014.8)

기존 금융 회사를 중심으로 기존의 금융 인프라를 그대로 사용하면서 IT 기술 기반의 금융 서비스를 제공했던 초기 핀테크와는 달리 최근에는 디지털 트랜스포메이션이 빠르게 진행되면서 빠른 변화에 익숙하고 그 변화의 중심에 있는 IT 기업들이 금융 시장에 뛰어들기 시작하면서 핀테크의 판도를 뒤집기 시작하면서 **테크핀**(TechFin) 이라는 용어도 나타났다. 테크핀은 핀테크와 앞 뒤 순서만 바뀐 단어같지만, 서비스의 주체가 핀테크와는 전혀 다른 개념이다. [표 5-3]과 같이 핀테크는 금융 회사가 주도하여 금융에 IT 기술을 접목한 것이고, 테크핀은 IT 회사가 주도하여 IT 기술에 금융을 접목한 서비스 이며, 금융기관이 아닌 플랫폼 기업들이 주가 된다는 것에서 큰 차이가 있다. 금융 서비스를 백화점식으로 종합하여 제공하는 금융사와 달리, 테크핀 기업들은 방대한 사용자 데이터를 분석하여 기존 고객이 필요로 하는 간편결제 및 간편송금 등 다양한 금융 서비스를 분리하여 제공하는 것이 특징이다.

표 5-3. 핀테크와 테크핀 비교

	핀테크	테크핀
주체	금융 회사	ICT 기업
주고객	금융 고객	플랫폼 사용자
데이터	기존 금융 회사 서비스 이용 고객의 데이터	플랫폼 내에서 수집된 사용자 데이터

가장 대표적인 테크핀 기업들로는 미국의 GAFA(Google, Amazon, Facebook, Apple)와 중국의 BAT(Baidu, Alibaba, Tencent)가 있다. 국내 테크핀 기업들로는 간편결제와 송금 서비스 제공을 시작으로 식당 주문, 환전, 송금, 식권 등 기존 금융회사들이 신경쓰지 못했던 부분들에서 서비스들을 제공하며 서비스 영역을 확대해 온 네이버와 카카오, 토스가 대표적이다.

(2) 핀테크 트렌드

2019년도부터 2024년까지 삼정KPMG에서 발간한 총 5편의 핀테크 동향 보고서를 바탕으로 국내 핀테크 트렌드를 살펴보면 <그림 5-1>과 같다. 2019년의 키워드는 언번들링으로 핀테크 기업들은 은행 금융 서비스의 일부를 제공하며 전통 금융과 경쟁할 수 있는 분야에 집중하는 모습이 나타났다. 2020년에는 전통 금융에서 제공하는 다수의 서비스를 하나의 플랫폼에서 제공하는 슈퍼앱이 키워드로 손꼽혔다. 슈퍼앱은 하나의 앱에서 다양한 서비스를 제공하며 사용자의 효율성과 경험을 향상시키는데 기여하였다. 이후, 코로나19를 거치며 비대면 금융에 대한 니즈가 어느 때보다 증가하였다. 2022년의 주요 키워드는 오픈 파이낸스로 BaaS(banking as a service) 모델의 확산이 본격화되며, 금융 데이터 개방과 공유 기반의 데이터 활성화에 기여하였다. 특히 API 기반의 금융 마이데이터가 전면 시행됨에 따라 오픈파이낸스의 시대가 도래하여 2022년은 금융 디지털의 원년으로 여겨진다. 또한 2022년 11월 OpenAI의 ChatGPT가 처음 등장하며 생성형 AI의 시대가 시작되었다. 2023년 키워드는 글로벌 진출과 스케일업으로, 핀테크 기업 자체 역량의 성장에도 불구하고, 저출산 및 고령화로 인해 내수시장에 한계가 있자 핀테크 기업들은 글로벌 진출과 스케일업을 통해 지속적인 성장을 꾀하였다. 특히 금융회사와 핀테크 기업 간 협력을 기반으로 한 해외 공동 진출이 진행되었으며, 핀테크 기업들의 해외진출을 지원하기 위한 해외 현지 정보 제공과 해외 투자자 연결 등의 중요성이 대두되었다. 2024년은 생성형 AI 그리고 핀테크 리빌딩으로 나타났다. 최근 핀테크 기업들은 인공지능을 통해 기존의 핀테크 서비스를 고도화하고 있으며, 데이터를 바탕으로 고객에게 맞춤형 서비스를 제공하고 업무를 효율화하는 등 금융 서비스에 인공지능을 녹여내고 있다.

그림 5-1. 국내 핀테크 트렌드

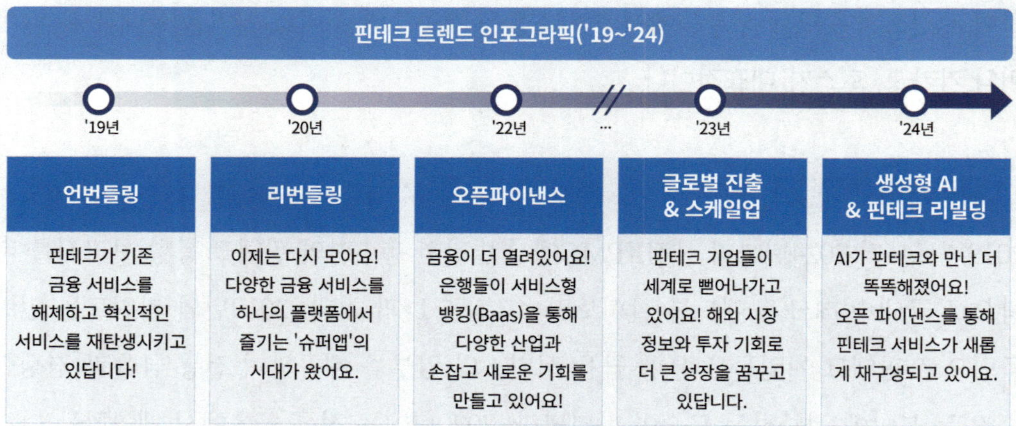

ChatGPT는 금융 서비스에 3가지의 새로운 경험을 가져다준다. 첫째, 초개인화이다. 금융 정보만큼 내밀한 개인정보도 없다. 월수입은 물론 자산 규모 그리고 매일 어디서 얼마를 쓰는지 모든 것이 금융 정보 속에 있다. 그렇게 쌓인 데이터는 양이나 질적

측면에서 기존에 우리의 검색어 이력 데이터보다 더 소중하고 복잡하다. ChatGPT를 가능하게 한 기술은 **거대 언어 모델**(large language model; **LLM**)로 방대한 언어 데이터를 기반으로 데이터 분석과 추론에 탁월한 AI 모델이다. 시시각각 쌓여가는 방대한 금융 데이터를 LLM으로 분석해 개인 각각에게 필요한 금융서비스를 제공할 수 있다. 한마디로 초개인화된 서비스의 제공이 가능하다는 것이다.

둘째, 초지능화이다. 수많은 데이터 속에서 답을 찾는 LLM은 초지능화된 금융서비스를 가능하게 해준다. 이상 거래 탐지와 신용 평가, 대출 심사, 각종 심사 서류와 계약서 관리, 시장 변동성 예측 등의 복잡한 금융 관련 분석과 예측 업무에 LLM이 활용될 수 있다. 기존에도 빅데이터 분석이나 머신러닝 등의 기술이 금융업의 백오피스에 활용되었다. ChatGPT 이전에도 AI를 활용한 수많은 챗봇과 데이터 분석이 성행했지만, 압도적인 기술로 AI의 특이점이 온 것처럼 LLM 기반의 금융 백오피스는 기존에는 도저히 불가능할 것만 같았던 초지능화된 서비스의 구현을 가능하게 해주고 있다. 개인에 대한 금융 데이터 외에 공개된 SNS 데이터와 개인이 승인한 스마트폰 속 개인 정보들을 기반으로 LLM은 학습을 거듭하면서 보다 안전하고 정확한 금융서비스 운영과 새로운 금융 상품 개발이 가능해질 것이다.

마지막으로, 대화형 UI다. **ChatGPT** 기술에 있어 주목해야 할 점은 뒤의 GPT 기술이 아닌 앞의 Chat이라는 사용자 인터페이스이다. 즉, 인공지능을 대화 인터페이스로 사용할 수 있다는 점이 이 기술의 본원적 특징이다. 초기 핀테크 금융서비스는 손가락으로 스마트폰 화면을 터치하며 사용하는 방식이었다면 인공지능 시대의 핀테크는 대화 기반으로 바뀌게 된다. 즉, 화면상의 메뉴를 찾아다니며 필요로 하는 금융서비스를 이용하는 것이 아니라 필요한 것을 대화창에 물으면 답을 제공하는 상담 방식이라는 점이 큰 특징이다. 사실 복잡한 금융서비스를 편하게 이용하는 최고의 방법은 전문상담사와의 대화이다. 하지만, 비용 문제로 인해 그런 상담사는 일부 VIP 고객에게만 제공할 수 있다. 그런데, LLM으로 구현된 인공지능은 그런 고급의 전문 금융상담 서비스를 누구나 사용할 수 있도록 해준다.

2. 핀테크 주요 분야

(1) 간편결제 및 간편송금

일상생활에서 가장 널리 사용되고 있는 핀테크가 간편결제일 것이다. 간편결제는 계좌 정보나 신용카드를 스마트폰에 미리 등록해 간단한 본인인증만으로 결제를 하는 서비스이다. 삼성페이, 토스, 카카오페이 등이 간편결제 및 송금의 대표적인 서비스이다. 온라인에서 무료 또는 소액의 수수료로 빠르고 간편하게 결제나 송금을 할 수 있다. 이전에는 공인인증서를 이용해 다소 복잡한 인증 절차가 필요했는데, 지금은 이체 비밀번호나 지문인식, 얼굴인식 등과 같은 바이오 인증으로 쉽고 빠르게 처리할 수 있다.

한국은행에 따르면 국내 간편결제 서비스 업체는 54곳에 달한다. 그 중에서 삼성페이, 네이버페이, 카카오페이가 과점 시장을 형성하고 있다. 다만 각 서비스들의 강점은 다소 나눠지는데 오프라인 결제는 보급율이 높은 결제 단말기와 호환되는 삼성페이가 점유율이 높고, 온라인 결제에서는 네이버페이와 카카오페이가 범용성을 무기로 점유율을 끌어왔다. 그리고 송금은 카카오페이가 무제한 수수료 무료 정책으로 인기를 끌고 있다. 아이폰 유저들은 한동안 애플페이 서비스를 이용하지 못하다가, 2023년부터 이용이 가능해졌다.

(2) 로보어드바이저

로보어드바이저(robo-advisor)는 로봇과 투자전문가의 합성어로, 고도의 컴퓨터 알고리즘과 빅데이터 분석을 이용한 온라인 자산관리 서비스이다. 컴퓨터 알고리즘을 이용하기 때문에 사람보다 시장 상황의 변화를 더 빠르게 인식하고 시기적절하게 대응할 수 있어 일반적으로 사람에 의한 자산관리보다 더 높은 투자수익을 가져다줄 수 있다고 알려져 있다. 또한, 알고리즘을 이용해 비교적 저렴한 비용으로 각종 투자와 자산관리 포트폴리오를 구성할 수 있다. 간단하게는 주식 자동매매 프로그램도 로보어드바이저에 포함된다. 국내에는 딥러닝 알고리즘을 탑재하여 맞춤 자산관리를 해주는 KEB 하이로보, 기관을 통할 필요 없이 모바일로 모든 투자가 가능하고 해외 직구 투자도 가능한 에임(AIM), 최다 회원 수가 보유하고 있는 핀트 등이 대표적인 로보어드바이저이다. 로보어드바이저의 장단점을 정리하면 [표 5-4]와 같다.

표 5-4. 로보어드바이저 장점과 단점

장 점	단 점
저렴한 수수료	예상치 못한 시장 변동에 대한 대응 한계
개인 맞춤형 포트폴리오 제공	개인적인 상황 변화에 대한 유연성 부족
자동화된 포트폴리오 관리	복잡한 투자 전략 구현의 어려움
투명하고 간편한 사용법	갑작스러운 시스템 장애 가능성
시간과 노력 절약	인간 전문가의 조언 부족

(3) 인슈어테크

인슈어테크(InsurTech)는 보험과 기술의 합성어로 상품개발, 계약 체결, 고객관리 등 보험 업무에 사물인터넷(IoT), 빅데이터, 인공지능 등의 기술을 결합해 더욱 효율적이고 혁신적인 서비스를 제공하는 것을 말한다. 인슈어테크 적용 기술은 보험업의 비즈니스 모델 자체를 바꿀 혁신을 일으키면서 보험회사 자체의 업무 효율성 증대와 함께 소비자, 금융기관, 정부기관 등 시장 참여자들의 보다 근본적이고 포괄적인 변화를 일으킬 수 있다. 현재 인슈어테크와 밀접하게 관련된 기술로는 블록체인, 빅데이터, 인공지능, 사물인터넷 등이 있다. 이 기술들은 보험업의 상품 개발부터 고객 서비스까지 전 영역에 걸쳐 다양한 요소 기술로 적용되어 보험업을 발전시켜 나가고 있다.

최근 한국에서도 인슈어테크 기업이 다양한 형태로 출현하고 있다. 인슈어테크 스타트업으로서 보닥, 보맵 등이 인공지능 기반의 보장분석, 건강분석으로 보험을 추천하는 서비스를 제공하고, 지앤넷, 레몬헬스케어 등이 병원과 연계한 간편 보험 청구 서비스를 제공하며, 스몰티켓 등이 펫 보험과 같이 신규 위험을 보장하는 상품을 선보이고 있다. 하지만 이와 연관된 전용 보험상품 개발은 부진한 상황으로, 디지털 기술을 활용한 소비자 맞춤형 판매 단계까지는 도달하지 못하고 있는 실정이다. 보험회사 중에는 교보라이프플래닛생명, 캐롯손해보험, 하나손해보험 등이 비대면 디지털 플랫폼을 통해 보험상품을 판매하고 있으며, 이들은 자체적으로 또는 인슈어테크 스타트업들과 협력하여 건강증진형보험, 운전습관연계보험 등 사전예방형의 상품을 선보이고, 챗봇 상담, 보험 간편 청구 등 고객 편의 서비스를 확대하고 있는 상황이다.

(4) 크라우드펀딩

크라우드펀딩(crowdfunding)은 군중(crowd)과 자금조달을 뜻하는 펀딩(funding)의 합성어로, 자금이 필요한 개인, 단체, 기업이 인터넷이나 모바일을 통해 불특정 다수로부터 자금을 모으는 것을 말한다. 초기에는 SNS를 적극적으로 활용하여 소셜 펀딩이라고 불리기도 했다. 주로 자선 활동, 이벤트 개최, 상품 개발 등을 목적으로 자금을 모집하는데, 투자방식 및 목적에 따라 증권형, 대출형, 후원형, 기부형으로 분류할 수 있다. 한국은 자본시장법 개정에 따라 최초로 제도화된 증권형 크라우드펀딩을 일반적으로 크라우드펀딩으로 지칭한다. 일반적인 크라우드펀딩 프로세스는 [그림 5-2]와 같이 창의적인 아이디어를 가진 프로젝트 개설자가 온라인 플랫폼에 등록을 하여 플랫폼에서 집단지성을 활용하여 다수의 투자자를 모집하여 자금을 조달하고 프로젝트가 완료되면 프로젝트 개설자는 대가를 투자자에게 지불하게 된다.

그림 5-2. 크라우드펀딩 프로세스

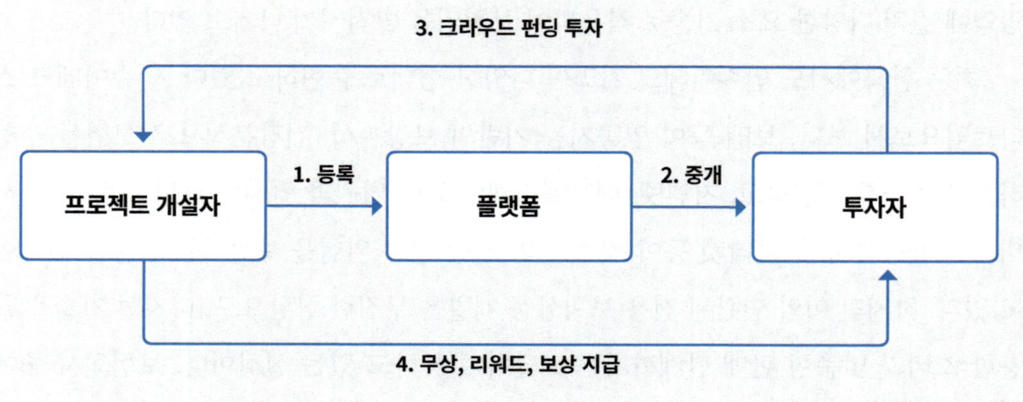

증권형은 신생 기업 및 소자본 창업자를 대상으로 엔젤투자 형식으로 자금을 지원하는 유형으로 투자금액에 비례한 지분 취득. 수익 창출이 목적이다. 대출형은 인터넷 소액대출을 통해 자금이 필요한 개인 및 개인사업자에 자금을 지원하는 유형으로 대출에 대한 이자 수취가 목적으로 온라인 마이크로크레딧, P2P 대출 등이 이에 해당하며, 대표적인 서비스로는 부동산 P2P담보대출 서비스인 테라펀딩, 수백 개의 채권에 자동 분산 투자를 해 주는 렌딧(LENDIT) 등이 있다. 후원형은 다수의 후원자들이 모금자가 추진하는 프로젝트에 자금을 지원하고 금전적 보상 이외의 형태로 일정 부문 보상받는 유형으로 공연, 음악, 영화, 교육, 환경 등의 분야에서 주로 활용된다. 기부형은 후원 형식의 소셜 펀딩과 유사하지만 후원자들에 대한 보상을 조건으로 하지 않고 순수 기부의 목적으로 지원하는 유형이다.

주로 스타트업이나 전시회, 공연 등 문화 콘텐츠 사업이 크라우드펀딩을 많이 하는데, 국내에는 한국 최대의 플랫폼인 와디즈(Wadiz), 예술과 창작분야에 특화된 텀블벅(tumblbug), 사회적 가치를 추구하는 오마이컴퍼니(Ohmycompany), 한국 최고의 투자형 플랫폼인 크라우디(Crowdy) 등을 예로 들 수 있다.

크라우드펀딩의 장점은 첫째, 투자 부담과 위험이 적다. 선주문 후 제작 방식으로 투자 부담과 위험이 상대적으로 적은 편이다. 둘째, 진입장벽이 낮다. 다수의 개인으로부터 자금을 모으는 방식으로 좋은 아이디어가 있으면 누구나 자신의 아이디어를 선보이고 판매할 수 있다. 마지막으로, 광고효과가 크다. 스타트업 등 소규모 기업은 크라우드펀딩을 통해 프로젝트를 어필하고, 해당 상품 또는 서비스 홍보 효과를 누릴 수 있다.

크라우드펀딩의 단점은 첫째, 제품의 완성도 문제로 아이디어만 보고 투자가 이루어지기 때문에 자금을 모으고 난 후에 실제 제품 생산과 전달까지의 과정에서 문제가 발생하여 제품 제작 자체가 진행되지 못할 수 있다는 점이다. 둘째, 자금 손실의 위험으로 대출형 크라우드펀딩은 자본을 투자하는 하나의 상품으로 볼 수 있는데, 원금을 보장받지 못하는 위험이 존재한다. 마지막으로, 취소 불가능의 문제로 크라우드펀딩의 경우 모금한 금액을 통해 제품을 제작하는 방식인데, 프로젝트가 시작된 이후에는 취소 및 환불이 어려워 주의가 요구된다.

(5) 임베디드 금융

임베디드 금융(Embedded Finance) 은행이나 카드사가 아닌 비금융 기업이 자신의 플랫폼 내에 금융 서비스를 탑재하는 것을 말한다. 별도의 금융 플랫폼 없이 입출금 계좌 서비스를 이용하거나 전자지갑이나 00페이 등의 결제 서비스를 쓰기도 하고, 심지어는 대출까지 제공된다. 이렇게 다양한 금융 서비스를 기존에 가지고 있던 제품이나 서비스와 함께 제공하는 형태의 금융을 임베디드 금융이라고 부른다. 지금까지의 핀테크 서비스는 결제, 송금, P2P 금융, 자산관리 등 개별 서비스 별로 신규 사업자가 서비스를 제공하고 고객을 모으는 형태였다면, 임베디드 금융은 이미 고객이 확보되어 있는 비금융 서비스에 금융기능을 결합하여 제공하는 방식이라고 할 수 있다. 임베디드 금융은 [그림 5-3]처럼 3개의 주요 참여자에 의해 시장 구조가 형성된다. 자사가 보유한 제품이나 서비스를 대규모 고객에게 제공하는 비금융 기업, 금융 기능을 제공하는 금융사, 그리고, 두 참가자를 연결해 주는 핀테크 기업이다.

임베디드 금융을 통해 3개의 참여자는 각기 다른 이점을 충족시킬 수 있다. 비금융

■ 그림 5-3. 임베디드 금융의 시장구조와 이점

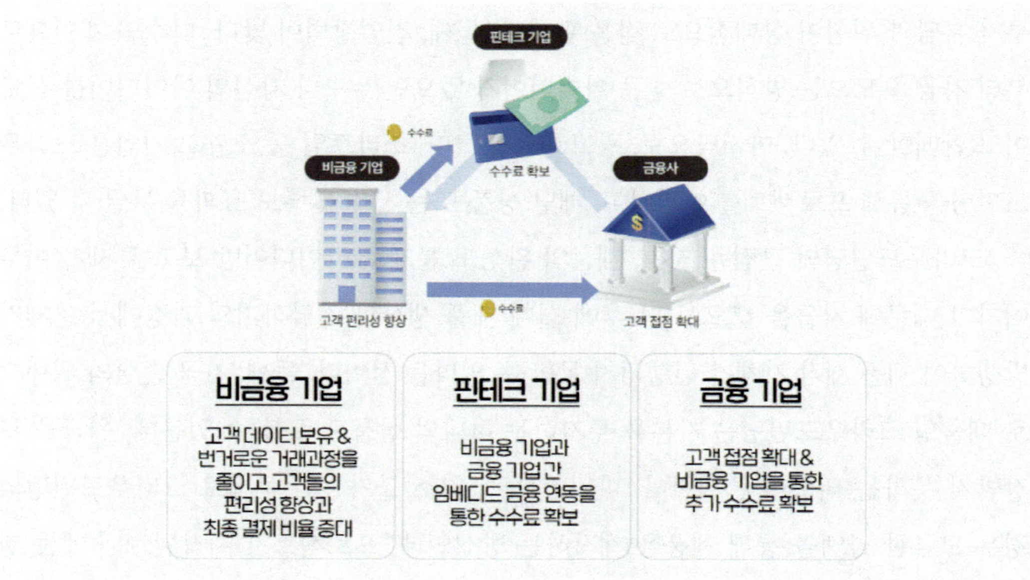

출처 : 한국핀테크지원센터, 2024

기업은 번거로운 거래 과정을 줄여 고객들의 편리성을 향상시켜 결제 완료 비율을 증대시키고, 방대한 고객 데이터와 금융 서비스를 접목시켜 고객에게 적합한 금융 상품 추천이 가능해진다. 금융사는 비금융 기업을 통한 추가 수수료 확보와 고객 접점을 확대할 수 있는 이점이 있다. 핀테크 기업은 임베디드 금융 연동을 통한 수수료를 확보할 수 있다는 이점이 있다. 임베디드 금융에는 다양한 종류가 있지만, 크게 3가지로 나눌 수 있다.

① 임베디드 결제

가장 흔하게 볼 수 있는 임베디드 금융은 간편결제 서비스로 제공되고 있다. 임베디드 결제 서비스를 이용하면 결제 버튼 터치만으로도 손쉽게 재화를 구매할 수 있다. 가입하고 최초 한번만 본인의 카드 또는 계좌를 연결하면 되고, 이후에는 세부 정보를 입력할 필요가 없다. 국내에는 네이버페이와 카카오페이, 토스페이 등이 대표적이다. 배달의 민족이나 당근 같은 서비스도 앱 내에서 전용 페이 서비스를 제공하고 있다. 이 외에도 자체 플랫폼과 넓은 고객군을 보유한 비금융 서비스 대부분이 임베디드 결제 시스템을 도입하려는 움직임을 보이고 있다.

② 임베디드 대출

BNPL(Buy now pay later)로 불리는 후불 결제 서비스가 임베디드 대출의 대표적인 예다. 국외에서는 일찍이 애프터페이(Afterpay)나 클라르나(Klarna)와 같은 대형 BNPL 기업에 의해 비즈니스가 시작되어 지금은 대출이라는 인식을 넘어서 새로운 결제 수단의 하나로 자리매김했다. 국내에서는 BNPL이 활성화되진 않았지만 그 가능성을 인정받아 네이버, 토스, 카카오, 쿠팡 등 일부 빅테크 기업들을 중심으로 최대 30만원 단위의 소액으로 운영되고 있다. BNPL 외에도 직접 구축한 대안 신용평가 시스템을 통해 금융사와 제휴를 맺어 대출 상품을 제공하는 네이버 파이낸셜과 같은 경우도 임베디드 대출의 일종으로 볼 수 있다.

③ 임베디드 보험

임베디드 보험은 보험 설계사를 통해 상담을 진행해야 했던 기존의 보험 판매 구조와 달리 비대면 플랫폼을 통해 개인에게 딱 맞는 보험 상품을 비교·추천하는 기능을 제공한다. 테슬라의 자동차 시스템에서 수집되는 정보를 기반으로 자체 운전자 보험을 제공하는 것이 가장 대표적인 해외 사례이다. 국내에도 임베디드 보험 서비스를 도입하려는 시도가 많았지만, 금융소비자보호법에 의해 국내에서는 사실상 금지된 상태였는데, 지난 2024년, 인슈어테크 분야의 규제 샌드박스에 대한 논의가 진행되며 긍정적인 신호탄이 울렸다.

국내에는 아직까지 핀테크 업계에 적용되는 여러 가지 금융 규제로 인해 결제 외의 분야에서 두각을 나타내는 서비스는 없는 상황이지만, 점차 규제 완화와 온라인 플랫폼 활성화에 대한 논의가 이어지고 있어, 기대해 볼 만하다.

03
간편결제 서비스

간편결제는 모바일에 미리 저장해둔 신용카드, 은행계좌 등의 정보 또는 선불금을 이용하여 간단한 방식으로 결제를 지원하는 서비스이다. 페이팔(PayPal)은 구매자와 판매자를 중개하는 일종의 에스크로 서비스로 이베이(eBay)의 결제 시스템으로 성장했고 애플페이(Apple pay), 구글페이(Google Pay)는 스마트폰 운영체제 시장을 양분하고 있는 애플과 구글이 고객들의 이탈을 방지하고 자사 제품의 시장 지배력을 높이기 위한 목적으로 만들어져 처음부터 스마트폰을 활용한 온·오프라인 통합 결제 시스템을 목표로 출시되었다. 인터넷 쇼핑몰에서 물건을 주문하고 결제하려고 하면, 공인인증서를 비롯하여 수많은 보안 프로그램을 통과해야만 결제가 가능한데 불필요한 과정을 생략하고 사전 인증 등을 통해 절차를 간소화해서 쉽게 결제할 수 있도록 내놓은 서비스다. 스마트폰 제조업체들을 비롯해 유통업체, IT 기업 등 여러 회사에서 다양한 서비스를 출시하였는데 그 때문에 국내 서비스들은 동작방식이나 구현방식은 물론 온·오프라인 활용 범위나 지원 여부도 천차만별이다. 일부 신용카드사에서 제공하는 앱카드 같은 서비스와도 유사하다. 또한 온라인에서는 신용카드 결제 시 결제대행사를 거쳐야 하기에 타 국가에 비해 과정이 복잡하지만, 간편 결제는 결제대행사를 거치지 않고 간편결제 회사가 바로 결제 처리를 해주기에 과정이 간소화되어 있는 것이 특징이다.

오프라인에서는 스마트폰을 이용해서 간단히 인증을 마치고 결제하는 시스템이다. 스마트폰으로 인증 코드를 받아서 처리하거나, 스마트폰의 NFC 기능을 이용할 수 있다. 이는 교통카드나 하이패스의 연장선상으로 볼 수 있다. 국내에서는 초기에는 결제 단말기 보급이나 NFC 주도권 다툼 등의 문제, 높은 카드 보급률로 인해 상용화 속도는 매우 더디게 진행되었으나 오프라인 간편결제에 대한 본격적인 관심은 애플에서 애플페이를 출시하고, 삼성전자에서 단말기 교체가 필요없는 마그네틱 카드기반 결제 서비스를 상용화하면서 촉발되었다.

간편결제 분야에서 가장 앞서나간 나라는 바로 중국이다. 중국에서는 간편결제 시스템이 지역을 막론하고 보편화되어 있다. 주로 위챗페이(WeChat Pay)와 알리페이(Alipay)가 사용되는데, 중국의 양대 간편결제 서비스의 사용량이 전 세계 페이 결제액의 90%를 차지한다.

1. 간편결제 서비스의 주요 유형

간편결제 서비스는 온라인 쇼핑 시에는 결제창에서 해당 간편결제 시스템을 선택한 뒤 결제 비밀번호를 입력하면 결제가 이뤄진다. 오프라인 쇼핑 시에는 스마트폰으로 인증과정을 거쳐 결제가 이뤄지는데, NFC(Near Field Communication) 또는 마그네틱 전용 단말기에 스마트폰을 접촉하거나, QR코드 또는 바코드를 스캔하여 결제가 이뤄진다.

(1) 온라인 간편결제

현재 온라인 몰에는 없는 게 없으며 일반적인 상품뿐만 아니라 채소, 정육 등 신선 식품을 온라인 장보기 앱으로 구매할 수 있다. 앱을 이용한 음식 배달 서비스는 이미 많은 사람이 이용하고 있으며 유명 베이커리의 빵이나 아침에 먹을 반찬을 새벽에 집 앞으로 배송해 주는 모바일 앱 서비스도 인기를 얻고 있다. 온라인 간편결제 서비스의 가장 큰 장점은 결제에 들이는 시간과 노력을 줄일 수 있다는 점이다. 온라인 간편결제 서비스는 웹 또는 앱을 통해 결제하는데, 대부분 쇼핑몰에서는 결제 단계에서 간편결제 서비스를 제공한다. 온라인몰에서 직접 개발한 간편결제 서비스를 제공하는 곳이 있는가 하면, 플랫폼 회사나 PG사에서 개발한 간편결제 서비스를 제휴해 이용하는 온라인몰도 있다. 간편결제 서비스는 신용카드나 은행 계좌 등 결제 정보를 최초 한 번 입력해 두고 이후 사용할 때는 비밀번호나 지문인식, 패턴 인식 등으로 바로 결제할 수 있다.

(2) 오프라인 간편결제

온라인 몰을 중심으로 성장한 간편결제 서비스는 현재 오프라인 매장에서도 많이 쓰인다. 그동안 오프라인 매장의 간편 결제 서비스는 스마트폰 제조사가 제공하는 마그네틱 보안 전송(Magnetic Secure Transmission, MST) 방식의 삼성페이나 LG페이 등이 주로 쓰이고, NFC 결제 단말기를 갖춘 매장에서는 NFC 간편결제를 사용할 수 있다.

- 마그네틱 보안 전송 : 마그네틱 신용카드 정보를 무선으로 전송시켜 결제하는 방식으로 신용카드 정보를 담은 기기가 장착된 스마트폰을 신용카드 결제 단말기에 대면 결제가 이루어진다.
- NFC : 핸드폰에 장착된 NFC 리더기를 활용해 카드정보를 인식해 결제를 하는 방식으로, 대다수 오프라인 간편결제 시스템은 이 방식을 사용한다. NFC는 해당 기능을 탑재한 전자기기끼리 근거리 무선 통신을 할 수 있게 한 무선태그 기술을 말한다.
- 바코드 스캔 : 바코드 스캔 방식은 앱에서 생성한 바코드를 매장 리더기에 스캔하면 바로 결제가 되는 시스템이다. 매장에 바코드 스캐너만 있으면 결제할 수 있어 편리할 뿐더러, 바코드 스캔 방식도 일정 시간 내에서만 사용이 가능한 일회성 바코드를 생성하기 때문에 보안성이 높은 편이다. 다만 바코드 생성 시간이 긴 편이어서, 빠른 결제가 이뤄지지 못한다는 단점이 있다.
- QR코드 결제 : QR코드는 기존 바코드보다 활용성이나 정보성 면에서 진일보한 코드 체계이다. QR코드 방식은 가맹점에서 QR코드를 제시하고 고객이 모바일 기기 등으로 스캔하는 MPM(Merchant Presented Mode) 방식과, 고객이 QR코드를 제시하고 가맹점이 리더기로 스캔하는 CPM(Customer Presneted Mode) 방식으로 나뉜다.

2. 간편결제 서비스의 장점과 단점

(1) 장점

간편결제 서비스의 장점은 먼저 사용자 편의성을 들 수 있다. 복잡한 카드 정보 입력 과정을 생략하고, 클릭 몇 번으로 빠르게 결제가 완료되며 스마트폰 하나로 언제 어디서든 결제가 가능하기 때문에 편리하다.

둘째, 보안성이 높다는 것이다. 생체 인증, 비밀번호 등 다양한 보안 기술을 적용하므로 정보 유출 위험을 최소화시키며 거래 내역을 실시간으로 확인하고 이상 거래가 발생할 경우 즉시 신고할 수 있다.

마지막으로, 국제 결제를 지원한다는 것이다. 국내외를 가리지 않고 다양한 통화로 결제할 수 있는 기능을 제공하여 글로벌 사용자에게 유리하다.

(2) 단점

간편결제 서비스의 단점으로는 첫째, 보안 문제를 들 수 있다. 간편결제 서비스가 해킹될 경우 개인정보 유출, 금전적 피해가 발생할 수 있으며 스마트폰을 분실할 경우 간편결제 정보가 악용될 수 있다.

둘째, 사용 제한 문제가 있다. 일부 가맹점에서만 사용 가능하며, 모든 곳에서 사용할 수 있는 것은 아니다. 또한 특정 카드나 은행 계좌만 등록 가능한 경우도 있다.

04
스마트 금융의 보안과 규제

스마트 금융은 금융 서비스와 기술의 융합을 통해 편리하고 혁신적인 금융 환경을 제공하지만, 동시에 다양한 보안 및 규제 문제를 야기한다.

1. 스마트 금융의 보안 이슈

스마트 금융에서 사이버 공격 위험 증가. 개인정보 유출 위험, 새로운 유형의 금융 사기 발생, 시스템 오류 및 오작동 가능성 등의 보안 문제가 주요 이슈로 대두된다.

(1) 사이버 공격 위험 증가

스마트 금융은 온라인 플랫폼을 기반으로 하기 때문에 해킹 위협에 취약하다. 특히 금융 정보는 금전적 가치가 높기 때문에 해커들의 주요 표적이 되고 있다. 또한 스마트폰, PC 등 다양한 기기를 통해 금융 서비스에 접근할 수 있게 되면서 악성코드 감염 경로가 다양해져 악성코드에 감염된 기기를 통해 개인 정보, 금융 정보 등이 유출될 가능성이 높아졌다. 그리고, 스마트 금융 시스템이 디도스(DDos) 공격을 받으면 금융 서비스 이용이 불가능해지는 등 심각한 피해가 발생할 수 있다.

(2) 개인 정보 유출 위험

스마트 금융은 고객의 개인 정보, 금융 거래 내역 등 민감한 정보를 수집하는데, 수집된 정보가 유출될 경우 금전적 피해뿐만 아니라 신용도 하락, 사생활 침해 등 심각한 문제를 야기할 수 있다. 그리고, 스마트 금융 서비스 제공 과정에서 제3자와 정보를 공유하는 경우가 많은데, 정보 공유 과정에서 보안 취약점이 발생하면 개인정보가 유출될 위험이 있다.

(3) 새로운 유형의 금융 사기 발생

스미싱, 피싱 등 악성 앱을 이용하여 개인 정보를 탈취하고 금융 거래를 악용하는 사기가 발생할 수 있다. 특히 스마트폰 사용이 증가하면서 악성 앱을 통한 금융 사기 피해가 늘고 있다. 그리고, 지문, 얼굴 인식 등 생체 인증 기술이 발전하면서 이를 악용한 사기가 발생할 수 있다. 생체 인증 정보를 도용하여 계좌 이체, 대출 신청 등을 시도하는 사례가 있었다. 최근에는 인공지능과 머신러닝을 활용한 공격이 점점 더 정교해지고 있어 금융 시스템을 위협하고 있다.

(4) 시스템 오류 및 오작동 가능성

스마트 금융 시스템은 복잡하게 연결되어 있기 때문에 시스템 오류나 오작동이 발생할 가능성이 있다. 시스템 오류는 금융 거래 지연, 오입금, 정보 오류 등 다양한 문제를 야기할 수 있다. 그리고, 스마트 금융 시스템은 예상치 못한 상황에 제대로 대응하지 못할 수 있다. 예를 들어, 자연재해, 대규모 사이버 공격 등으로 인해 시스템이 마비될 경우 금융 서비스 제공에 차질이 발생할 수 있다.

2. 스마트 금융 관련 규제

스마트 금융은 혁신적인 금융 서비스를 제공하지만, 동시에 다양한 규제 이슈를 야기한다. 스마트 금융 시장은 급격하게 성장하고 있으며, 이에 따라 규제 문제 또한 더욱 중요해지고 있다.

(1) 금융 당국의 규제 강화

금융 당국은 스마트 금융의 보안 문제를 해결하고 소비자 피해를 예방하기 위해 관련 규제를 강화하고 있다. 예를 들어, 금융 회사의 보안 시스템 구축 의무화, 개인정보 보호 규정 강화, 금융 사고 발생 시 책임 소재 명확화 등의 규제를 시행하고 있다. 또한 데이터 접근 및 활용에 대한 규제를 강화하여 개인 정보가 안전하게 관리될 수 있도록 해야 한다. 예를 들어, 개인 정보 공유 시 정보 주체의 동의를 의무화하고, 제3자의 정보 이용 목적을 제한하는 규제가 필요하다.

(2) 스마트 금융 관련 법규 정비

스마트 금융은 기존 금융 관련 법규로는 규제하기 어려운 새로운 유형의 금융 서비스를 포함하고 있어 스마트 금융 관련 법규를 제정하여 스마트 금융 시장을 체계적으로 관리하고 소비자 보호를 강화해야 한다. 스마트 금융의 발전에 따라 기존 금융 법규 또한 개정해야 한다. 예를 들어, 전자금융거래법, 개인정보 보호법 등을 스마트 금융 환경에 맞게 개정하여 법적 공백을 최소화해야 한다.

(3) 규제와 혁신의 균형

스마트 금융에 대한 과도한 규제는 금융 혁신을 저해할 수 있고, 반대로 규제가 부족하면 금융 시스템의 안정성을 해칠 수 있다. 규제 당국은 규제와 혁신의 균형을 맞추어 스마트 금융 시장의 건전한 발전을 유도해야 한다.

Part 06.

인공지능

01

인공지능 개요

1. 인공지능 정의

인공지능(Artificial Intelligence; AI)은 인간의 지능을 모방하거나 이와 유사한 작업을 수행할 수 있는 컴퓨터 시스템 또는 소프트웨어이다. 단순한 계산이나 데이터 처리가 아니라, 사람처럼 지각하고, 학습하고, 추론할 수 있는 지능을 가진 컴퓨터 시스템을 만드는 기술이다. AI는 컴퓨터 공학, 데이터 분석 및 통계, 하드웨어 및 소프트웨어 엔지니어링, 언어학, 신경 과학은 물론 철학과 심리학 등 다양한 학문의 연구 결과를 바탕으로 개발된다.

AI 연구에서 지식을 어떻게 표현하고 처리하는 지에 따라 기호주의(symbolism)와 연결주의(connectionism)의 두 가지 접근 방법이 있다.

기호주의는 인간의 사고 과정을 논리적 규칙과 기호 조작을 통해 모방하려는 접근 방식으로 지식을 명시적이고 기호적 표현으로 나타내고, 이 기호들 간의 조작을 통해 문제를 해결하거나 추론을 수행한다. 즉 기호주의는 지식이 명시적이고 구조화된 기호로 표현된다고 가정한다. 예를 들어, “고양이는 동물이다”라는 문장은 기호로 표현되어 논리적으로 처리될 수 있다. 기호주의에서는 주로 규칙 기반 시스템이나 논리 프로그래밍이 사용되며, 대표적인 예로는 전통적인 전문가 시스템이나 결정 트리가 있다. 기호주의는 복잡한 논리적 문제를 다루는 데 유용하며 지식 표현이 명확하기 때문에 특정 영역의 전문가 시스템의 기반이 될 수 있다. 그러나 기호주의적인 접근으로는 비정형적이거나 모호한 데이터를 처리하기 어려우며, 대규모의 비구조적 데이터를 다룰 때 확장성이 떨어질 수 있다.

연결주의는 지식이 연결된 뉴런들의 집합에 분산되어 있고, 이들 간의 상호작용을 통해 지식이 표현되고 처리된다는 관점이다. 즉, 두뇌의 신경망 구조를 모방하여 AI를 구현하려는 접근 방식이라 할 수 있다. 연결주의의 대표적인 방법은 인공신경망(artificial neural networks, ANN)이다. 딥러닝 또한 인공신경망을 기반으로 하며, 대규모의 데이터에서 패턴을 학습하는 데 강력한 성능을 발휘할 수 있다. 연결주의는 패턴 인식, 자연어 처리, 이미지 인식 등에서 탁월한 성능을 보이며, 데이터에서 자동으로 특징을 학습할 수 있다. 또한, 비정형적 데이터나 노이즈가 포함된 데이터에서도 좋은 성과를 내고 있다. 그러나 신경망의 내부 동작이 블랙박스처럼 작동하여, 왜 이러한 결과가 도출되었는지 설명하기 어렵고, 또한, 학습에 많은 데이터와 계산 자원이 필요하다. 기호주의와 연결주의의 특징을 정리하면 [표 6-1]과 같다.

표 6-1. 기호주의와 연결주의 비교

구분	기호주의	연결주의
철학적 기반	기호 조작	두뇌 신경망 모방
지식 표현 방식	명확한 규칙과 논리적 구조를 가진 기호들의 집합	연결된 뉴런들의 가중치로 분산된 형태
추론 방식	논리적 추론	데이터 기반 학습
강점	높은 정확성, 설명 가능성	뛰어난 패턴 인식 능력, 유연성
약점	유연성 부족, 패턴 인식 능력 부족	설명 가능성 부족, 많은 데이터 필요
대표적인 연구 분야	전문가 시스템, 지식 표현 및 추론, 초기 자연어 처리	인공신경망, 딥러닝, 자연어 처리, 이미지 인식

2. 인공지능 역사

AI 역사의 시작을 언제로 보느냐에 대해서는 다양한 시각들이 존재하지만, 본격적으로 AI에 관해서 소개되고 연구가 된 것은 1950년 앨런 튜링(Alan Turing)이 인간의 지능과 연계하여 기계의 알고리즘 작동 구조를 설명하면서부터라고 보는 것이 일반적이다.

(1) 인공지능의 시작 : 1950년 ~ 1956년

현대적 의미의 AI 기술의 시작은 1950년에 발표된 앨런 튜링의 논문으로 시작하였다. 그는 기계가 생각할 수 있는 지 테스트할 수 있는 방법인 **튜링 테스트**를 발표하였다. 그리고 지능이 있는 기계 개발 가능성 및 학습하는 기계에 대해 정의하였다.

● 튜링 테스트

기계가 인간과 구별할 수 없을 만큼 지능적인 행동을 보이는지 여부를 판별하는 테스트로 인간 심판관이 인간 참가자와 기계 참가자에게 질문을 던져 받은 답변을 토대로 누가 인간이고 누가 기계인지 판단한다. 만약 심판관이 기계를 인간으로 착각할 경우, 해당 기계는 튜링 테스트를 통과한 것으로 간주한다.

(2) 데이터 기반 분석 체계 구성 : 1956년 ~ 1974년

10여명의 과학자가 참여한 1956년 다트머스 AI 콘퍼런스(Dartmouth AI Conference)에서 AI라는 용어가 처음 사용되었으며, AI 연구개발 목표, 추진방향을 제안하고 토론하여 AI에 대한 장밋빛 전망이 최고조에 도달했다. 그 이후 1957년 프랑크 로젠블라트(Frank Rosenblatt)가 로지스틱 회귀의 초기 버전으로 볼 수 있는 퍼셉트론(Perceptron)을 발표하였고, 1959년에는 데이비드 허블(David Hubel)과 토르스텐 비셀(Torsten Wiesel)이 고양이를 사용해 시각 피질에 있는 뉴런 기능을 연구했다. 나중에 두 사람은 그 공로를 인정받아 노벨상을 수상했다.

(3) 인공지능 기술의 1차 암흑기(1974년 ~ 1980년)

컴퓨터 성능과 하드웨어 성능의 한계로 인해 간단한 문제를 해결하는 것에 그치고, 인간에게 쉬운 글자 읽기나 그림 인식과 같은 기능을 구현하는 것이 어려웠다. 기대와 달리 연구 성과가 낮아 투자도 적어지게 되고 재정적 어려움과 함께 AI 연구에 대한 비판이 나오기 시작했다. 이를 통해 1974년부터 1차 AI 암흑기가 시작되었다.

(4) 인공지능 기술의 성장기(1981년 ~1986년)

1차 암흑기이 지나고 실용적이고 현실적인 목표를 해결하는데 초점을 맞추어 전문가 시스템(Expert System)이 등장했다. 1980년대부터 인간의 전문적인 지식을 정리하여 컴퓨터에 입력시키고, 일반인도 전문적인 지식을 이용할 수 있도록 하는 전문가 시스템에 대한 연구가 진행되었다. 전문가 시스템은 특정 분야에 대해 전문가들의 지식을 데이터베이스로 구성한 규칙을 기반으로 한 시스템이다.

(5) 인공지능 기술의 2차 암흑기(1987년 ~ 1993년)

막상 전문가 시스템을 사용하니 유지비도 비싸고 전문가의 지식을 추출하는데도 어려움을 겪었다. 게다가 지식 데이터베이스에 없는 내용을 사용자가 문의하면 해결을 못하는 단점도 있었다. 이로 인해 2차 암흑기가 시작되었다.

(6) 인공지능 기술의 성숙기(1993년 ~ 현재)

① 인공신경망 : 1993년 ~ 2000년

인간의 뇌 신경망을 모방한 인공신경망 연구가 진행되어 AI 발전에 큰 영향을 미쳤다. 인간의 뇌는 시냅스를 통해 전기 자극을 전달하는데, 이를 그대로 모사하여 일정 자극을 다음으로 신호가 전달되는 방식을 흉내 내었다. 인공신경망의 알고리즘은 [그림 6-1]과 같이 입력층(input layer), 은닉층(hidden layer), 출력층(output layer)으로 구성하였는데 이것은 각각 수상돌기(dendrite), 시냅스(synapse), 축색돌기(axon)에 대응하도록 시스템을 모방하였다.

각 층들은 노드들로 구성되어 있는데, 위 그림의 예에서는 입력층은 4개의 노드, 은닉층은 3개의 노드, 그리고 출력층은 1개의 노드를 가지고 있다. 입력층은 예측값(출력변수)을 도출하기 위한 예측변수(입력변수)의 값들을 입력하는 역할을 한다. 만약 n개의 입력 값들이 있다면 입력층은 n개의 노드를 가지게 된다. 은닉층은 모든 입력노드부터 입력값을 받아 가중합을 계산하고, 이 값을 전이함수에 적용하여 출력층에 전달하게

■ 그림 6-1. 인공신경망 구조

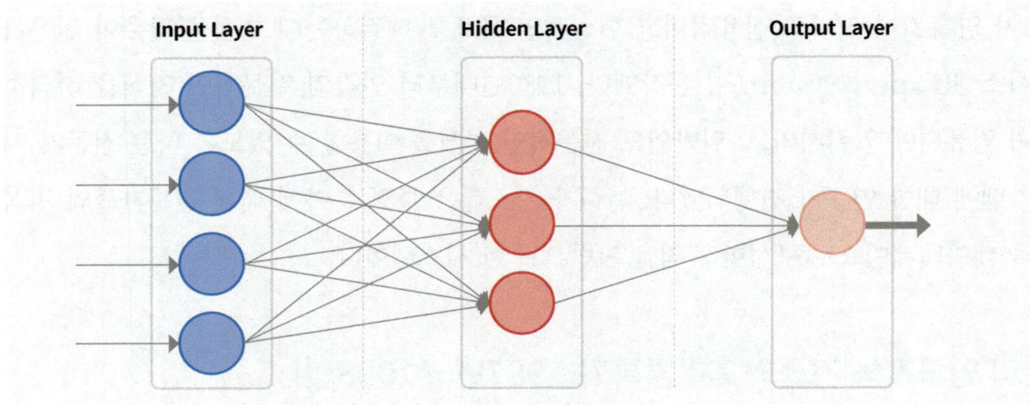

출처 : LG CNS https://www.lgcns.com/blog/cns-tech/ai-data/14558/

된다. 각 입력노드와 은닉노드들은 모두 가중치를 가지는 망으로 연결되어 있으며 은닉노드와 출력노드도 마찬가지로 연결되어 있다.

② 머신러닝과 딥러닝의 발전 : 2000년 ~ 2010년

2000년부터 **머신러닝**(machine learning)과 딥러닝(deep learning)이 발달하였다. 머신러닝은 알고리즘을 이용하여 데이터 분석 및 학습을 진행하여 학습한 내용을 기반으로 판단이나 예측을 하지만, **딥러닝**은 인공신경망에서 한 단계 더 발달한 AI로 인간의 개입이 전혀 없어도 컴퓨터가 스스로 학습한다.

③ 딥러닝의 발전 : 2010년 ~ 현재

딥러닝은 다양한 분야에서 발전하였다. 특히 이미지 인식 분야에서 획기적인 성장을 하였다. 2010년부터 개최된 이미지넷(ImageNet)이라는 이미지 내 사물의 종류를 맞추는 대회에서 딥러닝 기술이 사람의 인식률을 뛰어넘어 2015년에 대회가 사라지게 되었다. 2016년 알파고의 등장으로 바둑에서 인간이 AI에게 패배하였다.

④ 생성형 인공지능(generative AI) 출시 : 2022년 ~ 현재

생성형 AI의 대표인 Chat GPT가 2022년 11월 30일 초기 베타 버전으로 출시되었다. 생성형 AI 기술은 다양한 분야에서 핵심적인 변화를 주도하는 중이다. 분석적 AI라고 불리는 전통적인 AI 기술은 대부분 데이터를 분석하고 패턴을 인식하는 수준인 반면에 **생성형 AI**는 사용자의 입력에 새로운 콘텐츠(텍스트, 이미지, 음성, 동영상, 예술 작품 등)를 만들어 낼 수 있다.

3. 인공지능 분류

AI를 분류하는 데에는 여러 가지 방법이 있으며, 능력, 기술, 학습 방법, 사용되는 기술 등에 따라 다양하게 분류할 수 있다.

(1) 능력에 따른 분류

① 좁은 인공지능(artificial narrow intelligence; ANI)

특정 작업을 수행하는 데 특화된 AI로, 다른 분야로의 확장성이 제한적이며, 현재 대부분의 AI 애플리케이션이 해당 분류에 해당한다. 약 AI(weak AI)이라고도 한다.

② 일반 인공지능(artificial general intelligence; AGI)

인간과 유사한 학습, 이해, 추론 능력을 가진 AI로, 다양한 작업을 수행할 수 있다. 아직 개발 단계에 있으며 강 AI(strong AI)이라고도 한다. Chat GPT를 예로 들 수 있다.

③ 초인공지능(artificial super intelligence; ASI)

인간의 지능을 뛰어넘는 AI로, 창의력, 일반 지식, 사회적 기술 등 모든 면에서 우월한 능력을 가지고 있다. 현재는 이론적으로만 논의되며 SF 영화에 나오는 AI 캐릭터를 상상하면 된다.

(2) 기능에 따른 분류

① 반응형 기계(reactive machine)

가장 기본적인 AI 유형으로, 특정 입력에 대해 미리 정의된 반응을 내는 시스템으로 메모리 성능이 없고 과거 행동을 통해 학습하는 능력도 없다. 예를 들어, 체스 챔피언을 이긴 IBM 딥블루(Deep Blue)나 TV 퀴즈 쇼 'Jeopardy!'에서 우승한 IBM 왓슨(Watson)을 예로 들 수 있다.

② 제한된 메모리(limited memory)

메모리가 추가된 AI로 과거의 데이터를 일시적으로 저장하고, 그 정보를 사용하여 의사결정을 내릴 수 있다. 대표적으로 개인화된 추천 시스템이나 자율주행 차량을 예로 들 수 있다.

③ 마음 이해(theory of mind)

인간의 감정과 생각을 이해하고, 이를 바탕으로 의사소통할 수 AI로, 아직 완전히 실현되지는 않았다.

④ 자기 인식(self-awareness)

자신의 존재와 감정을 인식하고 감정을 불러일으키며 자체 감정을 가지고 있어 이를 바탕으로 상호 작용할 수 있는 AI로, 아직 가설 단계에 있다.

(3) 학습 방법에 따른 분류

① 지도 학습(supervised learning)

입력과 그에 해당하는 출력(레이블)이 주어졌을 때, 이를 기반으로 학습하는 방식이다. 입력 데이터로부터 패턴을 학습하고, 이를 기반으로 새로운 데이터에 대한 예측이나 분류를 수행할 수 있게 된다. 쉽게 설명하면, 알고리즘에서 고양이 사진을 인식하도록 학습시키려면 고양이라는 라벨이 지정된 사진을 제공하면 된다. 이메일 스팸 필터링, 손글씨 숫자 인식, 부동산 가격 예측 등을 예로 들 수 있다.

② 비지도 학습(unsupervised learning)

레이블 없이 입력 데이터만을 사용하여 학습하는 방식으로, 데이터의 숨겨진 패턴이나 구조를 발견하는 데 사용된다. 즉, 주어진 데이터만을 바탕으로 스스로 학습하며, 데이터 내의 관계, 클러스터, 패턴 등을 탐색한다. 고객 세분화, 이상치 탐지, 추천 시스템 등을 예로 들 수 있다.

③ 반지도 학습(semi-supervised learning)

지도 학습과 비지도 학습의 중간 형태로, 레이블이 있는 데이터와 없는 데이터를 모두 사용하여 학습하는 방식이다. 이미지 분류나 텍스트 분류 등을 예로 들 수 있다.

④ 강화 학습(reinforcement learning)

시행착오를 통해 최적의 전략을 스스로 학습하는 방식으로, 주어진 환경에서의 최적의 행동 방법을 찾아나간다. 지도 학습이나 비지도 학습은 준비된 데이터 셋으로부터 학습했다면 강화 학습은 데이터 셋 대신에 환경이라는 요소를 사용한다. 강화 학습의 핵심은 보상 시스템에 있으며, 자신의 행동이 환경에 미치는 영향을 통해 보상을 최대화하는 방향으로 학습한다. 자율주행 자동차, 게임 플레이, 로봇 제어 등을 예로 들 수 있다.

⑤ 전이 학습(transfer learning)

한 분야에서 학습한 지식을 다른 분야에 적용하여 학습하는 방식으로, 학습 시간을 단축하고 효율성을 높일 수 있다. 이 방식은 데이터가 부족하거나 학습 자원이 제한된 상황에서 특히 유용하다. 사전 학습된 이미지 인식 모델을 새로운 이미지 분류 작업에 적용한다거나 일반적인 자연어 이해 모델을 특정 분야에 적용하는 경우를 예로 들 수 있다.

(4) 구현 기술에 따른 분류

① 인공신경망(artificial neural network)

인간의 뇌의 작용 방식을 기반으로 하는 알고리즘이다. 인공신경망은 수많은 노드들로 구성된다. 하나의 노드는 여러 함수로 이루어진 하나의 계산 단위인데, 이 단위 자체가 뉴런을 모방한다. 그리고, 각 노드를 용도별로 분리한 단위를 층이라고 한다. 인공신경망에는 입력을 받는 입력층, 네트워크에 필요한 대부분의 계산을 수행하는 은닉층, 최종 출력을 예측하는 출력층의 3개 층으로 이루어져 있다. 이렇게 여러 층들로 구성된 상태를 퍼셉트론(perceptron)이라고 한다.

② 딥러닝

딥러닝은 [그림 6-3]과 같이 많은 수의 은닉층을 포함한 인공신경망을 사용하는 머신러닝의 일부분이다. 기존의 머신러닝과는 달리 이미지, 언어, 음성 인식 등과 같은 새로운 복잡한 문제들을 다룬다. 딥러닝은 매우 다양하고, 비정형적이며, 상호 연결된 데이터 세트를 사용할 때에도 복잡한 문제를 해결할 수 있도록 하는 특성이 있다.

그림 6-2 딥러닝 구성

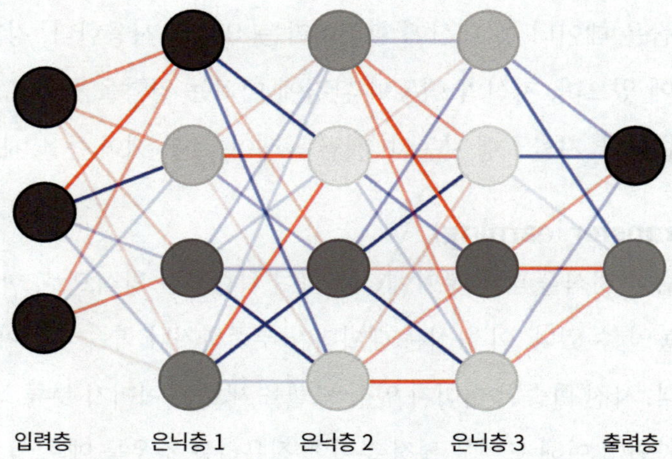

출처 : http://namu.wiki/w/인공신경망

③ 전문가 시스템

전문가 시스템은 특정 영역의 전문 지식과 경험, 노하우 등을 컴퓨터에 축적하여 전문가와 동일한 또는 그 이상의 문제 해결 능력을 가질 수 있도록 모델링한 시스템이다.

02
전문가 시스템

1. 전문가 시스템 개요

전문가 시스템은 특정 영역의 전문 지식과 경험, 노하우 등을 컴퓨터에 축적하여 전문가와 동일한 또는 그 이상의 문제 해결 능력을 가질 수 있도록 모델링한 시스템이다. AI 초창기에는 세상에 존재하는 모든 문제를 탐색으로 해결해 줄 수 있는 시스템을 만들고자 했지만 실제적인 문제를 해결하기 위해 AI 연구자들은 보다 제한된 문제에 역량을 집중하는 것을 깨닫고 전문 지식과 추론 기법을 이용한 전문가 시스템을 개발하였다. 최초의 전문가 시스템은 1965년에 화학 분자식과 질량 스펙트럼을 넣으면 가장 그럴듯한 구조식을 추정하여 찾아주는 미첼 파이겐바움(Mitchell Jay Feigenbaum) 교수의 DENDRAL이라는 시스템이다. 1970년대 MYCIN이라는 전문가 시스템은 환자의 전염성 혈액 질환을 진단한 후 투약해야 하는 항생제와 투약량 등을 제시하여 많은 관심을 받았다.

(1) 전문가 시스템 구성 요소

전문가 시스템은 [그림 6-3]처럼 5가지의 요소로 구성되어 있다.

① **지식 베이스** : 전문가의 지식이 저장되는 부분으로 다수의 전문가의 지식이 지식획득 시스템을 통해 저장된다. 지식을 표현하는 것은 일반적으로 'if-then'의 구문을 따르는 규칙으로 표현된다.

■■ 그림 6-3. 전문가 시스템 구성 요소

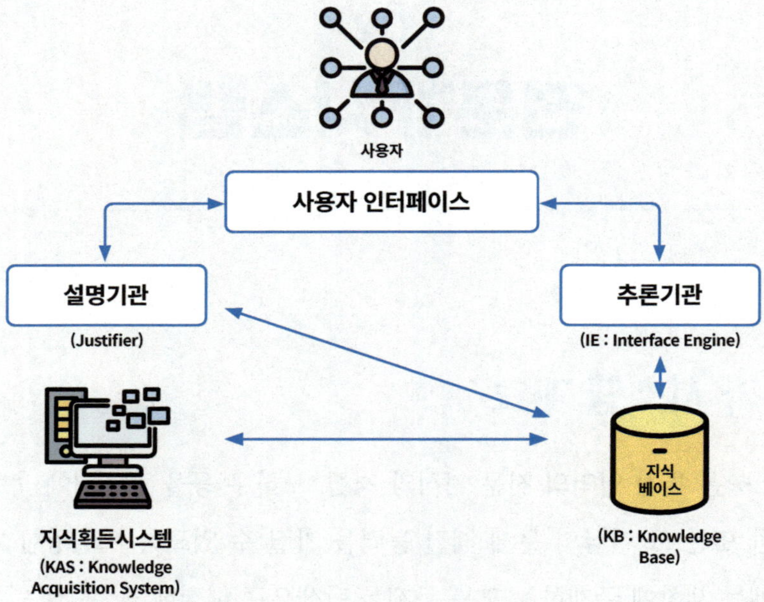

출처 : http://jidum.com/jidums/view.do?jidumId=1085

② **추론 기관** : 지식 베이스에 저장된 지식을 활용하여 논리적으로 판단하여 결론을 도출하는 부분이다. 지식 베이스의 현재 상태를 평가하고 관련 규칙을 적용한 다음 새로운 지식을 탐색한다. 추론 방식은 순방향 추론과 역방향 추론 2가지 전략이 사용된다.

- **순방향 추론**(forward chaining) : 사용자가 입력한 정보에서 시작하여 결론에 도달할 때까지 지식 베이스를 검색한다. 규칙 조건(if) 부분이 참이면 그 규칙의 실행(then) 부분이 수행되며 처리과정은 수행할 명령문이 없을 때까지 계속된다.
- **역방향 추론**(backward chaining) : 지식 베이스 검색을 위한 전략으로 가설에서 시작하여 그 가설이 채택이 되거나 기각될 때까지 사용자에게 선택된 사실을 질문한다. 이 추론의 시작점을 목표라고 하며, 추론의 방향은 이 목표를 지지하는 하위 목표 또는 사실들이 참인지를 알아보는 방향으로 진행된다.

③ 사용자 인터페이스 : 사용자가 전문가 시스템을 쉽게 사용할 수 있도록 도와주는 역할을 하는 장치이다. 사용자가 질문을 입력하거나 결과를 제공받을 수 있으므로 가능한 한 사용자가 쉽게

④ **설명 기관** : 전문가 시스템이 도출한 결론에 대한 설명을 제공해 주는 부분으로 다른 시스템과 차별되는 핵심적인 기능이다.

⑤ **지식획득 시스템** : 전문가 시스템에 새로운 지식을 추가하고 업데이트하는 역할을 한다.

(2) 전문가 시스템의 장점과 단점

① 장점

- 전문가 시스템은 인간 전문가의 경험과 지식을 보다 효율적으로 활용할 수 있다.
- 복잡한 문제를 신속하게 해결할 수 있다.
- 일정한 품질 수준을 유지하며 일관된 결정을 내릴 수 있다.

② 단점

- 전문가 시스템을 구축하고 유지 관리하는 데에는 상당한 비용과 시간이 필요하다.
- 전문가 시스템은 전문성을 모방하는 것이기 때문에 일부 영역에서 인간 전문가보다 정확도가 떨어질 수 있다.
- 지식 베이스의 업데이트와 개선에 지속적인 노력이 필요하다.
- 학습할 수 없다.

2. 전문가 시스템 활용 분야

전문가 시스템은 현재 다양한 분야에서 활용 가능성이 높다. 예를 들어, 자율 주행 자동

차, 기계 고장 진단, 자동화된 공장 제어, 의료 진단 및 암 예측, 고객 지원과 같은 다양한 분야에서 전문가 시스템의 활용이 가능하다. 이는 기술의 발전과 함께 더욱 확대될 것으로 예상된다.

(1) 의료 진단

전문가 시스템은 의료 분야에서 질병 진단과 환자 증상 기반의 치료 계획을 돕는 데 사용된다. 환자의 증상, 진료 기록 및 의료 전문가의 지식에 기반한 진단 및 치료 방안을 제안하는 자동 진단 시스템이 전문가 시스템의 일례이다.

(2) 금융 결정

전문가 시스템은 금융 분야에서 금융 계획, 리스크 평가 및 투자 조언을 제공하는 데 활용된다. 시장 동향, 과거 데이터 및 전문가 지식의 분석을 통해 투자 조언 및 금융 계획을 제공하는 금융 전문가 시스템도 있다.

(3) 문제 해결 및 유지 보수

전문가 시스템은 복잡한 기계 또는 시스템의 문제 해결과 유지 보수를 지원하기 위해 사용된다. 기계 또는 시스템의 문제를 식별하고 해결 방법을 안내하는 전문가 시스템은 작업 시간을 단축시키고 효율성을 향상시킬 수 있다.

(4) 고객 지원

전문가 시스템은 고객 지원 시스템에서 사용자들에게 자동 응답 및 문제 해결 안내를 제공하기 위해 활용된다. 일반적인 문제 해결 단계를 안내하거나 자동응답 기능을 제공하여 사용자들이 문제를 해결하는 데 도움이 되는 고객 지원 전문가 시스템이 있다.

03
생성형 인공지능

1. 생성형 인공지능 현황 및 정의

생성형 AI가라는 화두를 세상에 쏘아 올린 것은 OpenAI사의 ChatGPT로 2022년 11월 GPT-3.5(Generative Pre-trained Transformer) 모델을 기반으로 출시되었다. GPT*는 딥러닝을 사용하여 인간과 유사한 텍스트를 생성하는 대규모 자연어 기술이다. ChatGPT는 5일 만에 이용자가 100만 명이 넘었고 40일 만에 1,000만 명이 가입했으며, 또 두 달 만에 1억 명을 훌쩍 뛰어넘은 이용자를 기록했다.

생성형 AI는 훈련된 데이터를 기반으로 이용자의 특정 요구에 따라 텍스트, 이미지 및 다양한 콘텐츠를 생성할 수 있는 AI의 한 형태로, 단순히 콘텐츠의 패턴을 학습하여 추론 결과로 새로운 콘텐츠를 만들어내는 것을 넘어 새롭고 독창적인 콘텐츠를 생성해내는 기술이다. 생성형 AI에 특정 작업을 수행하도록 요청하는 자연어 텍스트, 즉 ChatGPT에게 하는 질문 내용을 프롬프트(prompt)라고 한다. 이미지 분야에서 생성형 AI는 특정 작가의 화풍을 모사한 그림으로 사진을 재생성하거나 가짜 인간 얼굴을 무제한으로 생성하여 쇼핑, 영화 등의 산업에서 활용할 수 있다. 음성 분야에서는 특정 장르의 음악을 작곡하거나 특정 노래를 원하는 가수의 음색으로 재생성하는 등으로 활용할 수 있다. 상업적 혹은 사회적인 쟁점으로 가장 대중적으로 알려진 생성형 AI로는 딥페이크(deepfake)가 있다.

생성형 AI 모델은 패턴을 학습하고 훈련 데이터와 유사한 새로운 출력을 생성하기 위해 대규모 데이터 세트에서 훈련된다.

2. 생성형 인공지능 모델의 종류

생성형 AI는 다양한 모델을 사용하여 새롭고 독창적인 콘텐츠를 생성할 수 있다. 가장 일반적인 유형의 생성형 AI 모델은 다음과 같다.

(1) 생성적 대립 신경망(Generative Adversarial Network; GAN)

GAN은 생성기와 판별기라는 두 가지 핵심 구성요소로 구성된다. 생성기는 훈련 데이터에서 학습한 패턴을 기반으로 합성 데이터를 생성하고, 판별기는 생성된 데이터의 진위 여부를 실제 데이터와 비교하여 평가하고 그것이 진짜인지 가짜인지 판단하는 심사자 역할을 한다. 훈련 프로세스는 생성기가 보다 현실적인 출력을 생성하도록 가르치는 반면, 판별기는 실제 데이터와 합성 데이터를 구별하는 능력을 향상시킨다. GAN은 이미지 생성에 널리 사용되며 놀랍도록 사실적인 시각 자료를 만드는 데 있어 인상적인 결과를 보여주었습니다.

(2) 변이형 자동 인코더(Variational Autoencoder, VAE)

VAE는 데이터를 인코딩하고 디코딩하는 방법을 학습하는 신경망이다. 인코더는 입력 데이터를 잠재 공간이라고 하는 저차원 표현으로 압축하고, 디코더는 잠재 공간에서 원본 데이터를 재구성한다. VAE를 사용하면 잠재 공간의 포인트를 샘플링하고 이를 의미 있는 출력으로 디코딩하여 새로운 데이터를 생성할 수 있다. 이 접근 방식은 잠재 표현을 조작하여 다양하고 창의적인 출력을 생성할 수 있는 이미지 및 오디오 합성에 특히 유용하다.

(3) 확산 모델

2014년에 도입된 확산 모델은 먼저 학습 데이터가 인식할 수 없을 때까지 무작위로 노이즈를 추가한 다음, 알고리즘이 노이즈를 반복적으로 확산하도록 학습시켜 원하는 결과를 도출하는 방식으로 작동한다. 확산 모델은 VAE나 GAN보다 학습 시간이 더 오래 걸리지만, 고품질 이미지 생성 도구의 경우 결과물을 더 세밀하게 제어할 수 있다. OpenAI의 이미지 생성 도구인 DALL-E는 확산 모델을 기반으로 구동된다.

(4) 트랜스포머

트랜스포머는 문장 속 단어와 같은 순차 데이터 내의 관계를 추적해 맥락과 의미를 학습하는 신경망으로 LLM의 가장 일반적인 아키텍처이다. 인코더와 디코더로 구성되어 있으며, 주어진 프롬프트에서 토큰을 만들어 데이터를 처리하여 이들 간의 관계를 발견한다. 본질적으로, 트랜스포머 모델은 인간의 말을 시뮬레이션하기 위해 단어 시퀀스에서 다음에 어떤 단어가 나올지 예측한다. 파운데이션 모델이라고도 불리는 트랜스포머는 여러 데이터 소스와 함께 다양한 영역에서 활용되고 있다. 트랜스포머는 데이터를 병렬로 처리할 수 있어 학습 속도가 빠르며, 문장이 길어져도 성능 저하가 별로 없고 다양한 자연어 처리 작업에서 뛰어난 성능을 보이며, 특히 번역, 텍스트 생성에 많이 사용되며, 최근에는 이미지 생성에도 적용된다.

3. 생성형 인공지능 종류와 비즈니스 사례

(1) 생성형 인공지능 종류

생성형 AI는 텍스트, 이미지, 음악, 비디오 등 다양한 형태의 콘텐츠를 스스로 만들어 내는 AI 기술을 의미한다. 과거에는 인간의 고유 영역으로 여겨졌던 창작 활동을 AI가 수행할 수 있게 되면서, 그 활용 가능성에 대한 기대가 높아지고 있다.

① 자연어(텍스트) 생성 인공지능

가장 잘 알려진 생성형 AI 유형으로 프로그램 내에서 자연어를 이해하고 처리하는 과정을 거쳐 새로운 텍스트 생성, 번역, 작사, 스토리텔링 등을 생성하는 것으로 ChatGPT가 대표적이다. 자연어 생성 모델은 대화형 인터페이스를 통해 사용자와 자연스럽게 소통이 가능하도록 도와주는 강력한 도구로써 이를 사용해 국내에서도 현재 다양한 서비스들이 개발되고 있다. 특히 자연어 처리에 강점을 보이며 기계가 사람의 언어를 처리하고 분석, 이해하는 기술적인 알고리즘을 적용해 실제 사람과 대화를 하는 것과 같은 문법과 문장을 표시하는 것이 굉장히 뛰어나고, 단순하게 하나의 문장을 이해하고 답변하는 것이 아닌 일련의 대화 흐름, 입력된 문답 사이에서 문맥을 이해하는 범위까지 확장되어 답변이 정교하고 명확해지고 있다. 구글의 바드(Bard)와 제미나이(Gemini), 마이크로소프트의 MS 코파일럿(Copilot) 등이 대표적이며, 마케팅에 필요한 카피를 작성해 주는 카피(Copy), 재스퍼(Jasper)도 있다.

② 이미지 생성 인공지능

주어진 정보나 데이터를 기반으로 새로운 이미지를 생성하는 AI는 딥러닝 알고리즘을 사용해 동작하며 사진이나 이미지, 로고 제작 등 다양한 분야에서 현재 활용되고 있다. 대표적으로 텍스트를 입력하면 그에 맞는 이미지를 생성해 주는 미드저니(MidJorney)나 달리(DALL·E)3, 고해상도 이미지를 생성하는 데 활용하는 스테이블 디퓨전(Stable Diffusion), 스타일 변환 등을 위해 사용하는 딥아트(DeepArt) 등을 예로 들 수 있다. 이러한 이미지 생성 AI는 예술과 디자인 분야뿐만 아니라 광고, 게임, 영화 제작 등 다양한 분야에서 폭넓게 활용되고 있다.

③ 오디오 및 음악 생성 인공지능

오디오 및 음악 생성 AI는 AI와 머신러닝 기술을 이용하여 음향 신호를 생성하는 것으로 기계가 음악, 음성 또는 다른 오디오 형태의 데이터를 생성하고 출력하는 능력을 갖추게 된다. 학습된 내용을 바탕으로 사용자가 원하는 장르의 음악을 생성해 주는 OpenAI의 쥬크박스(Jukebox)가 초기 프로그램이고, 수노(Suno)와 유디오(Udio)가 대표적인 음악 생성 AI이다. 배경 음악 제작에 활용할 수 있는 앰퍼뮤직(Amper Music), 음악 합성이나 편집에 이용할 수 있는 디스크립트(Descript), 머프(Murf)도 있다.

오디오 생성 AI의 경우 아직까지는 주로 전문가 집단에서 활용되고 있기에, 상대적으로 생소하지만 음성 변조, 나레이션, 팟캐스트 제작 등 다양한 분야에서 이용할 수 있기에 앞으로 발전가능성이 큰 유형이라고 볼 수 있다.

④ 동영상 생성 인공지능

생성형 AI 기술이 등장하고 그동안 다양한 서비스들이 나타났지만 동영상 콘텐츠 제작에 있어서는 적용의 한계가 있었지만 2024년 2월에 OpenAI가 공개한 소라(Sora)는 명령어의 입력만으로도 영상을 만드는 Text-to-Video 기술로 기존의 결과물들과 차별화되는 높은 품질의 콘텐츠를 만들 수 있다. 동영상 생성 AI는 텍스트 프롬프트를 동영상으로 만들어주는 AI 영상 제작 도구를 이용해 동영상을 만드는 기술이다. 2018년 미국의 스타트업 런웨이(Runway)가 온라인 영상 편집 및 제작 서비스로 시작하여, 생성형 AI 기술의 접목도 가장 빠르게 진행하여 Gen-2 모델을 활용하여 Text-to-Video 서비스를 선도적으로 제공했다. 이후 2023년 11월 Stability AI가 스테이블 비디오 디퓨전(Stable Video Diffusion)을 출시하였고, 당월에 피카랩스(Pika Labs)도 피카(Pika)를 선보였다. 또한 메타(Meta)가 2024년 10월에 무비젠(Movie Gen)을 발표했고, 구글 또한 2024년 12월에 비오(Veo)2를 공개했다.

(2) 비즈니스 사례

① 지능형 챗봇

단어와 구문을 인식하는 규칙 기반 챗봇은 수십 년 동안 사용되어 왔지만, 생성형 AI 기능을 갖춘 최신 챗봇은 더 많은 고객 요청을 처리하고 보다 자연스러운 대화를 할 수 있다. IT 분석 기관인 Forrest는 2024년 10대 신기술 중 하나로 언어와 AI 에이전트를 위한 생성형 AI를 꼽았다.

유럽의 차량 공유 및 배달 서비스인 볼트(Bolt)는 지능형 챗봇 도입으로 대부분의 고객 불만을 처리해 막대한 비용 절감 효과를 거두고 있다. 스웨덴의 BNPL(Buy Now, Pay Later) 서비스를 제공하는 핀테크 기업인 클라르나(Klarna)는 OpenAI의 생성형 AI를 기반으로 고객의 문의사항에 대한 응대는 물론 환불요청 등도 인간 직원의 개입 없이 처리하는 생성형 AI 챗봇을 운영하여 1개월 동안 전체 고객 상담의 67%를 담당하여 700명 인간 직원이 수행하는 작업량과 동일한 230만건을 처리하여 2024년 수익이 약 4천만 달러 증가할 것으로 예상된다.

② 코딩 어시스턴트

자주 등장하는 생성형 AI의 사용 사례 중 하나는 코딩 어시스턴트다. 생성형 AI는 기본적인 소프트웨어 코드를 작성할 수 있기 때문에 인간 프로그래머가 더 복잡한 작업에 집중할 수 있게 해준다. 깃허브 코파일럿(GitHub Copilot)은 130만 명 이상의 유료 구독자를 보유하고 있으며, 많은 기업들이 이를 통해 개발 생산성을 높이고 있다.

③ 마케팅 지원

AI 전문가와 사용자는 생성형 AI의 강점 중 하나로 마케팅 지원을 꼽는다. 생성형 AI는 개인화된 마케팅 자료를 만들고 고객 데이터를 분석하여 콘텐츠 제작을 지원하거나 제품 리뷰를 기반으로 시장 분석을 수행하여 고객이 문제를 인지하기 전에 예측할 수도 있다.

식음료 대기업인 펩시코(PepsiCo)의 경우, 생성형 AI를 활용해 '게이머'라는 고객층의 새로운 경험을 위해 데이터 기반 솔루션을 만들었다. 영국 게이머 중 거의 절반이 무엇인가 먹는 소리 특히, 과자 먹는 소리를 매우 거슬려했는데, 펩시코는 게이머의 만족도를 높이기 위해 바삭거리는 소리를 분석하는 AI 시스템 일명 '도리토스 사일런트'라는 것을 만들었고, 또한 6개월 동안 5,000개의 '바삭거리는 소리'를 분석해 과자 먹는 소리만 없애는 기능을 만들어 앱으로 구현했다.

④ 신약 개발

신약 개발에 있어서의 생성형 AI 모델은 원하는 구조나 기능을 가진 새로운 소분자, 핵산 서열 및 단백질을 생성하는데 사용된다. 성공적인 약물의 화학 구조를 분석하고 변이를 시뮬레이션함으로써 기존 약물 발견 방법보다 훨씬 빠른 속도로 잠재적인 약물 후보 생산이 가능하다. 또 기존 방법으로는 눈에 띄지 않는 약물을 식별하고, 신약개발 과정에서 중요한 단계인 신약의 효능과 안전성을 예측하고, 특정 생물학적 과정을 식별해 약물 개발을 위한 새로운 표적을 정확히 찾아냄으로써 보다 효과적인 치료법 개발로 이어질 수 있다.

생성형 AI 신약개발에 나선 대표적인 기업은 글로벌 제약기업인 암젠(Amgen)이다. 반도체기업 엔비디아(Nvidia)와 신약 개발을 위한 생성형 AI 모델을 아이슬란드에 있는 R&D센터에 도입한 뒤 다중항체 신약개발 등에 속도를 내고 있다. 국내에서는 AI 신약개발 제약사인 신테카바이오가 생성형 AI를 활용하고 있다. 최근에는 생성형 AI GPT 모델을 활용해 3차원 단백질과 화합물 리간드 결합에 대한 분석·예측 결과를 효율적으로 제공하는 AI 모델 학습 기법인 3bm-GPT 특허를 등록하였다.

⑤ 비즈니스 프로세스 강화

기업은 엔터프라이즈 비즈니스 프로세스 강화에 생성형 AI를 활용할 최적의 지점을 찾고 있다. 예를 들어, 금융 및 보험 업계의 일부 기업은 생성형 AI를 사용해 잠재 고객을 평가하는 심사자를 지원하고 있다. 중소 기업을 위한 대출 플랫폼인 크레더블리(Credibly)를 사용해 대출 위험을 평가하고 대출 프로세스를 효율적으로 운영할 수 있다.

EY 설문조사에 따르면 2023년을 기준으로 거의 모든 보험사가 생성형 AI를 도입했거나 관심을 갖고 있는 것으로 나타났다. 보험사의 약 42%가 이미 생성형 AI에 투자했으며, 약 3분의 2는 생성형 AI를 통해 10% 이상의 매출 증대를 기대했다. 칼스버그(Carlsberg)는 깃허브 어드밴스드 시큐리티(GitHub Advanced Security)를 통해 개발 프로세스를 통합하고 보안을 강화했으며 코파일럿을 통합해 개발 팀 전체의 생산성을 크게 향상시켰다.

⑥ 사기 탐지

생성형 AI는 거래 패턴과 사용자 행동을 분석해 사기 행위를 매우 정확하게 예측하는 등 고급 사기 탐지에 사용할 수 있다. 생성형 AI는 고객의 이메일과 채팅 메시지에서 특정한 언어적 지문을 분석한다. 이 기술은 피싱 시도와 같이 은행의 표준 의사소통 스타일과 일치하지 않는 사기적 언어 사용을 탐지하는 데 유용하다. 생성형 AI는 인간보다 훨씬 빠르게 대량의 데이터를 분석할 수 있기 때문에 보다 정확하고 효율적인 사기 탐지를 할 수 있으며, 새로운 사기 유형을 지속적으로 학습하고 탐지 시스템 자체를 계속 업그레이드할 수 있다.

페이팔(Paypal)은 생성형 AI와 머신러닝을 활용하여 사기 탐지 기능을 강화했다. 그 결과 2019년부터 2022년까지 연간 결제 금액이 거의 두 배로 증가했음에도 불구하고 사기로 인한 손실률을 거의 절반으로 줄였다. JP 모건 체이스(Morgan Chase) 은행은 생성형 AI로 혁신한 이상 거래 감지 시스템으로 연간 약 1억 5천만 달러의 절감 효과가 있다고 보고했다.

4. 생성형 인공지능 비즈니스 모델

생성형 AI 생태계의 기본 비즈니스 모델 구조는 크게 3가지로 AI 모델/AI 서비스 기업, 클라우드 기업, AI 수요 기업들간의 상호작용을 기반으로 이루어진다. AI 모델/AI 서비스 기업은 AI 모델을 자체적으로 개발하여 클라우드 기업을 포함한 다양한 비즈니스 산업의 기업들을 대상으로 제품을 판매하거나, 자사 제품을 오픈소스, 거래 기반, 구독 서비스 등 여러 형태로 제공한다. 대표적으로 OpenAI, Stability AI, 네이버 등을 예로 들 수 있다. 클라우드 기업은 AI 기술 기업과의 파트너십을 통해 고객 베이스를 갖춘 기존 플랫폼 제품에 기능을 전방위적으로 통합하고, 코파일럿 기능 확대를 통해 고객 맞춤형 LLM 플랫폼을 제공하는 기업이다. 대표적으로 마이크로소프트, 구글, 아마존을 예로 들 수 있다. AI 수요 기업은 실제로 AI를 구입하여 이용하는 기업으로 AI의 선택 기준은 도입하는 AI 기술이 얼마나 기업의 워크플로우에 원활히 적용되고 비즈니스 성과와 비용 감축에 기여할 수 있는지 여부이다.

생성형 AI는 사용자의 요구에 따라 결과를 빠르게 생성해낼 수 있기 때문에 기업의 업무 자동화 및 효율화를 극대화하여 새로운 게임 체인저로서 혁신을 일으키고 있다. 기업의 비즈니스를 성장시키고 시장 점유율을 확보하기 위해 다양한 글로벌 기업들이 앞다퉈 생성형 AI를 직접 개발 또는 서비스에 적용 중이나, 생성형 AI 기술의 성숙도 측면에 있어서 대부분의 기업이 초기단계이기 때문에 기술 경쟁은 앞으로 더욱 치열해질 것이다.

(1) 공급자 측면의 생태계

공급자 측면에서의 생성형 AI 비즈니스 생태계는 [그림 6-4]와 같이 컴퓨터 하드웨어, 클라우드, AI 모델, AI 서비스의 4가지로 구분할 수 있으며 기술력과 자금력 등을 고려하면 신규 진출이 가장 쉬운 것은 AI 서비스 분야이다.

그림 6-4. 생성형 AI 비즈니스 생태계 구조

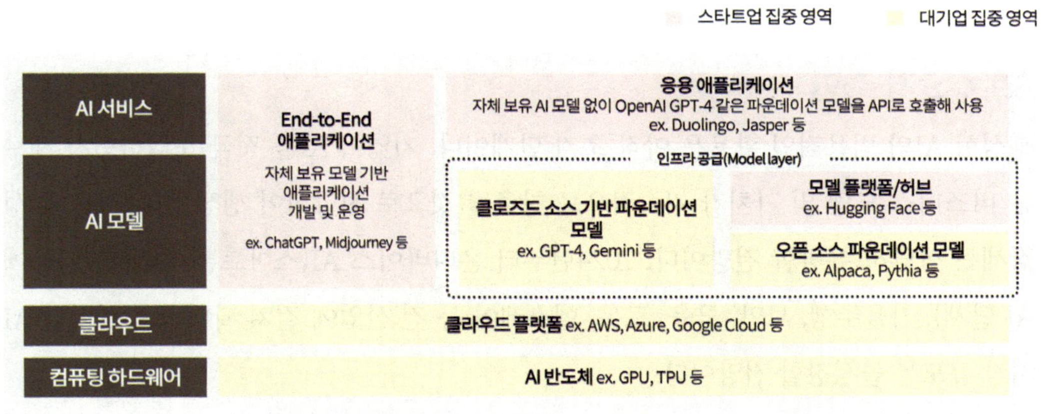

출처 : 삼일PwC경영연구원, 생성형 AI를 활용한 비즈니스의 현주소, 2024. 5.

① 컴퓨터 하드웨어

AI 서비스 구현에 필요한 대규모 연산을 초고속으로 처리하는 AI 반도체 영역으로 엔디비아, AMD, 삼성전자 등을 예로 들 수 있다.

② 클라우드

생성형 AI 워크로드 실행, 컴퓨터 하드웨어로의 접근을 위한 포괄적 플랫폼 영역으로 아마존 AWS, 마이크로소프트 Azure, 구글 Cloud 등을 예로 들 수 있다.

③ AI 모델

생성형 AI의 기반이자 서비스를 구동하게 하는 중심 모델 영역으로 클로즈드 소스 기반 파운데이션 모델을 가지고 있는 OpenAI의 ChatGPT-4*와 구글 Gemini, 오픈 소스 기반의 파운데이션 모델을 가지고 있는 Alpaca, Pythia, 그리고 모델 플랫폼/허브를 가지고 있는 Hugging Face를 예로 들 수 있다.

④ AI 서비스

자체 보유 AI 모델은 없지만, 파운데이션 모델을 API로 호출해 사용하여 특정 영역의 서비스를 제공하는 것으로 외국어 학습 앱인 Duolingo, 마케팅에 특화된 콘텐츠를 생성하는 Jasper, 코드를 완성해주는 Copilot 등을 예로 들 수 있다.

(2) 수요자 측면

생성형 AI의 범용적인 활용은 아직 초기 단계이나. 기업이 AI를 적극 도입하면서 새로운 비즈니스 모델 및 가치가 지속적으로 창출될 것으로 전망되어 생성형 AI 시장의 성장세는 상당히 유망할 전망이다. 2024년부터 온디바이스 AI(스마트폰, PC, 가전 등에 AI 탑재), 자율주행, 보안, 금융, 로봇, 헬스케어 등 전 산업에 걸쳐 확대되며 생성형 AI 시장 규모는 급성장할 전망이다.

5. 생성형 인공지능 활용 고려사항 및 성공 전략

(1) 생성형 인공지능 활용 고려사항

① 데이터 신뢰성 및 편향성

생성형 AI는 기존에 있던 정보를 학습한 후 데이터를 처리하기 때문에 학습된 데이터가 많지 않은 경우, 부정확한 정보를 전달할 수 있고, 편향적인 결과를 내보낼 수도 있다. 따라서 AI가 제시한 정보를 무조건적으로 신뢰하지 말고, 정확한 지 항상 검토해볼 필요가 있으며, 민감한 주제를 다룰 경우 전문가로부터 확인받는 절차를 거치는 것이 중요하다.

② 저작권 및 윤리 문제

생성형 AI를 이용할 때 가장 주의해야 할 부분은 바로 저작권 문제이다. AI가 생성한 콘텐츠는 기존에 있던 저작물의 스타일을 모방하거나, 저작물과 유사한 형태로 만들어졌을 가능성이 높기 때문에 생성된 콘텐츠와 저작권자 사이에 분쟁이 발생할 수 있다.

③ 프라이버시 및 악용 가능성

생성형 AI를 이용해 다른 사람의 프라이버시를 침해하지 않도록 유의해야 한다. 최근

딥페이크 기술을 이용한 성범죄 문제가 수면 위로 떠올랐는데, 생성형 AI에 타인의 개인정보 데이터를 처리하게 한 후 허위 정보를 생성하는 것은 중대한 불법 행위이다. 따라서, 생성형 AI를 이용할 때 민감한 정보가 포함된 콘텐츠 생성은 제한하고, 악용 피해가 발생하지 않도록 유의하는 것이 중요하다.

(2) 전자상거래 성공 운영 전략

코베오(Coveo)가 SAP와 공동 후원한 보고서에 따르면 응답자의 70%가 전자상거래 운영에 AI를 구현하는 것이 매우 중요하거나 극히 중요한 것으로 나타났다. 보고서는 또한 전자상거래에서 AI와 생성형 AI를 효과적으로 채택하고 확대하는 다섯 가지 전략을 제시하였다.

① 강력한 리더십 확립

AI 이니셔티브를 주도하고 IT와 비즈니스 부서 간 협력을 촉진하는 전담 리더 또는 팀을 지정한다. 전담 리더십은 모든 부서의 직원들에게 AI가 비즈니스의 전략적 우선순위이며 수익성에 중요한 요소임을 입증해야 한다.

② 데이터 거버넌스 우선 순위 지정

AI 모델이 정확하고 관련성 있는 결과를 제공할 수 있도록 데이터가 깨끗하고 정확하며 잘 관리되도록 한다. 데이터와 개인정보 보호 문제가 AI 도입의 주요 장애물로 지적된 응답자가 55%에 달하는 만큼, 잘 관리된 데이터는 브랜드와 소비자 간 신뢰 구축에 크게 기여할 수 있다.

③ 인간 중심 접근 방식 수용

AI는 가장 신중하게 설계된 LLM조차도 편향이나 잘못된 정보를 생성할 수 있다. 인간 중심 접근 방식은 AI 시스템에 인간의 감독과 검증을 추가하여 AI가 생성한 결과물을 개선하고, 편향이나 오류 발생을 방지하기 위해 사람이 개입하는 방식이다. AI는 특히 콘텐츠 생성 및 고객 서비스와 같은 영역에서 인간의 감독 및 검증과 결합될 때 가장 효과적이다.

④ 직원 재교육에 투자

직원들이 AI와 효과적으로 협력하고 진화하는 직무에 적응할 수 있도록 교육과 자원을 제공한다. 조직은 새로운 생성형 AI 도구를 특정 직무 기능에 어떻게 통합할 것인지에 대한 명확한 비전과 전략을 가져야 한다.

⑤ 작게 시작하고 점진적으로 확장

고객과 직접 대면하는 생성형 AI 이니셔티브에서 성공하려면 계산된 위험 감수가 필요하다고 81%의 응답자가 동의했듯이, 전자상거래에서 생성형 AI 사용과 관련된 문제를 완전히 제거할 수 있는 모범 사례는 거의 없다. 조직은 목표를 명확히 설정한 AI 사용사례로 시작하고, 신뢰와 전문성이 커짐에 따라 점진적으로 확장해야 한다.

(3) 생성형 인공지능 비즈니스 성공전략

① 인공지능으로 잘 할 수 있으면서 비즈니스적으로 가치 있는 것을 찾으시오

프로젝트를 시작할 때 고려해야 할 점은 AI로 잘 할 수 있는 것과 비즈니스적으로 가치 있는 것을 찾는 것이다. AI 프로젝트는 실험실에서 모델을 학습할 때부터 성능에 대한 불확실성을 가지고 시작하기 때문에 프로젝트를 시작하기 전에 실제로 비즈니스적 가치가 있는 프로젝트인지, AI 모델이 성공적으로 동작할 수 있는 환경인지 확인해 볼 수 있는 파일럿 프로젝트를 먼저 진행하는 것이 좋다. 일반적으로 AI 모델이 좋은 성능을 보일 수 있는 작업은 단순한 개념을 학습하는 것을 목표로 많은 데이터를 확보할 수 있는 작업이다. 이런 작업 중에서 AI로 문제가 해결될 경우 비즈니스적으로 큰 가치를 갖고 있는 작업을 선택하여 AI 프로젝트를 시작하면 성공할 가능성이 높을 뿐만 아니라 비즈니스적으로 큰 임팩트를 만들어 낼 수 있다.

② 직업을 자동화하지 말고 작업을 자동화하는 데 초점을 맞추시오

생성형 AI가 만드는 결과물의 수준이 인간의 수준에 다다르면서 많은 사람들이 직업 대체 가능성에 대해 불안감을 가지고 있다. 한국은행은 AI와 노동시장 변화 보고서에서 직업별 AI 노출 지수를 만들어 AI에 대체 가능성이 큰 직업부터 작은 직업까지 분류하였다. 이에 따르면 (한)의사, 전문의, 회계사와 같은 전문직들이 AI에 의해 대체될 가능성이 높은 직업으로 분류되었다. 이와 반대로 성직자, 대학교수, 가수/경호원의 직업이 대체 가능성이 적은 직업으로 분류되었다. 의학 지식, 판례, 논문 정보와 같은 지식 기반의 정보들은 저장될 때부터 잘 분류되고 서로 참고할 수 있도록 인덱스화 되어 있고, 방대한 데이터베이스를 보유하고 있어 AI가 학습하기 좋은 데이터이다. 그렇다면 양질의 데이터를 많이 보유하고 있는 직업은 AI에 의해 대체될까요? 물론 그럴 가능성도 있지만, 실제로 직업을 대체하기는 아직 많은 시간이 걸릴 것으로 예상된다. 따라서 AI 비즈니스 모델을 개발할 때 직업을 대체한다는 생각이 아닌 작업을 대체할 수 있을지 살펴야 한다. 하나의 직업엔 다수의 작업들이 포함되어 있기 때문이다. 생성형 AI를 성공적으로 적용하기 위해 직업이 갖고 있는 작업을 목록화한 후 작업별로 생성형 AI를 적용했을 때의 효과를 작성한다. 단순한 개념과 많은 데이터를 보유하고 있어 기술적 적용 가능성이 높은지와 자동화되었을 때 비즈니스적으로 높은 가치를 갖는지를 함께 고려해야 한다.

③ 점진적으로 생성형 AI 모델을 자동화하라

생성형 AI를 활용하여 어떤 작업을 바로 자동화하기엔 리스크가 큰 부분이 있다. 에어캐나다에서 활용하는 챗봇이 환불이 불가한 항목에 대해서 고객에게 환불 안내를 하였고 어쩔 수 없이 에어캐나다가 고객에게 환불을 해줘야 하는 상황이 발생했다. 이런 경우 고객센터에 생성형 AI를 도입할 때 점진적으로 접근했어야 했다. 즉, 처음엔 챗봇이 고객을 직접 대면하는 것이 아닌 고객센터 직원을 돕는 역할을 하도록 해야 했다. 내부에서 그 유용성이 입증될 때까지 지속적으로 학습하고 피드백을 받아 더 나은 모델이 개발될 수 있도록 해야 한다. 챗봇이 더 발전하게 되면 내부 직원용이 아닌 직접 고객의 응답을 받을 수 있을 것이다. 그러나 중요한 결정을 내릴 때는 사람이 개입하는 형태로 개발해야 한다. 챗봇을 직접 고객과 만나게 하면 다양한 고객의 소리를 수집할 수 있고 실제 어떤 문제가 있는지 파악하기 유용해지고, 모델이 어느 정도 안정성이 확보되면 향후 리스크가 큰 결정에도 챗봇 혼자 고객 대면을 담당하는 형태로 변경한다.

④ AI 프로젝트의 선순환 구조로 진입장벽을 만들어라

실제 서비스를 통해 고객으로부터 데이터를 수집하고 더 나은 AI 모델을 학습하여 선순환 구조를 만들 수 있다. 생성형 AI 모델을 리스크가 적은 형태로 시장에 내놓게 될 경우 이를 사용하는 고객의 정보를 많이 모을 수 있다. 예를 들면, ChatGPT를 무료로 사용하게 될 경우 우리가 ChatGPT에 입력하는 프롬프트를 OpenAI가 수집하고 모델 학습에 활용할 수 있다. TESLA도 고객이 전달하는 학습데이터를 이용하여 자율주행 자동차를 개발하는 데 활용하고 있다. 거대 AI 기업들이 무료로 제품을 사용하게 할 때 많은 경우 이들의 목적은 고객 데이터 확보이다. 더 많은 고객 데이터를 이용하여 생성형 AI를 학습시킬 경우 일반적으로 더 나은 생성 결과물을 만들어낼 수 있다. 더 나은 결과물을 만들어내는 생성형 AI 서비스에는 더 많은 사람들이 모일 것이고, 더 많은 사람들의 정보가 학습에 활용될 수 있게 된다. 이러한 선순환 구조는 반복되어 시간이 갈수록 다른 경쟁 기업이 침범하기 어려운 기술적 진입장벽을 만들게 된다.

Part 07.

블록체인

01
블록체인 개념

블록체인(blockchain)은 관리 대상 데이터를 블록이라고 하는 소규모 데이터들이 P2P 방식을 기반으로 생성된 체인 형태의 연결고리 기반 분산 데이터 저장 환경에 저장하여 누구라도 임의로 수정할 수 없고 누구나 변경의 결과를 열람할 수 있는 분산 컴퓨팅 기술 기반의 원장 관리 기술이다. 기존 거래 방식은 은행이 모든 거래 내역을 가지고 있는 중앙집중형 방식으로, A가 B에게 100만원을 송금한다고 하면 현재에는 은행이 중간 역할을 하게 된다. 왜냐하면 A가 B에게 100만원을 보냈다는 사실을 증명해줘야 하기 때문이다. 블록체인 방식은 거래 내역을 은행이 아닌 블록체인에 참가하는 참가자에게 나눠서 저장하는 분산저장 방식이다. 예를 들어, 한 네트워크에 10명이 참여하고 있다면 A와 B의 거래 내역을 10개의 블록을 생성해 10명 모두에게 전송하여 저장

■ 그림 7-1. 기존 거래와 블록체인의 비교

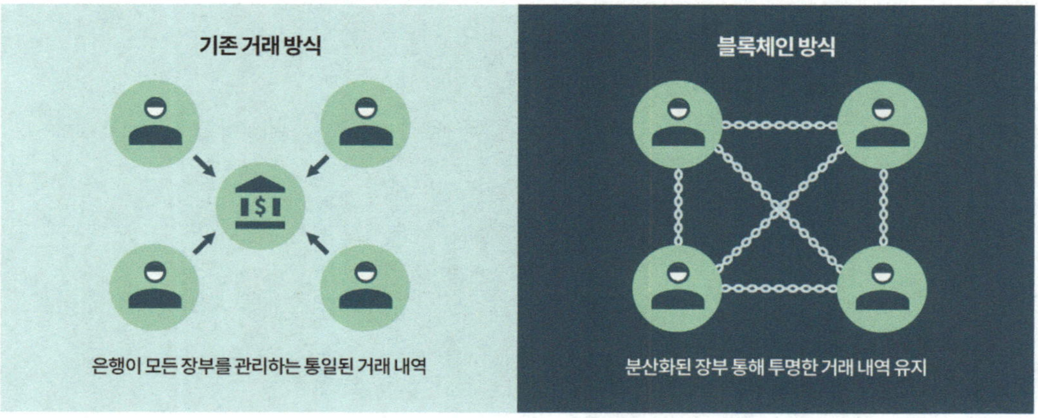

출처 : SW 중심사회

한다. 나중에 거래 내역을 확인할 때는 블록으로 나눠 저장된 데이터들을 연결하여 확인한다. [그림 7-1]은 기존 거래와 블록체인을 비교한 것이다.

1. 블록체인 기술 단계

(1) 1세대: 비트코인과 암호화폐의 등장

블록체인의 1세대는 2008년 사토시 나카모토가 비트코인을 제안하며 시작되었다. 이 시기의 블록체인 기술은 주로 암호화폐에 중점을 두고 있었으며, 핵심 목표는 중앙 집중형 금융 시스템을 대체할 수 있는 분산형 전자화폐 시스템을 구축하는 것이었다. 작업 증명(Proof of Work; PoW) 방식을 통해 네트워크 참가자들은 복잡한 수학적 문제를 해결함으로써 거래를 검증하고 새로운 블록을 생성했다. 비트코인은 탈중앙화된 결제 시스템을 통해 금융 거래에서의 신뢰 문제를 해결했지만, 이 과정에서 확장성과 처리 속도, 그리고 에너지 소비라는 기술적 한계가 드러났다. 예를 들어, 비트코인의 거래 속도는 초당 7건 정도로 한정되어 있는데, 이는 비자나 마스터카드 같은 기존의 결제 시스템과 비교할 때 매우 느린 처리 속도였다.

(2) 2세대: 스마트 계약과 이더리움

2세대의 블록체인은 이더리움(Ethereum)의 등장과 함께 시작되었다. 2015년에 비탈릭 부테린(Vitalik Buterin)이 제안한 이더리움은 단순한 암호화폐 거래를 넘어 스마트 계약(Smart Contract)이라는 개념을 도입함으로써 블록체인의 활용 가능성을 크게 확장했다. **스마트 계약**은 사전에 설정된 조건이 충족되면 자동으로 실행되는 프로그램화된 계약으로, 법적 계약을 대체할 수 있는 기능을 제공한다. 이를 통해 자산 거래, 대출 계약, 보험 등 다양한 비즈니스 거래를 자동화할 수 있다. 이더리움의 중요한 기술적 특징 중 하나는 이론적으로 모든 종류의 계산을 수행할 수 있는 튜링 완전한(turing-complete) 이더리움 가상 머신(Ethereum Virtual Macjinr; EVM)의 도입이다. 이것으로 인해 누구나 이더리움 네트워크 위에서 다양한 애플리케이션을 개발하고 실행할 수 있는 환경을 제공하며, 디앱(DApp)이라는 탈중앙화 애플리케이션의 탄생이 가능하게 되었다. 이로 인해 게임, 금융, SCM 등 다양한 분야에서 블록체인 기술이 적용되기 시작하였다. 그러나, 이더리움 역시 확장성과 거래 수수료 문제를 안고 있었고, 이러한 문제를 해결하기 위해 지분 증명(Proof of Stake; PoS)과 같은 대체 합의 알고리즘을 도입하려는 시도가 이어졌다. 또한 이더리움은 속도가 느리고 수수료가 높아, 이러한 문제점들을 해결하기 위해 이오스(EOS), 트론(TRON), 솔라나(Solana), 아발란체(Avalanche)와 같은 다양한 블록체인 플랫폼들이 개발되었다. 스마트 계약 기술이 등장한 이후, 다양한 블록체인 기술을 내포한 애플리케이션이 출시되었다. 초기의 디앱은 대부분 게임이었지만, 현재는 핀테크, 전자상거래, 헬스케어 등 다양한 서비스 분야에서 활용되고 있다.

(3) 3세대: 확장성, 상호운용성, 그리고 탈중앙화 생태계의 발전

3세대의 블록체인은 기존의 확장성 문제를 해결하고, 상호운용성을 강화하는데 초점을 맞추고 있다. 대표적인 플랫폼은 카르다노(Cardano)와 폴카닷(Polkadot)이다. 이들 블록체인은 지분 증명 기반의 효율적인 합의 알고리즘을 도입하여 에너지 소비를 줄이고, 네트워크의 처리 성능을 개선했다. 특히 카르다노는 과학적 연구 기반의 블록체인 플랫폼으로, 여러 학계 전문가와 연구원들이 참여하여 체계적인 검증 과정을 거치며 블록체인을 발전시키고 있다. 폴카닷은 여러 블록체인 간의 상호 연결성을 제공하는 인터체인(Inter-chain) 기능을 통해 다양한 블록체인이 서로 데이터를 주고받고 협력할 수 있는 환경을 구축했다. 이는 블록체인 기술의 한계를 넘어 더 큰 탈중앙화된 생태계를 조성하는데 기여한다.

블록체인은 현재까지 세 번의 기술적 진화를 거치며 그 적용 범위를 확장하고, 문제 해결을 위한 새로운 방법들을 제시해 왔다. 미래의 블록체인은 더욱 높은 확장성과 보안성, 그리고 분산화를 유지하면서도 사용자 친화적인 기술로 발전할 것이다. 특히, 분산형 금융(DeFi), 대체불가토큰(Non-Fungible Token; NFT), 메타버스와 같은 새로운 디지털 생태계가 블록체인 위에서 활성화되면서, 블록체인은 점차 디지털 경제의 핵심 인프라로 자리 잡을 것이다.

2. 블록체인 유형

블록체인 네트워크의 유형은 퍼블릭, 프라이빗, 컨소시엄, 하이브리드의 4가지 유형이 있으며, 대표적인 퍼블릭 블록체인과 프라이빗 블록체인을 비교하여 정리하면 [표 7-1]과 같다.

표 7-1. 퍼블릭 블록체인과 프라이빗 블록체인 비교

구분	퍼블릭 블록체인	프라이빗 블록체인
접근성	• ·누구나 자유롭게 네트워크에 가입하여 블록 읽기, 쓰기, 블록 추가, 네트워크 활동 감사 등 블록체인 네트워크의 핵심 활동에 참여 가능	• ·선택되고 확인된 참가자만 네트워크에 참여 가능
통제 가능성	• ·단일 통제 지점 없이 사용자 커뮤니티에 의해 분산 관리 • ·블록의 유효성이 확인되면 항목을 편집하거나 삭제 불가	• ·단일 단체 또는 조직에 의해 중앙 집중식으로 관리되고, 운영자가 블록체인에 있는 항목을 재정의, 편집 또는 삭제할 수 있는 권한 보유
투명성	• ·모든 거래가 네트워크상 모든 사람에게 공개되므로 투명성 보장	• ·승인된 사용자만 네트워크 데이터. 및 거래를 확인하는 비공개가 원칙
익명성	• ·이용자는 익명성 유지 가능	• ·거래에 관련된 모든 사람들의 신원 파악 가능
데이터 가시성	• ·모든 거래가 네트워크에 공개	• ·네트워크 접속이 제한 및 제어
보안	• ·네트워크의 탈중앙화 특성 및 암호화로 보안 수준이 높고, 외부 공격에 강함	• ·암호화 방식으로 보안 유지

출처 : Dock, 'Public vs. Private Blockchains: Which Is Better?', 2024.07.24., 한국인터넷 진흥원 재인용, 2024. 8

(1) 퍼블릭 블록체인 네트워크

통상적으로 블록체인이라고 부르는 경우에는 대개 퍼블릭 블록체인을 지칭한다. 퍼블릭 블록체인은 누구나 참여할 수 있으며, 모든 참여자들의 상호 검증을 거치는 블록체인이다. 별도의 허가나 권한의 부여 없이 모든 거래 참여자가 관리자가 될 수 있고 누구나 블록체인상의 데이터에 접근이 가능하다. 하지만 모든 참여자의 상호 검증을 거치기 때문에 거래 속도가 느리고 한번 규칙이나 법칙, 규제 등이 정해지면 바꾸기가 매우 어려운 것이 특징이다. 또한 블록 생성에 기여하는 참여자들에게 적절한 보상을 해야 지속적으로 블록체인 유지에 참여하기 때문에, 디지털 자산의 발행 및 보상이 필수적으로 요구된다. 우리에게 익숙한 비트코인, 이더리움, 솔라나 등의 디지털 자산 또한 참여자들에 대한 보상을 지급하기 위해 발행된 블록체인에 해당한다.

(2) 프라이빗 블록체인 네트워크

프라이빗 블록체인은 승인 받은 노드만이 트랜잭션을 검증하고 승인할 수 있는 블록체인을 의미한다. 폐쇄형 블록체인 또는 허가형 블록체인이라고도 불리며, 거래 내역이나 수행 내역들이 외부에 공유되지 않고 추적이 불가능하다. 거래 내역 접근은 허용 받은 노드만이 가능하기 때문에 퍼블릭 블록체인보다 거래 속도가 빠르고 의사결정이 신속하게 이뤄져 기존에 정해진 규칙이나 시스템 등을 유연하게 바꿀 수 있다. 하지만 퍼블릭 블록체인에 비해 신뢰성이 낮은 것이 단점이다. 승인받은 특정 노드만이 거래의 검증 및 승인에 관여하기 때문에, 일부 노드들의 합의만으로도 프라이빗 블록체인상에 기록되는 데이터의 변경이 용이하다. 따라서, 외부에서는 퍼블릭 블록체인에 비해 프라이빗 블록체인을 신뢰하기 어렵다. 이를 보완하기 위해 프라이빗 블록체인 데이터를 요약한 해시값을 퍼블릭 블록체인에 기록하는 앵커링(anchoring) 방식을 사용하기도 한다. 주로 기업 내부에서 사용할 목적으로 개발되며, 대표적인 프라이빗 블록체인으로는 하이퍼레저(hyperledger), 리플(ripple), R3 코다(Corda) 등이 있다.

(3) 컨소시엄 블록체인

컨소시엄 블록체인은 컨소시엄에 참여한 노드들만이 참여할 수 있는 프라이빗 블록체인의 일종으로 볼 수 있다. 다만 컨소시엄 블록체인은 여러 기관이 하나의 컨소시엄을 만들어 참여하여 프라이빗 블록체인보다 공정성 및 확장성이 넓은 것이 특징이다. 네트워크에서 허가된 여러 참여자가 구성하여 블록을 생성할 수 있고 참여자들의 합의에 따라 규칙이나 법칙을 바꿀 수 있다. 프라이빗 블록체인과 마찬가지로 허가받은 노드만 접근 가능하기 때문에 네트워크의 확장이 쉬우며 거래 속도가 빠른 것이 특징이다.

(4) 하이브리드 블록체인

퍼블릭 블록체인과 프라이빗 블록체인이 연결된 블록체인을 의미하며, 블록체인에서 발생하는 모든 거래는 비공개로 할 수 있으며 검증이 필요할 경우 거래 내역을 공개할 수도 있다. 외부 참여자가 블록체인 내부의 거래내역을 볼 수 없지만 접근 허가를 받으면 블록체인의 활동에 참여할 수 있다. 하지만 다른 사용자의 정보에 대해서는 접근이 불가능한 것이 특징이다.

02
블록체인 작동 원리와 핵심 요소

1. 블록체인 작동 원리

블록체인이 작동하기 위해서는 다수의 거래 내역을 묶어 블록을 구성하고, 이 블록을 기존 블록체인의 끝에 연결하여 다수의 컴퓨터에 P2P 방식으로 분산 저장해야 한다.

(1) 블록 구성

블록체인을 만들기 위해 처음 해야 하는 일은 다수의 거래 기록을 묶어 하나의 블록을 구성하는 일이다. 거래의 최소 단위는 트랜잭션(transaction)이다. 트랜잭션이란 더 이상 쪼갤 수 없는 업무 처리의 최소 단위를 말한다. 이러한 트랜잭션은 유형 또는 무형일 수 있는 자산의 이동을 보여준다. 블록체인에서는 다수의 거래내역을 묶어 하나의 블록을 구성하며, 거래 내역이 많든 적든 상관없이 항상 일정한 시간에 한 번씩 새로운 블록을 구성한다. 데이터 블록에는 누가, 무엇을, 언제, 어디서, 얼마만큼 등 원하는 정보를 기록할 수 있으며, 식품 배송의 온도와 같은 상태도 기록할 수 있다.

(2) 체인 연결

블록은 자산이 다른 장소로 이동하거나 소유권이 바뀔 때 데이터 체인을 형성한다. 블록은 트랜잭션의 정확한 시간과 순서를 확인하여 서로 안전하게 연결되어 블록이 변경되거나 기존 두 개의 블록 사이에 삽입되는 것을 방지한다.

(3) P2P 분산 저장

블록체인은 거래를 처리, 기록, 관리하는 권위 있는 중앙조직이나 기관 없이, 네트워크에 연결된 개별 참여자들의 협업에 의해 유지된다. 블록체인은 P2P 방식으로 운영된다. P2P란 인터넷에 연결된 다수의 개별 사용자들이 중개기관을 거치지 않고 직접 데이터를 주고받는 것을 말한다. 블록체인 네트워크에 참여하는 모든 참여자들은 서로 평등하다. 블록체인에 저장된 데이터는 네트워크에 연결된 모든 노드에 복사되어 분산 저장된다. 노드란 네트워크를 구성하는 각각의 개체를 말한다. 예를 들어, 10대의 컴퓨터가 서로 연결되어 네트워크를 구성하고 있는 경우 각각의 개별 컴퓨터가 하나의 노드가 된다. 즉, 이 시스템은 10개의 개별 노드로 구성된 네트워크 시스템이다.

2. 블록체인 거래 과정

분산화된 장부들을 가진 블록체인이 어떤 거래과정을 거치는지 설명하면 [그림 7-2]와 같다.

> ① A가 B에게 100만원을 송금하는 경우, ② A 계좌에서는 100만원의 금액이 줄어들고, B 계좌에는 해당 금액이 늘어난 데이터가 담긴 블록이 생성된다. 이 때 ③ 생성된 블록은 네트워크상 모든 참여자에게 전송되어 ④ 각 참여자들이 거래 정보의 유효성에 대해 상호 검증하게 된다. 참여자 절반 이상의 데이터와 일치하는 거래 내역은 정상 장부로 판단되고, ⑤ 검증 완료된 블록은 이전 블록과 연결되어 체인을 이루게 되고, 블록의 사본들은 모든 참여자의 컴퓨터에도 동일하게 분산 저장된다. 이처럼 블록체인은 거래가 이루어질 때마다 거래 참여자들끼리 정보를 공유하고, 이를 대조하면서 데이터 위조나 변조를 할 수 없도록 한다.

그림 7-2. 블록체인 거래과정

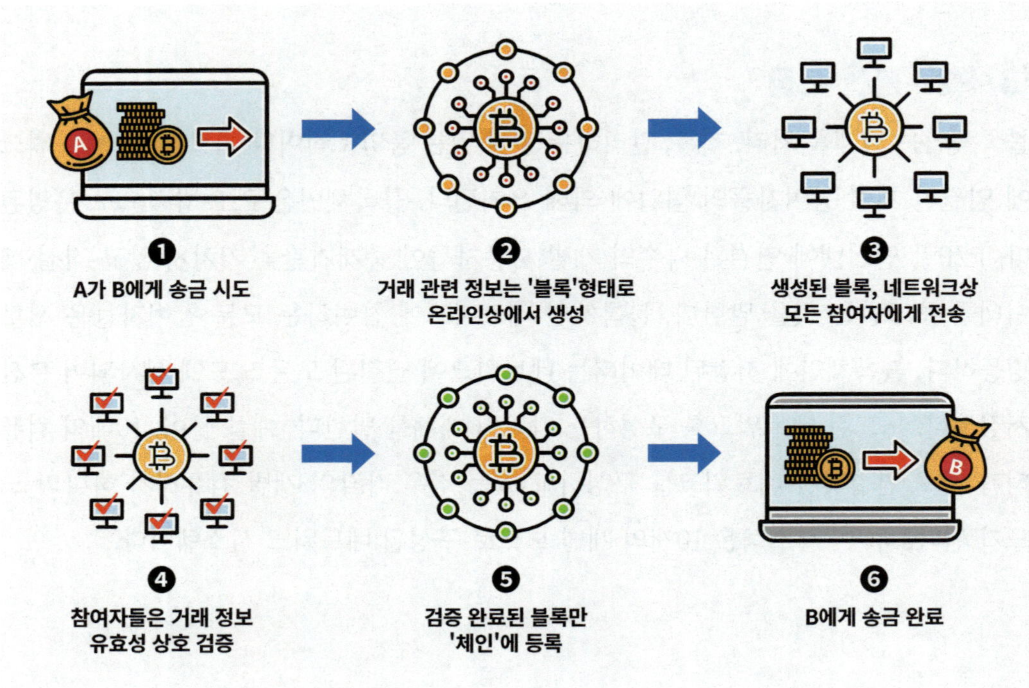

출처 : 삼성전자, 가상화폐의 주역, 블록체인 기술이란? 2020. 4. 27.

3. 블록체인의 핵심 요소

(1) 분산 원장

분산 원장은 중앙집중형 서버 없이 여러 참여자가 데이터를 공유하고 관리하는 기술이다. 모든 네트워크 참여자는 분산 원장과 변경 불가능한 트랜잭션 기록에 액세스할 수 있다. 분산 원장을 사용하면 트랜잭션이 한 번만 기록되므로 기존 비즈니스 네트워크에서 흔히 발생하는 중복 작업을 제거할 수 있다.

(2) 암호화

블록체인 네트워크 참여자를 식별하는 보안 기능을 공개키 암호화라고 한다. 이 방식은 네트워크 구성원에 대해 한 쌍의 키를 생성하는데, 하나는 네트워크의 모든 사람에게 공통적인 공개키이고, 다른 하나는 모든 구성원에게 고유한 개인키이다. 개인키와 공개키가 함께 작동하여 원장의 데이터 잠금을 해제한다.

(3) 스마트 계약

트랜잭션을 가속화하기 위해 스마트 계약이라 불리는 일련의 규칙을 블록체인에 저장하고, 자동으로 실행한다. **스마트 계약**은 회사채 이전 조건을 정의하거나 여행 보험의 결제 약관을 포함하는 등 다양한 설정이 가능하다. 계약 조건이 코드 형태로 블록체인에 기록되며, 특정 조건이 충족되면 자동으로 계약 내용이 실행된다.

(4) 합의 알고리즘

블록체인 네트워크에서 트랜잭션의 유효성을 검증하고 합의를 이루는데 사용되는 알고리즘으로 합의를 통해 블록에 새로운 트랜잭션을 추가하고 노드 간에 동기화를 유지한다. 블록체인에서 데이터의 정확성과 신뢰성을 보장하기 위한 **합의 알고리즘**은 필수적이며, 대표적인 것은 다음과 같다.

- **작업 증명**(Proof-of-Work, PoW): 복잡한 수학 문제를 풀어 가장 먼저 정답을 찾은 참여자가 블록을 생성하고 보상을 받는 것으로 탈중앙화, 보안성이 높지만, 에너지 소비가 많고 처리 속도가 느리다. 비트코인에서 사용하는 방식이다.
- **지분 증명**(Proof-of-Stake, PoS): 일정량의 암호화폐를 보유한 참여자가 블록 생성 권한을 얻고 보상을 받는 것으로 낮은 에너지 소비와 처리 속도는 빠르지만 중앙화 가능성과 장기 보유자에게 유리한 단점이 있다. 이더리움(2.0), 솔라나, 카르다노에서 사용한다.
- **위임된 지분 증명**(Delegated Proof-of-Stake, DPoS): 암호화폐 보유자들이 대표자를 선출하고, 선출된 대표자들이 블록을 생성하고 보상을 받는 방식으로 처리 속도가 매우 빠른 장점이 있지만 중앙화 가능성과 대표자 담합 가능성의 단점이

있다. 이오스와 트론에서 사용한다.

(5) 토큰

블록체인 네트워크에서 자산을 나타내는 디지털 토큰이 사용된다. 예를 들어, 암호화폐는 블록체인에서 자산을 전송하고 보유하는데 사용되며, 스마트 계약에서 특정 조건을 충족할 때 토큰을 지급한다. 자세한 내용은 블록체인과 암호화폐 부분을 참고하기 바란다.

03
블록체인의 장단점과 활용 분야

1. 블록체인 장점

(1) 강력한 보안성

블록체인은 암호화 기술을 사용하여 데이터를 안전하게 보호한다. 데이터는 해시 함수를 통해 암호화되어 블록에 기록되며, 블록들은 서로 연결되어 체인을 형성한다. 이러한 구조는 다음과 같은 보안 효과를 제공한다.

- 데이터 위변조 방지: 해시 함수는 입력값에 따라 고유한 출력값을 생성하므로, 데이터가 조금이라도 변경되면 해시값도 달라진다. 따라서 데이터 위변조 시도를 쉽게 감지할 수 있다.
- 분산 저장으로 인한 안전성: 데이터가 여러 참여자의 컴퓨터에 분산되어 저장되므로, 해커가 일부 컴퓨터를 공격하더라도 전체 데이터를 손상시키기 어렵다.

(2) 높은 투명성

블록체인에 기록된 모든 거래 내역은 네트워크 참여자들에게 공개된다. 즉, 누구나 특정 거래가 언제, 누구에 의해 발생했는지, 어떤 자산이 거래되었는지 등을 확인할 수 있다.

이러한 투명성은 다음과 같은 효과를 제공한다.

- 부정행위 감소: 거래 내역이 투명하게 공개되므로, 위변조나 은닉과 같은 부정행위를 방지할 수 있다.
- 신뢰 구축: 거래 당사자 간 신뢰를 구축하고, 거래 과정에 대한 불필요한 의심을 줄일 수 있다.
- 책임 소재 명확화: 거래 내역 추적이 용이하여 문제 발생 시 책임 소재를 명확하게 규명할 수 있다.

(3) 탈중앙화

블록체인은 중앙기관의 통제 없이 운영된다. 데이터는 특정 서버에 저장되는 것이 아니라 네트워크 참여자들의 컴퓨터에 분산되어 저장된다. 이러한 탈중앙화 구조는 다음과 같은 장점을 제공한다.

- 검열 저항성: 특정 기관이 거래를 검열하거나 차단할 수 없다.
- 단일 실패 지점 제거: 중앙 서버가 마비되더라도 네트워크는 정상적으로 운영될 수 있다.
- 참여자 자율성 확대: 참여자들은 자신의 의지에 따라 자유롭게 거래에 참여하고, 네트워크 운영에 참여할 수 있다.

(4) 효율성 향상

블록체인은 거래 과정을 자동화하고 간소화하여 효율성을 높일 수 있다.

- 중개인 불필요: 중개인 없이 거래 당사자 간 직접 거래가 가능하므로, 중개 수수료를 절약할 수 있다.
- 스마트 계약 활용: 스마트 계약을 통해 계약 이행 과정을 자동화하여 시간과 비용

을 절약할 수 있다.

- 빠른 거래 처리: 블록체인 네트워크를 통해 거래를 빠르게 처리할 수 있다.

2. 블록체인 단점

(1) 확장성 문제

블록체인 네트워크 참여자가 증가하고 거래량이 많아질수록 처리 속도가 느려지는 확장성 문제가 발생할 수 있다. 이는 블록체인 네트워크의 특성 때문이다. 모든 거래는 블록에 기록되고, 이 블록들이 연결되어 체인을 형성한다. 새로운 블록이 생성되고 기존 블록체인에 연결되기까지 시간이 걸리므로, 거래량이 많아지면 처리 속도가 느려질 수 밖에 없다. 예를 들어, 비트코인 네트워크는 초당 평균 7건의 거래를 처리할 수 있지만, Visa와 같은 신용카드 네트워크는 초당 수천 건의 거래를 처리할 수 있다.

(2) 높은 에너지 소비

합의 알고리즘으로 작업 증명 방식을 사용하는 블록체인은 막대한 양의 에너지를 소비한다. 작업 증명 방식은 복잡한 수학 문제를 풀어 가장 먼저 정답을 찾은 참여자가 블록을 생성하고 보상을 받기 때문에 이 과정에서 많은 컴퓨팅 파워가 필요하며, 이는 높은 전기 사용량으로 이어진다. 이러한 높은 에너지 소비는 환경 문제를 야기할 수 있다. 비트코인 채굴에 사용되는 에너지 소비량은 일부 국가의 전체 에너지 소비량보다 많다.

(3) 호환성

서로 다른 블록체인 네트워크 간 호환성이 부족하여 데이터 교환이 어렵다. 예를 들어, 이더리움 기반 토큰은 트론 네트워크에서 사용할 수 없다. 이러한 문제는 블록체인 생태계 확장을 저해하는 요인 중 하나로 다양한 서비스 개발에 제약이 발생할 수 있다.

3. 블록체인 활용 분야

(1) 공공 분야

● 블록체인 기반 예방접종 인증 시스템

CooV는 탈중앙화 신원증명(Decentralized Identity; DID)을 통해서 접종 정보 수령과 인증까지 위변조가 불가능하게 하고 암호화를 통해 익명성까지 확보했다. CooV는 모바일 기기를 통해서 본인인증을 진행하면 질병관리청을 통해 접종 이력을 발급받고 발급 내역은 인프라 블록체인에 저장된다. 접종 이력을 검증받을 때는 모든 정보가 아닌 일부 정보만 제출하고, 검증하는 인원(혹은 기관)에서는 블록체인에서 정보를 받아 접종 이력을 검증하게 된다. 즉, 블록체인을 통해서 하나의 기기에서 활용되는 증명서를 만들고, 일부 정보를 제공해 검증받게 되므로 문제가 발생할 수 있는 위변조와 개인 의료 정보 제공을 방지할 수 있게 된다.

● 블록체인 기술을 적용한 모바일 신분증

행정안전부에서는 2022년 6월 24일부터 모바일 운전면허증 서비스(이하 모바일 신분증)를 공식적으로 시작했다. 모바일 신분증은 블록체인 기술이 적용돼 위변조나 도용 위험이 거의 없다. 모바일 신분증 또한 블록체인 DID 기술을 활용하여 CooV와 같이 검증인(혹은 기관)에게 모든 정보가 아닌 필요한 정보만 제공할 수 있고, 위변조와 분실의 위험이 적다.

● 블록체인 기반 투표 시스템

한국전자투표에서는 2021년 11월 25일 DID 방식의 전자 주주총회 서비스를 출시했다. 이전의 주주총회는 개인이 가진 공동인증서와 주민등록번호를 통해서 주주명부와 대조하는 방식을 사용했는데, 개인의 민감정보를 가지고 있다 보니 서버 해킹이 발생할 경우 주주 정보가 유출될 수 있는 위험성이 있었다. 그러나 DID 기반으로 진행되는 주주총회 서비스는 본인이 주주임을 증명하는 정보를 블록체인에 기록하여 주주 증명서를 발급받고, 검증을 위한 정보만 확인하여 민감한 개인정보를 차단한다. 또한 의결권을 행사할 때도 블록체인에 기록되기 때문에 사실상 위변조가 불가능하다. 이처럼 블록체인 기반의 투표 서비스는 개인정보보호 외에도 신뢰성을 확보할 수 있다.

(2) 물류 분야

● 블록체인을 활용한 물류 이력 추적 시스템

월마트는 중국 내 품질관리를 위해 블록체인을 활용한 물류 관리 시스템을 도입하여 월마트에 납품하는 농가부터 창고, 운송 등 모든 경로에 사물인터넷 센서를 설치했다. 농가에서 무엇을 먹였는지, 보관 창고 온도나 습도 상태 등을 블록체인에 실시간 저장했다. 블록체인에서는 데이터가 중앙서버가 아닌 다수의 노드가 보관하기에 위변조가 불가능한 점을 활용해 신뢰성을 높였다. 월마트는 돼지고기에 문제가 발생했을 때 몇 초 만에 파악할 수 있게 됐고, 실제로 상한 망고를 찾는 데에는 2.2초가 걸렸다. 이와 같은 서비스로 국내에서는 삼성SDS가 유통 이력 관리(Cello Trust)를 제공하고 있으며, 이미 수산물과 와인 등의 사례로 소비자들이 유통의 전 과정 정보를 확인할 수 있다.

(3) 금융 분야

● 스마트 계약을 활용한 비행 연착 보험

악사(Axa)에서는 블록체인 기술을 적용한 비행 연착 보험인 피지(Fizzy)를 2017년에 출시했다. 피지는 이더리움의 스마트 계약을 이용한 보험으로 계약자의 항공 정보를 추적해서 보상 조건이 충족되면 자동으로 보험금을 지급하는 서비스이다. 악사(Axa)는 이를 통해서 보험금을 요청하는 번거로움과 서류를 검토하는 일을 단축할 수 있었다. 현재 피지는 목표치를 달성하지 못하여 폐지된 상태이다.

● 디지털 자산 관리

국내 자산운용사들은 블록체인 기반 디지털 자산 플랫폼을 구축하여 부동산, 예술품 등 다양한 자산의 디지털화 및 거래를 추진하고 있습니다. 예를 들어, 카사(Kasa)는 블록체인 기반 부동산 간접 투자 플랫폼을 통해 소액으로도 부동산에 투자할 수 있는 기회를 제공하고 있다.

04

블록체인과 암호화폐

1. 암호화폐

암호화폐(cryptocurrency)는 블록체인 기술을 기반으로 암호화 기술을 사용하는 디지털 또는 가상화폐이다. 비트코인을 시작으로 수많은 암호화폐가 있으며, 이들은 전통적인 금융 시스템과는 독립적으로 운영된다. **비트코인**은 블록체인으로 사람들의 참여를 유도하기 위해 보상으로 지급한 것이다. 블록체인에 참여하기 위해서는 자기 시간과 전기, 컴퓨터 리소스를 쓰게 되는데 이에 대한 보상으로 비트코인을 제공하였다. 블록체인은 데이터를 확인하고 기록해줄 참여자가 없으면 유지될 수 없고, 블록체인 알고리즘은 굉장히 복잡해 많은 컴퓨팅 자원이 필요하기 때문에 참여하는 사람이 많을수록 더 성장한다. 그래서, 비트코인 블록체인에서는 블록 생성에 참여한 사람들에게 보상으로 암호화폐인 비트코인(BTC)을, 이더리움 블록체인에서는 이더(ETH)를, 클레이튼에서는 클레이(KLAY)를 준다. 암호화폐는 블록체인 거래 내역을 기록하고 확인해주는 것에 대한 보상이기 때문에 기업이 구성하는 프라이빗 블록체인에서는 사용하지 않기도 한다.

암호화폐와 명목화폐는 둘 다 재화와 용역에 대한 대가를 지불하는 데 사용된다는 점을 비롯해 몇 가지 유사점을 가지고 있다. 두 화폐 모두 나눌 수 있다는 공통점이 있다. 1달러를 100센트로 나눌 수 있듯이, 1비트코인은 0.001비트코인과 같이 작게 나눌 수 있다. 또한 달러, 유로, 엔, 원 등과 같이 다양한 유형의 명목화폐가 있듯이 암호화폐에도 다양한 유형이 존재한다. 반면에 다음과 같은 차이점도 있다.

- 암호화폐는 정부가 발행하지 않고 블록체인에서 생성되는 반면에, 명목화폐는 정부의 지원을 받는다.
- 암호화폐는 가상 화폐인 반면에, 명목화폐는 지폐나 동전과 같은 물리적 형태로 존재한다.
- 암호화폐는 마찰 없이 국경을 넘나들 수 있지만 명목화폐는 국가마다 다르다. 그래서 새로운 국가에 입국할 때마다 해당 국가에서 통용되는 통화로 환전해야 한다.
- 암호화폐는 P2P 거래를 가능하게 하지만, 명목화폐는 중개기관에 의존해 거래를 확인한다.
- 암호화폐 거래를 위해 이름이나 주소와 같은 개인정보를 제시할 필요가 없지만, 명목화폐 중심의 금융 서비스를 이용하려면 개인정보를 제시해야 한다.
- 암호화폐 거래는 되돌릴 수 없다. 즉, 거래가 실행하면 취소할 수 없다. 하지만, 명목화폐로 거래된 경우 취소도 가능하다.

(1) 암호화폐 구분

각 세대별 블록체인과 함께 다양한 유형의 암호화폐가 있으며, 현재 6,000개 이상의 암호화폐가 존재하며 그 규모는 계속해서 확대되고 있다. 암호화폐는 코인과 토큰의 두 가지로 구분할 수 있다. 간단하게 코인과 토큰을 비교하면 [표 7-2]와 같다. 암호화폐 코인과 토큰은 핵심적인 차이점이 있지만, 아래의 유사점을 공유하고 있다.

- 보안 및 투명성을 위해 암호화 및 블록체인 기술을 사용함

- 거래 매개체로 사용 가능
- 보유 가치가 수요와 공급에 따라 변동할 수 있음
- 사용자 간 송금 가능
- 암호화폐 거래소에서 거래할 수 있음
- 탈중앙화되어 있어 한 사람이나 조직이 통제하기 매우 어려움
- 암호화폐와 암호화폐 토큰은 모두 동일한 전자지갑에 저장할 수 있음

표 7-2. 암호화폐 코인과 토큰 비교

구분	코인(coin)	토큰(token)
정의	독립적으로 작동하는 암호화폐	기존 블록체인을 기반으로 발행되는 암호화폐
발행방식	새로운 블록 생성	스마트 계약 사용
기술적 난이도	높음	낮음
비용	높음	낮음
확장성	제한적	비교적 높음
거래 속도	느림	빠름
예시	비트코인, 이더리움, 리플	ERC-20, ERC-721, TRC-20
용도	화폐, 거래, 송금	투자, 서비스 이용, 보안 등

① 코인

암호화폐 코인은 블록체인 네트워크의 디지털 자산으로, 플랫폼 수수료를 규정하고 합이 메커니즘의 일환으로 보상 지급 역할을 담당하면서 블록체인 네트워크를 보호한다. 각 블록체인에 암호화폐 코인은 하나만 존재한다. 예를 들어, 비트코인 네트워크의 기본 암호화폐는 비트코인(BTC), 이더리움은 이더(ETH), 솔라나는 솔(SOL)이다. 이것은 서로 다른 국가마다 중앙은행이 통화를 규정하는 것과 개념적으로 비슷하다. 한국이 가치를 원으로 규정하고 원을 거래의 주 매개 수단으로 사용하는 것과 비슷하다. 대표적인 코인은 다음과 같다.

- **비트코인** : 비트코인은 자신만의 블록체인에서 만들어진 코인으로, 최초의 암호

화폐로 가치 저장 수단이자, 글로벌 송금 수단으로 기능한다. 비트코인은 의심할 여지 없이 가장 잘 알려진 암호화폐로, 향후 100년간 2100만개까지만 발행될 예정이며 시가총액 기준으로 가장 큰 암호화폐이다.

- **이더리움** : 이더리움 자체는 블록체인이고, 이더(ETH)가 코인이다. 이더리움 플랫폼은 다양한 토큰들이 존재하며, 그들은 각기 다른 기능을 가지고 있습니다. ERC-20 유틸리티 토큰부터 ERC-721 NFT까지 다양하게 활용되고 있다.
- **솔라나** : 솔라나는 매우 인기 있는 블록체인 중 하나로, 솔(SOL)이 코인이다. 저렴한 수수료와 빠른 처리 속도로 DApp과 NFT에 선호되는 옵션이 되고 있다. 기술적으로, ETH와 SOL은 모두 코인이지만, 솔라나의 공식 문서에서는 SOL을 토큰으로 분류하고 있다. 이는 거래 이상의 용도를 반영하는 것이다.
- **리플(XRP)** : XRP는 XRP 원장의 원래 코인이다. XRP는 리플에서 국제 송금을 위해 사용되지만, 리플이 소유하는 것은 아니다. XRP는 자체 블록체인에서 운영되지만, 특정 목적을 위해 만들어졌기 때문에 토큰으로 분류된다. 국경을 넘는 결제를 간소화하고 유동성 관리를 지원하는 목적으로 다양한 법정 화폐 간의 거래 비용을 절감하고 유동성을 제공한다.
- **도지코인** : 도지코인은 자체 블록체인에서 운영되는 암호화폐 코인으로, 원래 비트코인의 재미있는 버전으로 여겨졌지만, 서서히 강력한 팔로워를 형성하게 되었다. DOGE는 팁, 기부, 결제 수단으로 인기가 많다. 밈 코인으로 시작했지만, 회복력을 보여주며 큰 인기를 얻었다.

② 토큰

암호화폐 토큰은 기존 블록체인 네트워크 위에 추가로 구축된 보조 자산으로, 네트워크 기능의 핵심적인 역할인 합의 메커니즘이나 보안을 담당하지 않는다. 암호화폐는 컴퓨터 코딩을 이용하여 추가적인 기능을 제공할 수 있기 때문에 개발자가 다양한 프로젝트를 구축하고 다양한 토큰을 생성할 수 있다. 즉, 하나의 블록체인에 여러 개의 암호화폐 토큰이 있을 수 있으며, 이러한 토큰은 여러 블록체인에서 사용할 수 있다. 암호화폐 토큰은 특정 네트워크에서 토큰의 설계, 동작 및 운영을 위한 토큰화 표준이라고 하는 특정 규칙에 따라 구축된다. 이러한 표준이 있기에 암호화폐 토큰이 체인의 기본 암호화폐와 동일한 방식으로 쉽게 블록체인에 저장, 사용 및 교환될 수 있다. 암호화폐 토큰은 다양한 용도로 사용되기 때문에 여러 종류가 존재한다.

- **유틸리티 토큰** : 소유자에게 특정 생태계 내에서 제품이나 서비스를 사용할 수 있도록 발행되는 암호화폐로 유틸리티 코인이라고도 한다. 유틸리티 토큰은 제품이나 서비스 활용 권한을 나타내기 때문에 그 자체로 지분이나 배당 기능은 없는 경우가 많으며, 디앱 방식으로 개발한다.
- **거버넌스 토큰** : 소유자에게 분산 네트워크나 프로젝트 내에서 투표권을 부여한다. 이들은 커뮤니티 주도의 결정을 허용하기 위해 분산형 자율 조직(DAO)에서 자주 사용된다. 메이커(MKR)는 잘 알려진 형태의 거버넌스 토큰이다.
- **증권 토큰** : 주식, 부동산 또는 채권과 같은 기본 자산에 대한 소유권을 나타낸다. 이들은 규제되며, 전통적인 자산을 토큰화하기 위해 투자 플랫폼에서 자주 사용된다. 증권 토큰은 이전에 유동성이 없었던 자산의 부분 소유 및 거래를 가능하게 한다.
- **NFT** : 예술, 음악 또는 게임 내 아이템과 같은 고유한 디지털 자산을 나타낸다. NFT는 디지털 콘텐츠의 소유권을 증명하는 방법으로 인기를 끌었으며, 게임, 수집품 및 예술 시장에서 자주 사용된다.
- **거래 토큰** : 거래에 사용되는 토큰으로 테더(USDT), 다이코인(DAI)와 같은 스테이블(stable) 코인으로 알려져 있다. 미국 달러나 유로와 같은 안정적인 자산에 의해 담보되며 일반적으로 해당 통화에 고정된다. 주로 가치 저장 수단, 변동성이 큰 시장에서의 교환 매체 또는 효과적인 결제 옵션으로 사용된다.

(2) 암호화폐 거래소

암호화폐 거래소(cryptocurrency exchange)는 사용자들이 암호화폐 또는 디지털 화폐를 교환할 수 있는 거래소이다. 한국은 **가상자산 거래소**라는 용어를 사용한다. 운영 방식은 증권 거래소와 비슷하며 주로 거래되는 품목은 비트코인, 이더리움, 모네로, 대시, 리플 등 암호화폐들이다. 암호화폐 거래소는 중앙화 거래소(CEX)와 탈중앙화 거래소(DEX)로 나눌 수 있다. 중앙화 거래소는 중앙 기관의 통제를 받는 것으로 해킹 위험이 있고 개인정보 유출 가능성이 존재하지만 사용자 인터페이스가 편리하고 다양한 종류의 암화화폐를 거래할 수 있다는 장점이 있다. 대부분의 암호화폐 거래소는 중앙화 거래소이다. 탈중앙화 거래소는 중앙 기관의 통제없이 운영되어 해킹 위험이나 개인정보 보호에 유리하지만, 거래 속도가 느리고 거래 가능한 암호화폐도 제한적이라는 단점이 있다. 유니스왑(Uniswap)이나 팬케이크스왑(PancakeSwap) 등을 예로 들 수 있다. 국내 가상자산 거래소는 업비트, 빗썸, 코인원, 코빗, 고팍스를 예로 들 수 있는데, 업계 1위 업비트가 압도적인 점유율을 보이고 있으며, 빗썸이 2위를 차지하고 있다. 업비트와 빗썸을 제외한 나머지 3곳은 존재감이 미미하다. 글로벌 가상자산 시장 분석 업체 코인게코에 따르면, 2024년 11월 20일 기준 업비트가 국내 암호화폐 24시간 거래량에서 차지하는 비중은 74.8%에 달한다. 2위 사업자 빗썸(22.5%)보다 월등히 높다. 1, 2위 사업자 거래 규모를 합치면 97%에 육박한다.

국내 시장에서 강력한 위상을 뽐내는 업비트와 빗썸도 세계 시장으로 나가면 존재감이 없다. 현물 거래 규모만 따지면 세계 최상위권 거래소이지만, 파생상품까지 합치면 두 회사 거래량 순위는 급격히 낮아진다. 한때 거래량 세계 1위까지 기록했던 한국 코인 거래소의 경쟁력이 감소한 이유는 결제 지원 화폐의 부족, 파생상품 미취급, 그리고 법인 투자 불가의 3가지를 들 수 있다.

첫째, 지원하는 화폐가 원화뿐이다. 국내 거래소를 통해 암호화폐를 거래하려면 무조건 한국 원화로만 가능하다. 상황이 이렇다 보니 한국 내 투자자만 몰린다. 해외 투자자를 끌어올 요인이 없다. 반면 글로벌 대형 거래소 상당수는 거래 수단으로 다양한 화폐를 지원한다. 세계 1위 거래소 바이낸스는 유로화, 파운드화 등으로 결제가 가능하다. 2위 업체

바이비트는 달러, 유로, 파운드화를 거래 화폐로 지원한다. 코인마켓캡 현물 거래량 기준 세계 최상위 거래소 10곳 중 단일 화폐 거래만 지원하는 곳은 업비트가 유일하다.

둘째, 파생상품이 없다. 국내 거래소는 법적 규제 때문에 파생상품을 다루지 못한다. 레버리지 투자 등 파생상품은 일반 현물 거래보다 더 많은 투자자를 모을 수 있다. 일례로 바이낸스 현물 거래량은 하루 43조원이지만, 파생상품 거래량은 129조원에 달한다. 바이비트의 경우 현물 거래량이 9조원대인데 반해, 파생상품 거래량은 54조원을 훌쩍 넘긴다.

셋째, 법인 투자가 불가능하다. 시장 거래량을 더 늘리기 위해서는 막대한 자금력을 보유한 기관 투자자 참여가 필수적이다. 그러나 현재 국내는 법인의 비트코인 직접 투자는 물론 현물 ETF 투자마저 막혀 있다. 외국은 다르다. 2024년 1월 미국에서 비트코인 현물 ETF가 승인된 뒤 해외 시장에서 기관 투자자 참여가 활발해졌다. 기관 투자자 유입에 힘입어 바이낸스, 바이비트, 코인베이스 등 해외 대형 거래소들은 국내 거래소와 격차를 크게 벌렸다.

2. 블록체인과 암호화폐가 경영에 미치는 영향

블록체인과 암호화폐는 단순히 새로운 기술이나 화폐 형태를 넘어, 경영 전반에 걸쳐 혁신적인 변화를 가져올 잠재력을 지니고 있다. 이들의 등장은 기업의 운영 방식, 의사 결정 과정, 그리고 경쟁 환경에 이르기까지 다양한 측면에 영향을 미칠 수 있다.

(1) 경영 패러다임의 변화

• 탈중앙화와 분산형 조직

블록체인은 중앙 기관의 통제 없이도 데이터와 가치를 안전하게 공유하고 관리할 수 있는 탈중앙화된 시스템을 구축한다. 이는 기업 내부 조직 구조뿐만 아니라 공급망 관리, 고객 관계 관리 등 다양한 영역에서 변화를 가져올 수 있다. 예를 들어, 분산형 자율 조직(DAO)은 블록체인 기반으로 운영되며, 구성원들의 투표를 통해 주요 의사 결정을 내린다. 이는 기존의 위계적인 조직 구조와는 다른, 수평적이고 민주적인 의사 결정 방식을 가능하게 한다.

● 투명성 및 신뢰

블록체인에 기록된 모든 거래는 공개적으로 접근 가능하며, 위변조가 불가능하다. 이는 기업의 경영 활동 전반에 대한 투명성을 높이고, 이해 관계자 간의 신뢰를 구축하는 데 기여한다. 예를 들어, 식품 생산 이력 정보를 블록체인에 기록하면 소비자는 제품의 생산 과정을 투명하게 확인할 수 있으며, 기업은 식품 안전 사고 발생 시 신속하게 대응할 수 있게 된다.

● 자동화 및 효율성

블록체인 기반 스마트 계약은 특정 조건이 충족되면 자동으로 계약을 실행하는 기능을 제공한다. 이는 계약 과정의 효율성을 높이고, 중개인의 역할을 최소화하여 비용을 절감할 수 있게 된다. 예를 들어, 부동산 거래 시 스마트 계약을 활용하면 복잡한 서류 작업과 중개 수수료 없이도 안전하고 신속하게 거래를 완료할 수 있다.

● 새로운 비즈니스 모델

블록체인과 암호화폐는 기존에는 상상할 수 없었던 새로운 비즈니스 모델을 가능하게 한다. 예를 들어, 암호화폐 기반 플랫폼은 콘텐츠 창작자가 직접 팬들에게 보상을 받을 수 있도록 지원하며, 탈중앙화 금융(DeFi)은 기존 금융 시스템의 제약 없이 다양한 금융 서비스를 이용할 수 있도록 한다. 또한, NFT는 디지털 자산에 대한 소유권을 증명하고, 새로운 형태의 예술품 거래나 게임 아이템 판매를 가능하게 한다.

● 데이터 보안과 개인 정보 보호

블록체인은 데이터를 분산하여 저장하고 암호화 기술을 적용하여 높은 수준의 보안성을 제공한다. 이는 기업의 중요 데이터 보호뿐만 아니라 고객의 개인정보 보호에도 기여할 수 있다. 예를 들어, 의료 정보를 블록체인에 저장하면 환자는 자신의 의료 정보를 안전하게 관리하고, 필요한 경우에만 특정 의료 기관에 제공할 수 있게 된다.

(2) 경영 기능별 영향

① 재무/회계

● 암호화폐 결제 도입

암호화폐 결제의 도입은 기존 신용카드 결제 시스템에 비해 수수료가 저렴하고 거래 비용을 절감할 수 있고, 블록체인 기반 거래는 기존 금융 시스템보다 빠르게 처리되어 자금 회전율을 높일 수 있다. 암호화폐는 국가 간 거래 시 환전 수수료 및 시간 지연 문제를 해결하여 글로벌 경영이 확대되고 거래 내역은 공개되어 투명성을 높이고 위변조가 어려워 보안이 강화된다.

● 자금 조달 방식 변화

암호화폐를 발행하여 자금을 조달하는 ICO(Initial Coin Offering)로 인해 스타트업 및 중소기업의 자금 접근성을 향상시킬 수 있게 되고, 증권형 토큰을 발행하여 자금을 조달하는 STO(Security Token Offering) 방식은 투자자 보호 기능을 강화하고 기존 금융 시장과의 연계를 용이하게 할 수 있다. 또한 탈중앙화 금융 시스템을 통해 다양한 금융 상품 및 서비스를 제공하여 기업의 자금 조달 및 운용 방식을 변화시킨다.

● 투명한 회계 시스템 구축

블록체인 기반 회계 시스템은 모든 거래 내역을 기록하고 공유하여 투명성이 증대되어 감사 과정을 간소화하고 효율성을 높여 감사 비용을 절감할 수 있으며, 블록체인 기반 데이터는 위변조가 어려워 회계 부정 및 오류를 방지하고 리스크를 효율적으로 관리할 수 있게 된다.

② 생산/물류

● 공급망 관리 효율화

블록체인 기반 시스템은 제품의 생산, 이동, 판매 과정을 추적하여 재고 관리 효율성을 높이고 위조 상품 방지 효과를 가져오며 블록체인을 통해 공급망 참여자 간 정보를 공유하여 의사 결정 속도를 높이고 협력 관계를 강화시킨다. 또한 스마트 계약을 통해 물류 과정을 자동화하여 인력 및 시간 비용을 절감하고 효율성을 극대화한다.

● 스마트 계약 기반 자동화

스마트 계약을 통해 생산 설비 및 장비를 자동 제어하여 생산 효율성을 높이고 인력 비용을 절감하고, 물류 운송 및 배송 과정을 자동화하여 시간 및 비용을 절감하고 효율성을 극대화한다.

③ 마케팅

● 고객 데이터 관리 강화

블록체인 기반 고객 데이터 관리 시스템은 개인정보를 암호화하여 보호하고 고객의 동의 없이 정보가 공유되는 것을 방지하여 개인정보 보호를 강화하고, 블록체인 기반 데이터를 활용하여 고객 맞춤형 마케팅 전략을 수립하고 효과적인 광고 캠페인을 진행할 수 있다.

● 새로운 마케팅 채널 확보

암호화폐 커뮤니티를 활용하여 제품 및 서비스를 홍보하고 새로운 고객층을 확보할 수 있으며, NFT를 활용하여 브랜드 인지도를 높이고 고객 충성도를 강화하는 마케팅 전략을 수립할 수 있게 된다.

④ 인사/조직

● 직원 정보 관리 효율화

블록체인 기반 직원 정보 관리 시스템은 직원 정보를 암호화하여 보호하고 외부 유출 위험을 줄일 수 있고, 블록체인을 활용하여 채용 과정 및 직원 정보 관리 프로세스를 간소화하고 효율성을 높인다.

● 성과 기반 보상 시스템 구축

스마트 계약 기반 성과 보상 시스템은 직원들의 기여도에 따른 공정한 보상을 지급하고 동기 부여를 강화하고, 블록체인 기반 데이터는 위변조가 어려워 성과 평가의 신뢰도를 높이고 직원들의 불만을 해소할 수 있다.

3. 암호화폐 전망

암호화폐는 블록체인 기술을 기반으로 탈중앙화와 투명성을 핵심으로 하는 디지털 자산이다. 암호화폐의 미래에 대한 다양한 전망이 공존하고 있으며, 암호화폐는 여러 요인에 의해 영향을 받고 있어 앞으로도 지속적인 변화와 성장이 예상된다.

(1) 긍정적인 전망

● 기술 발전

블록체인 기술은 끊임없이 발전하고 있으며, 이는 암호화폐의 활용 가능성을 더욱 넓혀줄 것이다. 디파이(DeFi), NFT, 웹 3.0 등 새로운 기술과 서비스가 등장하면서 암호화폐의 활용 범위는 더욱 확대될 것으로 예상된다.

● 기관 투자 증가

기관 투자자들의 암호화폐 시장 참여가 증가하게 되면 시장의 안정성과 유동성이 개선될 수 있다. 이는 암호화폐에 대한 신뢰도를 높이고, 더 많은 투자자들을 유입시키는 요인이 될 수 있다.

● 규제 명확화

각국 정부의 암호화폐 규제 논의가 활발하게 진행되면서, 시장의 불확실성이 해소될 가능성이 있다. 명확한 규제는 암호화폐 시장의 성장을 저해하는 요인을 제거하고, 투자자들을 보호하는 역할을 할 수 있다.

● 일상생활 침투

암호화폐 결제 시스템이 발전하고, 더 많은 기업들이 암호화폐를 결제 수단으로 도입하면서 암호화폐가 일상생활에서 더욱 편리하게 사용될 수 있다.

(2) 부정적인 전망

● 높은 변동성

암호화폐 시장은 극심한 가격 변동성을 가지고 있다. 비트코인과 같은 주요 암호화폐조차 하루에도 수십 퍼센트씩 가격이 급등락하는 경우가 흔하다. 이러한 변동성은 투자자들에게 큰 위험 요소가 되며, 예측 불가능한 손실을 초래할 수 있다.

● 규제 불확실성

일부 국가에서 암호화폐는 아직 법정 화폐로 인정받지 못하고 있으며, 각국 정부의 규제 또한 명확하게 정립되지 않은 상태이다. 이러한 규제 불확실성은 암호화폐 시장의 성장을 저해하는 요인이 될 수 있으며, 투자자들에게 불안감을 조성할 수 있다.

● 해킹 및 보안 문제

암호화폐 거래소는 해킹의 표적이 되기 쉽고, 개인 지갑 또한 보안에 취약할 수 있다. 실제로 암호화폐 거래소 해킹 사건은 꾸준히 발생하고 있으며, 이로 인해 막대한 금액의 암호화폐가 도난당한 사례도 있다.

● 시장 거품 논란

일부 전문가들은 암호화폐 시장에 거품이 존재한다고 주장한다. 암호화폐의 가격이 실제 가치와 상관없이 지나치게 부풀려져 있다는 것이다. 만약 거품이 붕괴될 경우, 암호화폐 시장은 큰 폭으로 하락할 수 있다.

Part 08.

빅데이터

01
빅데이터 개념

1. 빅데이터 정의 및 출현 배경

우리는 현재 데이터의 시대에 살고 있다. 일상생활 속에 존재하는 대부분의 것들이 데이터를 만들어내고, 데이터 소스와 연결되어 있다. 여러분이 매일 사용하고 있는 스마트폰만 하더라도 어떤 앱을 사용했는지, 주로 연락을 주고받는 사람은 누구인지, 하루 동안 얼마나 걸었는지, 건강 상태는 어떤지 등의 다양한 정보를 저장하고 있다. 이처럼 일상생활을 하는 동안에 알게 모르게 다양한 데이터들이 형성되고 있으며, 요즘 기업은 이러한 데이터들을 분석하여 얻어낸 결과를 적극적으로 활용하고 있는 추세이다.

4차 산업혁명 시대를 지나면서 사물인터넷, 클라우드 컴퓨팅, AI 등과 같은 스마트 기술들이 각광을 받았는데, 이들 기술 모두 데이터를 기반으로 작동하는 기술들이다. 우리의 주변에는 이미 많은 데이터가 넘쳐나고 있다. 우리가 사용하는 각종 SNS를 통해 많은 글과 이미지가 생성되고 전달되며, 넷플릭스(Netflix)와 같은 OTT 서비스나 유튜브를 통해 수많은 동영상 자료가 만들어지고 있다. 이러한 데이터는 사람이 생성하는 데이터에 해당하지만, 사물인터넷이 발달함에 따라 이보다 많은 양의 데이터가 기계로부터 생성되고 있다. 이러한 데이터를 얼마나 잘 활용하느냐가 개인뿐 아니라 기업, 나아가 국가의 경쟁력을 좌우하는 중요한 요소이다.

빅데이터(big data)는 데이터 규모와 데이터 활용 방식에 따라 정의할 수 있다. 먼저, 데이터 규모 측면에서 기존의 데이터베이스 관리도구의 능력을 넘어서는 대량의 데이터를 의미한다. 이러한 방대한 규모의 데이터를 수집하고 관리하기 위해서는 기존의 방식과는 다른 방식으로 데이터를 관리해야 한다. 빅데이터 정의에 주로 사용되는 데이터의 활용 방식에 따라 정의하면 조직 내외부에 존재하는 다양한 형태의 대규모 데이터를 수집, 처리, 저장하여 목적에 맞게 분석하여 해당 분야에 의미 있는 가치를 추출하는 기술을 의미한다. 또한 전략적 의사결정이나 비즈니스 또는 서비스 모델의 개발 및 개선, 수행에 이용하는 제반 행위를 포괄적으로 의미하기도 한다.

빅데이터가 출현하게 된 배경에는 기업들이 고객 데이터를 분석하여 요구사항을 빠르게 파악하고, 시기적절한 서비스를 제공함으로써 고객 만족도를 향상시키기 위한 노력이 자리 잡고 있다. 이러한 고객 분석을 위해서 데이터를 수집하는 행위가 증가하게 되었고, 전산화된 작업환경에 의해 데이터가 축적될 수 있었으며, 데이터 저장 매체의 가격이 하락함으로써 방대한 양의 데이터 저장이 가능해졌다. 이렇게 빅데이터는 갑자기 등장하게 된 것이 아니라 다양한 요인들이 복합적으로 작용한 결과이다.

● 데이터의 폭발적 증가

인터넷 보급과 스마트폰을 비롯한 모바일 기기 사용이 폭발적으로 증가하면서 데이터 생성량이 기하급수적으로 늘었났다. 특히 페이스북, 트위터, 유튜브 등 소셜 미디어 플랫폼에서 사용자들이 생성하는 텍스트, 이미지, 영상 등 비정형 데이터가 급증했다. 또한 사물인터넷의 확산으로 센서가 부착된 다양한 기기들이 데이터를 생성하면서 데이터 발생 빈도와 양이 더욱 증가했다.

● 데이터 처리 기술의 발전

기존의 데이터베이스로 감당할 수 없는 대용량 데이터를 효율적으로 처리하기 위한 분산 컴퓨팅 기술이 발전하였고, 필요에 따라 컴퓨팅 자원을 유연하게 확장할 수 있도록 지원하는 클라우드 컴퓨팅 환경은 빅데이터 처리를 용이하게 했다. 또한 데이터마이닝, 머신러닝, 딥러닝 등 데이터 분석 기술이 발전하면서 대량의 데이터로부터 유용한 정보를 추출하고 분석하는 것이 가능해졌다.

● 데이터 활용의 필요성 증대

기업들은 빅데이터 분석을 통해 고객을 이해하고 맞춤형 서비스를 제공하여 경쟁력을 강화하려고 했고, 새로운 비즈니스 모델을 개발하고 혁신적인 서비스를 창출하고자 하였다. 또한 빅데이터 분석을 통해 사회 문제의 원인을 파악하고 해결 방안을 도출하는데 활용하고자 했다.

2. 빅데이터 특징

빅데이터의 공통된 특징은 데이터의 규모, 데이터 속도, 데이터 다양성의 3V로 설명할 수 있으며 추가적으로 데이터 정확성, 데이터 가변성, 데이터 시각화를 들 수 있다.

(1) 데이터 규모(Volume)

현재 축적되고 있는 데이터의 크기는 매우 커서 물리적인 한계를 초과하는 수준에 이른다. 전통적인 데이터베이스로는 처리할 수 없는 방대한 규모로 데이터가 해마다 기하급수적으로 증가하고 있다. SNS에서 생성되는 게시물, 대형 온라인 쇼핑몰의 거래 기록, 사물인터넷에서 생성되는 데이터 등을 예로 들 수 있다. 전 세계 데이터 생성량은 2025년 하루 463EB 규모로 예상된다.

(2) 데이터 속도(Velocity)

데이터 속도는 대용량으로 생성되는 데이터를 빠르게 처리하고 분석할 수 있는 속성이다. 융복합 환경에서 디지털 데이터는 매우 빠른 속도로 생산되므로 이를 실시간으로 저장, 유통, 수집, 분석처리가 가능한 성능을 의미한다. 데이터를 실시간으로 처리하고 분석하기 위해서는 실시간 데이터 처리 기술과 스트리밍 분석 도구가 필요하다. 이는 비즈니스에서 실시간 의사 결정을 지원하고, 즉각적인 반응을 가능하게 한다.

(3) 데이터 다양성(Variety)

데이터 다양성은 다양한 형식의 데이터를 의미하며, 정형 데이터뿐만 아니라 이미지, 영상, 텍스트 등의 비정형 데이터도 포함된다. 이러한 다양한 형태의 데이터를 효과적으로 처리하기 위해서는 다양한 데이터 처리 기법과 도구가 필요하다.

- 정형 데이터 : 미리 정의된 구조에 따라 저장된 데이터로, 관계형 데이터베이스 에 저장된 데이터가 대표적이다. 고객 정보나 금융 거래 데이터를 예로 들 수 있다.

- 반정형 데이터 : 정형 데이터와 비정형 데이터의 중간 형태로, XML 등의 형태를 갖는다. 웹 로그 데이터나 API 데이터를 예로 들 수 있다.
- 비정형 데이터 : 텍스트, 이미지, 음성, 영상 등과 같이 정해진 구조가 없는 데이터로 소셜 미디어 데이터, 뉴스 기사, 이미지 데이터 등을 예로 들 수 있다.

(4) 데이터 정확성(Veracity)

방대한 양의 데이터를 분석하여 일정한 패턴을 추출할 수 있지만, 분석하는 데이터의 양이 많아지는 만큼 신뢰성이 떨어지기 쉽다. 따라서 빅데이터를 분석하는데 있어 기업이나 기관에서 수집한 데이터가 정확한 것인지, 분석할 만한 가치가 있는지 등을 살펴야 하는 필요성이 대두되었고, 이러한 측면에서 새로운 속성인 정확성이 제시되고 있다. 데이터의 정확성을 저하시키는 요인으로는 데이터 입력 과정에서 오류가 발생하거나 데이터가 손상될 수 있고, 특정 조건이나 집단의 데이터만 선택적으로 수집되어 데이터 편향이 발생할 수 있으며 데이터에 불필요한 정보나 오류가 포함되어 데이터 노이즈로 인해 발생될 수 있다. 데이터의 정확성을 확보하는 방안은 다음과 같다.

- 데이터 품질 관리 : 데이터 수집, 저장, 처리 과정에서 데이터 품질을 지속적으로 관리
- 데이터 정제: 오류나 노이즈가 포함된 데이터를 제거하고 정확한 데이터만 선별
- 데이터 검증: 수집된 데이터의 정확성을 검증하고 필요한 경우 수정
- 데이터 표준화: 데이터 형식을 표준화하여 데이터의 일관성을 유지

(5) 데이터 가치(Value)

빅데이터의 최종 목적은 가치 있는 정보를 추출하는 것이다. 방대한 양의 데이터는 그 자체로는 무의미할 수 있지만, 이를 효과적으로 분석하여 의미 있는 패턴과 인사이트를 도출함으로써 비즈니스 의사 결정에 중요한 역할을 할 수 있다. 예를 들어, 고객 행동 분석이나 맞춤형 추천 등을 통해 마케팅 효과를 극대화하거나, 생산 공정 데이터를

분석하여 효율성을 향상시키거나 신용 평가, 위험 관리, 금융 상품 개발 등 다양한 금융 분야에서 데이터를 활용하여 새로운 가치를 창출한다.

(6) 데이터 가변성(Variability)

최근 소셜 미디어의 확산으로 자신의 의견을 웹사이트를 통해 자유롭게 게시하는 것이 쉬워졌지만 실제로 자신의 의도와는 달리 자신의 생각을 글로 표현하게 되면 맥락에 따라 자신의 의도가 다른 사람에게 오해를 불러일으킬 수 있다. 이처럼 데이터가 맥락에 따라 다르게 해석될 수 있다고 하여 빅데이터의 새로운 속성으로 가변성이 제시되고 있다. 데이터 가변성과 관련된 기술로는 데이터의 맥락을 파악하고 이해하는 맥락 인식 기술과 텍스트 데이터의 의미를 분석하고 해석하는 자연어 처리 기술을 들 수 있다.

(7) 데이터 시각화(Visualization)

빅데이터는 정형 및 비정형 데이터를 수집하여 복잡한 분석을 실행한 후 용도에 맞게 정보를 가공하는 과정을 거친다. 이때 중요한 것은 정보의 사용 대상자 쉽게 이해할 수 있어야 한다. 그렇지 않으면 정보의 가공을 위해 소모된 시간적, 경제적 비용이 무용지물이 될 수 있기 때문이다. 자세한 내용은 데이터 시각화 기술을 참고하기 바란다.

3. 빅데이터의 중요성

빅데이터의 중요성은 단순히 데이터를 얼마나 많이 보유하고 있느냐에 달려 있지 않고, 어떻게 사용하느냐에 달려 있다. 빅데이터는 현대 사회와 산업에서 혁신과 효율성을 촉진하는 중요한 요소로 작용하고 있다.

(1) 데이터 기반 의사결정 강화

데이터 기반 의사결정은 객관적인 데이터 분석을 통해 도출된 결과를 바탕으로 의사결정을 내리는 방식을 의미한다. 빅데이터 분석은 비즈니스 전략 수립과 운영 개선에 기여하며, 시장의 변화에 빠르게 대응할 수 있도록 도와주며, 기업의 투자 대비 효과를 극대화하고, 자원 배분의 효율성을 높이는데 기여한다.

(2) 개인화된 서비스 제공

개인화된 서비스는 고객 개개인의 특성과 선호도, 행동 패턴을 분석하여 맞춤형 서비스를 제공하여 차별화된 경험을 제공하는 것이다. 이는 고객 만족도를 높이고 결과적으로 고객 충성도를 강화시켜 기업의 수익성을 향상시킨다. 개인화된 서비스를 제공하기 위해서는 고객 데이터로부터 다양한 빅데이터 분석 기법을 사용해야만 한다.

(3) 효율적인 자원 관리

빅데이터를 통해 기업의 유한한 자원을 최대한 활용할 수 있게 된다. 불필요한 자원 낭비를 줄이고 효율적인 사용을 통해 비용을 절감하거나 제한된 자원을 효율적으로 배분하고 활용하여 생산성을 극대화할 수 있다. 이러한 효율적인 자원 관리를 통해 기업의 경쟁력을 강화하고 지속적인 성장을 도모할 수 있으며, 환경 보호를 고려한 자원 사용을 통해 지속가능한 성장을 추구할 수 있다.

(4) 새로운 비즈니스 모델 창출

빅데이터 분석을 기반으로 혁신적인 제품과 서비스를 개발하여 공유경제 플랫폼이나 데이터 기반 광고 캠페인 등 새로운 비즈니스 모델을 창출할 수 있으며, 빅데이터는 새로운 시장 기회를 발견하고 경쟁 우위를 확보하는 데 중요한 역할을 한다.

(5) 경쟁 우위 확보

기업은 빅데이터를 활용하여 경쟁사보다 빠르게 시장 변화에 대응하고, 고객 데이터를 분석하여 보다 나은 고객 경험을 제공함으로써 시장에서의 위치를 강화하는 등 경쟁 우위를 확보할 수 있다.

4. 빅데이터 관련 직무

빅데이터는 범위가 정말 넓고, 다양한 산업에서 이를 활용하려는 니즈가 있기 때문에 빅데이터 관련 직무를 완전하게 구분 짓는 것은 어렵다. 하지만, 일반적으로 다음의 3가지 직무로 구분할 수 있다. 빅데이터 엔지니어, 빅데이터 분석가, 데이터 과학자가 대표적인 빅데이터 직무이다. 직무별 특징을 정리하면 [표 8-1]과 같다.

표 8-1. 빅데이터 직무별 특징

구분	빅데이터 엔지니어	빅데이터 분석가	데이터 과학자
주요 업무	데이터 시스템 구축 및 관리	데이터 분석 및 인사이트 도출	데이터 분석, 모델링, 예측
핵심 역량	프로그래밍, 데이터베이스, 빅데이터 기술	통계, 데이터 분석 도구, 시각화 도구	통계, 머신러닝, 딥러닝, 프로그래밍
필요 지식	Hadoop, Spark, Kafka, 클라우드 컴퓨팅	R, Python, SQL, Tableau, Power BI	Python, R, 통계 모델, 머신러닝 알고리즘

(1) 빅데이터 엔지니어

빅데이터 엔지니어는 대량의 데이터를 수집, 저장, 처리하기 위한 인프라와 시스템을 설계, 구축 및 관리하는 전문가다. 이들은 데이터 과학자나 분석가가 데이터를 활용할 수 있도록 정제된 데이터를 제공하는 역할을 수행한다. 구체적으로 다양한 소스로부터 데이터를 수집, 변환, 적재하는 데이터 파이프라인을 구축하고 관리하며, 대용량 데이터를 효율적으로 저장하고 관리할 수 있는 데이터 레이크나 데이터웨어하우스를 설계하고 구축하는 역할을 한다. 빅데이터 엔지니어는 빅데이터 처리를 위한 하둡, 스파크(Spark) 등의 기술과 경험이 필요하며, AWS, 구글 Cloud, Azure 등의 클라우드 플랫폼에 대한 이해도 필요하다. 또한, 데이터베이스 설계와 관리에 대한 경험도 요구된다.

(2) 빅데이터 분석가

빅데이터 분석가는 비즈니스 문제를 해결하기 위해 주어진 데이터를 분석하여 인사이트를 도출하고, 비즈니스 의사결정에 도움을 주는 역할을 한다. 예를 들어, 쇼핑몰 매출이 감소한다면 데이터 분석가는 주어진 매출 데이터를 분석하여 문제의 원인과 해결책을 찾는다. 이러한 과정에서 이들은 상품 판매 추이, 카테고리별 판매량, 고객 세그먼트 등의 데이터를 분석해서 문제와 원인을 파악하고 해결책을 제시한다. 빅데이터 분석가는 데이터를 잘 이해하고, 시각적으로 잘 표현하는 것이 중요하다. 이에 따라 통계학, 데이터 시각화에 대한 지식이 요구되며, 데이터에서 유의미한 패턴과 정보를 추출하기 위해 데이터마이닝 관련 기술을 사용할 수 있어야 한다. 추가로 분석 분야에 대한 이해와 전문 지식을 보유하면 더욱 좋다. 그래프, 시각화에 초점을 맞춘 빅데이터 시각화 전문가는 많은 양의 데이터를 한 눈에 볼 수 있도록 시각화하는 작업을 하기 때문에 그래프, 디자인 요소에 대한 이해가 필요하다.

(3) 데이터 과학자

데이터 과학자는 다양한 데이터를 수집, 전처리, 시각화하고 이를 통해 비즈니스에 가치를 창출하는 역할을 수행한다. 데이터 과학자는 빅데이터 분석가보다 더 심층적인 분석과 모델링을 통해 미래를 예측하고 새로운 가치를 창출하는 전문가이다. 다시 말해, 이들은 비즈니스에서 표면적으로 드러나지 않는 문제를 발견하고, 해당 문제를 데이터 기반으로 분석하고 검증하여 해결함으로써 새로운 가치를 발견한다. 데이터 과학자는 데이터 분석과 모델링을 위한 통계학 개념과 기법에 대한 이해가 필요하고, 빅데이터를 다루기 위한 파이썬(Python), R 등 프로그래밍 언어 기술이 요구된다. 또한 데이터 예측, 분류, 군집화 등을 위한 머신러닝과 딥러닝 알고리즘에 대한 이해와 활용 능력도 필요하다.

02

빅데이터 분석

1. 기존 데이터 분석과의 차이

빅데이터 분석과 기존 데이터 분석은 데이터 규모와 유형, 분석 도구, 분석 목적 등 여러 측면에서 차이점이 존재한다.

(1) 데이터 규모와 유형

기존 데이터 분석은 일반적으로 관계형 데이터베이스에 저장된 제한된 규모의 정형 데이터를 처리한다. 이러한 유형의 데이터베이스는 데이터가 체계적으로 구성되고 컴퓨터가 쉽게 이해할 수 있다. 반면에, 빅데이터 분석은 정형, 반정형, 비정형 형식의 데이터가 포함되어 있고, 규모 또한 테라바이트를 넘어 페타바이트 단위에 이른다.

(2)분석 도구

기존 데이터 분석은 데이터베이스에 저장된 데이터를 구조적 질의어(Structured Query Language; SQL)를 이용하여 처리된 데이터를 엑셀이나 통계 패키지를 이용하여 통계 분석 위주로 데이터를 분석한다. 반면에, 빅데이터 분석은 엄청난 양의 데이터를 처리하기 위해서 하둡과 같은 분산 처리 기술이 필요하며, 머신러닝과 데이터마이닝 같은 고급 기술을 사용하여 복잡한 데이터 세트에서 정보를 추출한다.

(3) 데이터 범위

기존 데이터 분석은 주로 조직 내부에 존재하는 데이터를 중심으로 분석한 반면에, 빅데이터 분석은 웹이나 SNS 등 외부에 존재하는 데이터 활용의 중요성이 높아져 분석에 사용되는 데이터의 범위가 확장된다.

(4) 분석 목적

기존 데이터 분석은 주로 과거의 사실을 파악하고 설명하는 데 초점을 맞춘다. 예를 들어, “지난달 매출액은 얼마였는가?”와 같은 질문에 답하는 데 유용한 반면에, 빅데이터 분석은 미래 예측과 새로운 가치 창출에 초점을 맞춘다. 예를 들어, "어떤 고객이 우리 제품을 구매할 가능성이 높은가?" 또는 "어떤 상품을 개발해야 시장에서 성공할 수 있을까?"와 같은 질문에 답하는 데 유용하다.

2. 빅데이터 분석 과정

빅데이터 분석은 데이터 문제정의, 데이터 수집, 데이터 저장, 데이터 처리, 데이터 분석, 데이터 표현의 순서대로 진행된다.

(1) 데이터 문제정의

문제는 분석의 대상이면서 분석의 목적으로 지금 해결하고자 하는 문제가 무엇인지 제대로 인지하고 무엇을 할 것인가를 정의해야 한다. 가장 중요하기도 하고 가장 어려운 단계이다. 문제가 제대로 정의되지 않으면 분석 목표가 불분명해진다. 업무의 목적, 이유, 비즈니스에 미치는 영향, 구체적인 설계와 지표, 일정과 예상 결과 등에 대해 협의하는 단계에 해당한다.

(2) 데이터 수집

조직의 내부나 외부의 여러 데이터 소스로부터, 필요로 하는 데이터들을 수동 또는 자동으로 수집하는 단계이다. 내부 데이터를 수집하는 방법은 데이터베이스로부터 필요한 데이터를 추출하고, 목적에 맞게 적절한 형식으로 변환한 다음, 변환된 데이터를 적재하는 ETL(Extraction, Ttransformation, Loading) 기법을 사용한다. 외부 데이터의 경우 일반적으로 웹 크롤링(web crawling)을 이용하여 데이터를 수집한다. 그리고, 사용자의 행동 패턴을 파악하기 위해 로그 파일을 수집하는 경우도 많다.

① 수집되는 데이터 종류

- 기업 응용 데이터 : 기업 내부에서 활용하는 데이터로, 대부분의 데이터가 사전에 형식이 정해져 있는 정형 데이터이다. 재무, 회계, 거래 등을 기록한 문서가 포함되며, 실시간으로 기록되기보다는 일, 주 또는 월 단위로 기록되는 편이다. 이러한 유형의 데이터는 대부분 데이터베이스나 데이터웨어하우스에 저장된다.
- 인간 생성 데이터 : 사람과 사람 사이에 의해 생겨나는 데이터로, 이메일이나 문자 대화, SNS 등을 통해 텍스트, 이미지, 동영상 등 다양한 형태로 많은 양의 데이터가 생성되고 수집된다.
- 기계 생성 데이터 : IT 시스템에 의해 생겨난 데이터로 구조가 정해지지 않은 데이터를 시간의 흐름에 따라 수집한다. 엄청난 양의 데이터를 생성해 낸다는 특징이 있으며, 빠른 처리가 필요하다.

② 데이터 수집 기술

- 내부 데이터 수집 : 내부 데이터를 수집하기 위해서 ETL, 로그파일 수집을 이용한다. ETL은 기업 내부의 데이터베이스로부터 필요한 데이터를 추출하고, 조회 또는 분석을 목적으로 적절한 형태나 구조로 데이터를 변환한 다음, 데이터를 전송 및 적재하는 방법이다. 로그파일 수집이은 컴퓨터에 자동적으로 저장되는 로그 파일의 내용을 수집하는 방법으로, 로그 파일에는 누가, 언제, 어떻게 시스템에 접근

하여 무엇을 하였는지에 대한 내용들이 모두 저장되어 있다. Logstash, fluentd, splunk 등의 로그 수집 도구를 사용한다.

- 외부 데이터 수집 : 외부 데이터를 수집하는 방법은 Open API, 웹 크롤링 등이 있다. Open API는 웹을 운영하는 주체가 개발자와 사용자가 자유롭게 데이터를 사용할 수 있도록 공개하는 수집 기술이다. 현재 구글, 네이버 등 많은 업체에서 제공하고 있다. 웹 크롤링은 웹 페이지 내에서 저장하고자 하는 데이터를 추출하는 과정을 의미한다. 프로그래밍 언어를 이용하여 직접 접속용 코드를 작성하여 이용하거나 패키지 형태의 프로그램을 구입하여 사용할 수도 있다.

(3) 데이터 저장

수집 과정을 통해 모여진 대용량의 정형, 비정형 데이터를 저장 또는 관리하여 데이터 분석 및 활용에 용이하도록 지원하는 과정이다.

(4) 데이터 처리

대용량의 데이터와 빠른 데이터 생성 속도, 그리고 다양한 형태를 가진 데이터를 통합적으로 다루는 기술을 처리 기술이라고 한다. 처리는 일괄 처리와 실시간 처리로 구분하여 진행된다. 일괄 처리는 저장된 데이터를 여러 서버로 분산하여 나누어 처리한 후, 다시 모아 결과를 정리하는 방식으로 처리하는 것을 의미한다. 실시간 처리는 데이터가 쌓이지 않도록 들어오는 즉시 일련의 처리 업무를 수행하여 결과를 연속적으로 제공하는 방식이다.

① 데이터 전처리

확보한 데이터를 바로 분석에 사용할 수 없는 경우가 대부분이므로, 데이터를 사용하기에 앞서 결측치(missing data)나 이상치(outlier)와 같은 데이터의 결함을 관리하는 과정인 데이터 전처리를 해야 한다. 결측치는 데이터 중에서 입력이 누락된 것으로 대부분 NA로 표기한다. 결측치가 있는 경우 이를 삭제하거나 다른 값으로 대체하여 사용한다. 이상치는 정상 범위 밖에 있는 값으로, 전체 데이터 분포의 특성에 영향을 미친다. 이상치의 경우도 삭제하거나 다른 값으로 대체하여 사용한다. 이 외에도 잘못된 코드를 사용한 데이터, 잘못 측정된 데이터, 불필요한 데이터 등도 전처리 과정에서 수정되어야 한다.

② 데이터 처리 기술

빅데이트가 나타나면서, 기존의 관계형 데이터베이스만으로는 빠른 속도로 생성되는 다양한 형태의 비정형 데이터들을 처리하는데 어려움이 발생했다. 이에 따라 분산 환경에서 대용량의 데이터를 신속하게 처리하는 비정형 데이터베이스들이 등장하였다.

- **하둡**

  하둡(hadoop)은 여러 개의 컴퓨터를 하나인 것처럼 묶어 대용량의 데이터를 처리하는 기술로 분산 데이터처리 프레임워크라고도 한다. 하둡은 빅데이터를 저장하는 분산파일 시스템(hadoop distributed file system; HDFS)과 분산 병렬 처리하는 맵 리듀스(map reduce)로 구성되어 있다. HDFS를 통해 다양한 형태의 대용량 데이터를 분산 저장하며, 맵 리듀스로 빅데이터를 초고속으,로 처리한다. 즉, 저가 장비 및 스토리지 활용으로 저비용으로 방대한 양의 데이터 저장 및 처리가 가능하다.

- **NoSQL**

  NoSQL은 Not-only SQL 혹은 No SQL을 의미하며, 전통적인 관계형 데이터베이스와 다르게 설계된 비관계형 데이터베이스를 의미한다. NoSQL의 특징은 첫째, 스키마가 없다는 것이다. 고정된 스키마 없이 다양한 형태의 데이터를 저장 및 접근이 가능하다. 둘째, 유연성이다. 응용 시스템의 다운 타임이 없도록 하는 동시에 대용량의 데이터 생성 및 갱신이 가능해서 시스템에 장애가 발생하여도 클라이언트는 시스템에 접근이 가능하다. 마지막으로, 쿼리(query) 기능이다. 해당 기능을 통하여 수천 대 규모로 구성된 시스템에서도 데이터의 특성에 맞게 효율적인 데이터 검색 및 처리가 가능하게 된다.

(5) 데이터 분석

6개의 단계 중 가장 중요한 단계로, 처리 과정을 거친 대량의 데이터들로부터 알려지지 않은 정보 또는 지식, 패턴, 관계 등을 찾아내는 과정이다. 상황에 따라 앞선 처리단계에서 데이터를 분석에 맞게 데이터를 정제하는 전처리가 될 수도 있고, 분석 단계에서 전처리를 하는 경우도 있다. 데이터를 분석할 수 있는 형태로 전처리한 후, 통계 분석, 데이터마이닝, 텍스트마이닝, 소셜 네트워크 분석, 인공신경망 분석 등을 실시한다.

(6) 데이터 표현

분석 결과를 어떤 형태로 전달하느냐에 따라 사람의 인지정도가 달라질 수 있으므로, 이해하기 쉽도록 시각적인 수단으로 정보를 전달하는 시각화가 필요하다. 시각화는 시간 시각화, 분포 시각화, 관계 시각화, 인포그래픽 등의 다양한 형태로 지식의 전달이 가능하다.

3. 데이터 시각화 기술

데이터 시각화 기술은 수집된 빅데이터의 분석 결과를 쉽게 이해할 수 있도록 시각적으로 표현하고 전달하는 기술이다. 데이터 시각화 기술이 빅데이터 기술의 중요한 요소로 떠오르는 이유는 인간의 인지 처리와 관련이 있다. 인간은 다른 어떤 감각보다 시각 정보에 친숙하며, 정보의 약 80%는 시각을 통해 얻는다. 또한 시각화된 데이터는 청각 데이터에 비해 정보의 밀도가 높고 시간과 공간의 제약이 적다는 점도 데이터 시각화의 유용성을 뒷받침한다. 데이터 시각화라고 하면 차트나 그래프와 같은 형태를 떠올리기 쉽다. 이러한 형태도 데이터 시각화의 한 예이지만, 최근의 데이터 시각화는 좀 더 발전된 형태를 취하고 있다. 수집된 데이터가 정형화된 문자나 숫자의 형태를 벗어나 이미지, 영상 등 비정형 데이터가 등장하면서 차트나 그래프로 표현하는 데는 한계가 있기 때문이다. 즉, 데이터 시각화의 개념이 차트나 표로 데이터를 표현하는 기존의 의미에서 인간이 이해할 수 없는 비정형 데이터를 이해하기 쉬운 형태로 정리하는 기술이라는 의미로 점차 변화하고 있다.

데이터 시각화는 데이터의 의미를 더 쉽게 찾고 이해할 수 있도록 도와주는 다양한 유형이 있다. 대표적인 유형으로는 막대 그래프, 꺾은선 그래프, 영역형 그래프 등 데이터의 기본적인 특징을 표현하는 기본 그래프, 산점도, 네트워크 그래프 등 데이터 간의 관계를 시각적으로 표현하는 관계형 그래프, 지도 위헤 데이터를 표시하여 지역별 분포나 특징을 나타내는 지도 기반 시각화 등이 있다.

(1) 데이터 시각화의 장점

데이터 시각화의 첫 번째 장점은 방대한 양의 데이터를 한눈에 볼 수 있다는 것이다. 예를 들어 서울특별시 생활이동인구 데이터를 원시 형태로 보면 데이터에서 유의미한 추세를 찾기 어려울 뿐 아니라 검토할 수 없을 정도로 방대한 숫자가 나온다. 하지만 이를 시각화하면 데이터 분석 전문가가 아니더라도 시간, 지역, 성별 등 다양한 조건에 따라 서울특별시의 인구를 한눈에 파악할 수 있다.

두 번째 장점은 데이터 시각화가 요약 통계보다 더 정확한 분석 결과를 도출할 수 있다는 것이다. 일반적으로 시각적 정보는 분석 결과를 다른 사람에게 보여주기 위한 목적으로 사용된다. 데이터 시각화는 단순히 데이터 분석 결과를 전달하기 위한 목적뿐만 아니라 정확한 분석을 위한 데이터 탐색 방법으로서도 활용도가 높다.

세 번째 장점은 데이터 기반의 의사결정을 용이하게 한다는 것이다. 데이터 시각화 결과를 공유하는 대표적인 방법은 데이터 대시보드로 여러 개의 시각화 차트와 표로 구성되며, 중요한 데이터 지표를 모니터링하는데 사용된다. 대부분의 데이터 대시보드는 사용자가 데이터 조회 기간을 선택하거나 특정 기준에 따라 데이터를 필터링할 수 있는 대화형 기능을 제공하여 데이터를 자유롭게 탐색할 수 있다. 이를 기반으로 기업이나 조직은 쉽게 발견하지 못했던 문제점을 발견하고 정확한 데이터를 기반으로 중요한 의사결정을 내릴 수 있게 된다.

(2) 데이터 시각화 방법

① 시간 시각화

빅데이터에서 시간과 관련된 데이터를 전달하고자 할 경우 시간 시각화 기법이 사용된다. 시계열 데이터에서 가장 큰 특징은 트렌드이다. 시간의 흐름에 따라 인구 분포가 변화하고, 사업 영역이 변화하고, 사람들의 취향이 변화한다. 이러한 변화가 얼마나 진행되었는지 측정해서 기록한 것이 시계열 데이터이다. 변화의 패턴을 찾아서 트렌드를 알기 위해서는 개별 측정 데이터보다는 전체적인 변화의 추이를 알아야만 한다. 즉, 한 가지 구간에 대한 특정 값보다는 다 구간에 걸친 데이터 변화량의 전달이 더 중요하다. 시간 시각화를 통해 전체적인 데이터의 변경 추이, 급격하게 데이터가 증가하거나 감소된 구간이 있는지, 눈에 띄는 특정 구간이 있는지, 일정한 패턴이 있는지 여부를 확인할 수 있다. 시간 시각화는 막대 그래프, 누적 막대 그래프, 점 그래프 등으로 표시할 수 있다.

② 분포 시각화

분포 시각화는 데이터의 전체적인 분포를 확인하기 위한 시각화 방식이다. 시간 시각화의 단위가 시간인 것과 달리, 분포 시각화의 단위는 분류, 세부 분류 및 가짓수이다. 분포 시각화 자료를 통해 빅데이터의 최대, 최소, 전체 분포를 확인할 수 있다. 분포 시각화에는 트리맵 차트, 파이 차트, 도넛 차트, 누적 연속 그래프 등이 사용된다.

③ 관계 시각화

빅데이터를 통해 확인할 수 있는 중요한 지표는 데이터 간의 관계이다. 집단 간에 유사점이 있는지, 특정 집단의 소집단이 존재하는지, 집단 간의 상관관계가 있는지 여부를 관계 시각화를 통해 확인할 수 있다. 관계 시각화에는 버블 차트, 히스토그램, 산점도(scatter plot) 등이 사용된다. 관계 시각화에 가장 많이 사용되는 차트는 버블 차트이다.

④ 비교 시각화

비교 시각화 기법은 하나 이상의 변수를 기준으로 대상을 비교할 수 있도록 하는 기법이다. 한 개 또는 두 개의 변수로 대상을 비교하는 것은 비교적 간단하나, 비교 대상이 많아지거나 비교 변수의 개수가 늘어날 경우 고도화된 시각화 기법이 필요하다. 시각화 기법을 활용하지 않을 경우, 비교해야 할 대상의 숫자에 비교하려는 변수의 숫자를 곱한 만큼의 단위 비교 목록을 체크해야 한다는 문제가 존재한다. 비교 시각화 기법으로는 데이터를 전체적으로 시각화한 후, 흥미로운 부분을 선택적으로 자세히 시각화하는 것이 일반적인 접근 방법이다. 데이터를 한눈에 볼 수 있도록 값을 색으로 나타내어 표로 도식화하는 히트맵(Heatmap) 또는 히트 행렬(Heat matrix)이 비교 시각화 기법에 일반적으로 사용되고 있다. 그 외에도 비교 시각화 기법에는 스타 차트, 평행 좌표계, 다차원 적도법 등이 사용된다.

⑤ 공간시각화

공간 시각화는 지도 맵핑 방식을 통해 구현된다. 구체적으로, 공간 시각화는 지도에 특정 시간 단위의 값을 맵핑하거나, 지도에 다양한 분류 값들을 맵핑하는 시각화 방식이다. 지도는 직관성을 폭넓게 활용한 시각화의 한 분야로, 지도를 읽는 것과 통계 그래픽을 읽는 방법은 매우 유사하다. 지도는 위치와 거리에 대한 직관적인 정보를 내포하고 있다. 위치와 색상 구분을 명확히 하고, 라벨이 위치를 가리지 않도록 정확한 투사 방식을 통해 지도를 기반으로 한 시각화 결과를 생성할 수 있다. 예를 들어, 시간 변수를 반영한 공간 시각화 방식에는 애니메이션으로 특정 지역의 경제적인 성장 또는 몰락을 시각화할 수도 있다.

4. 빅데이터 분석 방법

빅데이터 분석은 처리 과정을 거친 대량의 데이터로부터 알려지지 않은 정보 또는 지식, 패턴, 관계 등을 찾아내는 과정으로, 빅데이터 분석에 사용되는 다양한 방법은 다음과 같다.

(1) 회귀 분석

회귀 분석(regression analysis)은 주로 예측에 사용되는 기법으로, 독립 변수와 종속 변수 간의 관계성을 분석하기 위해, 데이터에서 둘 간의 관계를 통계적으로 추정하는 방법이다. 독립 변수는 설명 변수 혹은 입력 변수로 표현 가능하며, 다른 변수에 의해 영향을 받지 않고 독립적으로 변할 수 있는 변수이고, 종속 변수는 반응 변수 혹은 출력 변수로 표현되며, 독립 변수의 변화에 영향을 받는 변수이다. 예를 들어, 주택 가격을 예측하기 위해 면적, 위치, 방 수 등의 변수를 사용하여 회귀 분석을 할 수 있다. 여기에서 주택 가격이 종속 변수가 되고, 나머지 면적, 위치, 방 수 등은 독립 변수가 된다.

① 선형 회귀 분석

가장 대표적인 회귀 분석 기법으로 독립 변수와 종속 변수가 연속형 데이터일 때 선형 예측 함수를 사용하여 회귀식을 모델링한다. 독립 변수의 수에 따라 하나일 경우 단순 회귀, 2개 이상일 경우 다중 회귀라고 한다.

② 로지스틱 회귀 분석

회귀 분석과 유사하나 종속 변수가 연속형이 아니라 범주형 데이터일 때 사용하는 기법으로 주로 분류에 사용된다.

(2) 군집 분석

군집 분석(clustering)은 분류 기준이 없는 상태에서 데이터 특성을 고려해 전체 데이터를 N개의 그룹으로 묶어내는 분석 기법이다. 군집 분석의 목적은 유사한 성향을 가진 개체를 모아 군집을 형성하여 군집간의 특성을 관찰하거나 목표 변수와의 관계를 파악하는 것이다. 유사성이 높은 대상 데이터를 묶고, 서로 다른 그룹에 속한 데이터 개체 간의 이질성을 계산하는 과정을 거친다. 군집 분석은 [그림 8-1]처럼 크게 계층적(hierarchical) 군집화, 분할적(partitioning) 군집화로 나눌 수 있다. 계층적 군집화는 가장 유사한 개체를 묶어 나가는 과정을 반복하여 원하는 개수의 군집을 형성하는 방법이다. 분할적 군집화는 구하고자 하는 군집의 수를 미리 정한 상태에서 설정된 군집의 중심에 가장 가까운 개체를 하나씩 포함해 가는 군집 형성 방식으로, 대표적인 기법은 중심적 기반인 K-평균 군집(K-means clustering), 밀도를 기반한 DBSCAN 등이 있다. 예를 들어, 고객에 대한 데이터를 이용하여 여러 집단으로 구분하는 고객 세분화를 예로 들 수 있다.

그림 8-1. 계층적 군집화와 분할적 군집화

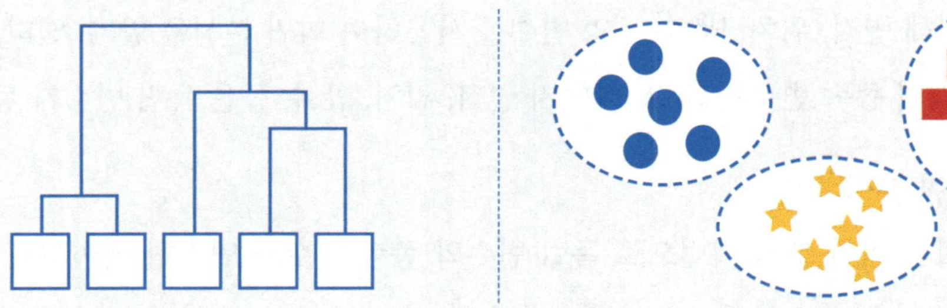

(3) 의사결정나무

의사결정나무(decision tree)는 의사결정 규칙을 나무 구조로 도표화하여 분류(classification)와 예측을 수행하는 분석 기법이다. 분석의 목적과 자료구조에 따라서 분리 기준과 정지 규칙을 지정하여 의사결정나무를 구축한다. 목표 변수가 범주형일 경우 분류나무 모델을 이용하여 분류에 사용되고, 연속형일 경우 회귀모델을 이용한 예측에

그림 8-2 의사결정나무

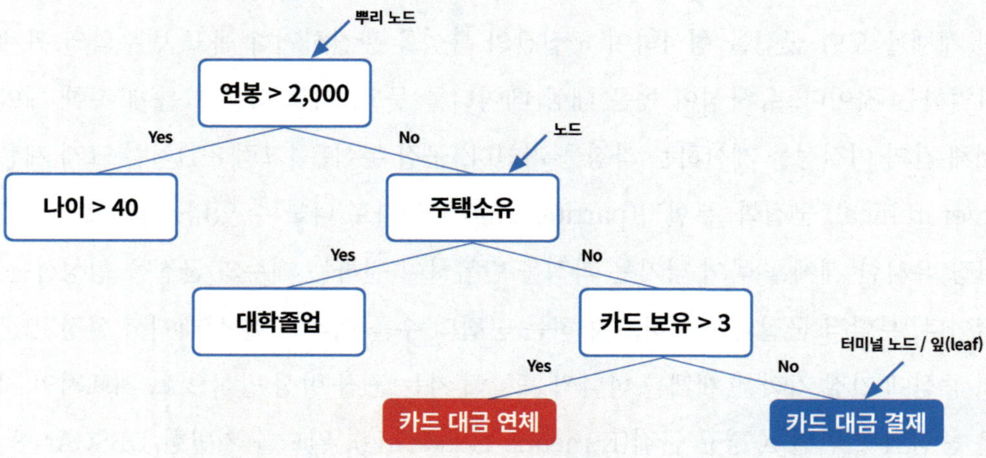

사용된다. 대표적인 알고리즘으로는 C5.0, CART, CHAID 등이 있다. 신용카드 회사에서 새로운 고객에게 카드를 발급할지 말지 결정해야 할 경우, 과거의 데이터를 통해 카드 대금 연체에 영향을 미치는 변수들을 나열하고 각 변수에서 어떠한 조건을 분기점으로 카드 대금 연체에 이르게 되는지 [그림 8-2]처럼 도식화하면 된다. 연봉이 2,000 미만이고, 주택을 소유하고 있지 않으며, 신용 카드를 3장 이상 보유한 사람들은 과거에 카드 대금을 연체했다는 결과를 얻을 수 있다.

의사결정나무는 직관적으로 이해하기 쉽기 때문에 설명이 필요한 경우에 많이 사용되지만 데이터 변화에 민감하여 비안정적이고 정확도가 떨어지는 단점이 있다.

(4) 연관 규칙 학습

연관 규칙 학습(association rule learning)은 대량의 데이터로부터 숨어있는 규칙을 찾아내는 기법으로, 장바구니 분석이라고도 한다. 상품 혹은 서비스의 거래 기록으로부터 상품 간의 연관성을 파악하여, 연관성이 높은 상품들을 그룹화하는 군집화의 일종이다. 예를 들어, POS데이터로부터 전체 거래의 10%가 양파와 감자를 구매했으며, 양파와 감자를 구매한 고객의 8%가 콜라를 동시에 구매하였다는 소비자의 구매 행태를 파악할 수 있다. 즉, 양파와 감자를 구매하면 콜라를 구매한다는 연관 규칙을 발견하게 되고, 이를 마케팅 활동에 활용할 수 있다. 대표적인 알고리즘으로는 아프리오리(apriori), FP-growth, Eclat 등이 있다.

거래 내용에 대한 데이터를 변환 없이 그대로 사용할 수 있어 간단하며, 분석 방향이나 목적이 없는 경우에도 유용하다. 또한 조건식으로 결과가 표현되어 이해하기 쉽다는 장점이 있지만, 너무 세분화된 품목을 이용하면 의미없는 결과를 얻을 수 있고, 품목 수가 증가하면 분석에 필요한 계산이 기하급수적으로 늘어나고 거래량이 적은 품목은 규칙 발견에서 제외될 확률이 높다는 단점이 있다.

(5) 인공신경망 분석

인공신경망은 생물학적 뇌의 작동 원리를 그대로 모방하는 방법으로서, 데이터 안의 독특한 패턴이나 구조를 인지하는데 필요한 모델을 구축하는 기법이다. 인공신경망은 인간의 신경학적 뉴런과 비슷한 노드와 층으로 구성되며, 노드는 신경망 모형에서 가장 기본적인 요소를 말한다. 가장 일반적인 인공신경망 모형은 다계층 퍼셉트론 모형으로서, 입력층에서 은닉층, 은닉층에서 출력층으로 각 노드가 서로 연결되어 있는 것이 특징이다. 학습 패러다임에 근거한 인공신경망은 입력 데이터를 기초로 가중치를 통해서 의사결정을 하게 된다. 인공신경망 모형은 예측 오차를 줄이고 예측 정확성을 증진시키기 위해서 반복적으로 가중치를 수정하는데, 이러한 반복적인 단계를 훈련이라고 한다. 인공신경망은 복잡하고 비선형적이며 관계성을 갖는 다변량을 분석할 수 있다. 인공신경망 기법은 회귀분석과 같은 선형 기법과 비교하여 비선형 기법으로서의 예측력이 뛰어나며, 자료에 대한 통계적 분석 없이 결정을 수행할 수 있다. 인공신경망은 통계적 기본 가정이 적고 유연하여 다양하게 활용된다. 특히 데이터 사이즈가 작은 경우, 불완전 데이터, 노이즈 데이터가 많은 경우에 인공신경망 모델의 성능이 일반적으로 다른 기법과 비교하여 우수하다고 평가된다. 그러나, 모델이 제시하는 결과에 대해서 왜 그런 결과가 나왔는지에 대한 원인을 명확하게 설명할 수 없다는 점과, 모델의 학습에 시간이 과도하게 소요되는 점, 전체적인 관점에서의 최적해가 아닌 지역 내 최적해가 선택될 수 있다는 점, 과적합(overfitting) 될 수 있다는 점 등이 인공신경망 기법의 단점이다.

(6) 텍스트 마이닝

텍스트 마이닝(text mining)은 비정형 및 반정형 데이터인 텍스트를 활용하여 자연어 처리 기술과 문서처리 기술을 기반으로 유용한 정보를 추출하는 기술이다. 자연어 처리는 텍스트 분석을 하기 위해 필요한 전처리 단계로, 자연어로 표현된 텍스트 데이터를 컴퓨터가 이해할 수 있도록 단어를 식별하고 도메인에 적합한 의미 정보로 변환하여 대표적인 단어를 추출한다. 이를 바탕으로 데이터 안에서 단어의 출현 빈도를 파악하는 단어 빈도 분석, 유사한 단어 또는 비슷한 성격의 단어들을 묶어주는 군집 분석, 단어에 나타난 긍정 혹은 부정 등의 감정적 요소를 추출하여 그 정도를 판별하는 감성 분석(sentiment analysis), 그리고, 서로 다른 단어가 동시에 나타날 확률에 기초하여 단어 간 연관성을 추출하는 연관 분석 등의 통계적 방법들이 사용된다. 비통계적 방법으로 머신 러닝을 이용하여 입력된 텍스트 내용을 짧게 요약하거나 주제 정보나 키워드들을 추출하여 그 결과를 검색 엔진에 적용할 수 있다. 그밖에 스팸 메일 필터링, 사기 범죄 감지, 고객 관계 관리 등의 분야에 활용한다.

(7) 소셜 네트워크 분석

소셜 네트워크 분석(social network analytics)은 그래프 이론을 바탕으로 SNS에서 네트워크 연결구조와 연결강도를 분석하는 것으로, 각 개인 또는 그룹의 소셜 네트워크 내 영향력, 관심사, 성향 및 행동 패턴을 분석하는 기술이다. 소셜 네트워크 분석은 분석의 관점이 개체가 아니라 관계에 있다는 것에 큰 의미를 지닌다. 즉, 사람을 '어떻게 아는가' 보다는 '누구를 아는 것'에 초점을 두고 중요한 사람이나 업무 및 그룹 간의 연결 네트워크를 시각적으로, 수학적으로 표시해 준다. 이러한 관계를 구조(structure)라고 하며, 구조를 측정하고 분석하기 위해 다양한 개념과 방법을 제시한다. 일반적으로 많이 사용되는 분석 방법은 연결 중심성(degree centrality) 분석, 근접 중심성(closeness centrality) 분석, 매개 중심성(betweenness centrality) 분석이 있다. 연결 중심성 분석은 하나의 노드에 직접적으로 연결된 이웃 노드의 개수로 측정하여 전체 네트워크에서 차지하는 중요도를 파악하기 위한 지표이다. 근접 중심성 분석은 네트워크를 구성하는 노드가 전체 노드에 도달하기까지의 단계를 분석하는 것으로 한 사용자가 다른 사용자와 얼마나 가까운지를 나타내는 지표이다. 단계수가 작을수록 근접 중심성이 높게 나타나며 이는 해당 노드가 네트워크 내에서 영향력 혹은 파급력이 높다는 것을 의미한다. 매개 중심성 분석은 노드와 노드를 연결하는 최단 경로에 얼마나 자주 등장하는지를 산출하는 것으로 해당 노드가 매개자 역할을 얼마나 잘하는지를 측정하는 지표이다.

03
빅데이터 관련 최신 이슈

1. 클라우드 기반 빅데이터 분석의 확산

기업들은 클라우드 플랫폼을 활용하여 대규모 데이터를 효율적으로 저장하고 처리하며, 이를 통해 비용 절감과 유연성을 확보하고 있다. 클라우드 기반 분석은 클라우드 컴퓨팅 리소스를 활용하여 데이터를 분석하고 통찰력을 추출하여 데이터 기반 의사결정을 내리는 것을 의미한다. 데이터를 클라우드에 저장하고 데이터 웨어하우스, 데이터베이스, 비즈니스 인텔리전스(BI) 플랫폼, 머신러닝 알고리듬, 데이터 시각화 도구 등 다양한 분석 도구와 기술을 활용하여 데이터를 처리하고 분석한다. 클라우드 기반 분석은 데이터 접근성과 협업을 촉진하여 비즈니스 인텔리전스를 강화한다. 글로벌 시장조사 기업인 메티큘러스 리서치(Meticulous Research)는 세계 클라우드 기반 분석 시장 규모가 2024년부터 2031년까지 연평균 19.8%의 성장률을 보이며 2031년까지 1,354억 달러에 이를 것으로 전망된다. 이 시장의 성장은 디지털화와 빅데이터 기술 증가, 멀티클라우드 플랫폼을 통한 연결성 확대, 클라우드 기반 솔루션의 경제적 이점 등에서 기인한다. 하지만 보안 및 개인정보 보호 문제가 시장 성장을 제한할 수 있다. 더불어 중소기업에서 클라우드 기반 분석 솔루션 수요 증가와 맞춤형 및 관리형 클라우드 서비스에 대한 관심 증가가 이 시장의 업체들에 성장 기회를 제공할 것으로 예상된다. 하지만 기존 데이터웨어하우스의 높은 도입률이 클라우드 분석 시장 성장에 주요 과제로 작용할 것으로 보인다. 또한 웨어러블 의료기기와 서버리스 컴퓨팅이 이 시장의 두드러진 트렌드로 꼽힌다.

(1) 클라우드 솔루션 도입 증가

제품 유형별로 보면, 2024년 솔루션 부문이 약 73.0%의 가장 큰 시장 점유율을 차지할 것으로 예상된다. 이는 고객 분석, 영업 및 마케팅 분석 솔루션의 채택 증가, R&D 투자 확대, 솔루션 중심 기능에 대한 관심 증가, 클라우드 솔루션의 경제적 이점 등에서 비롯된다. 또한 확장성, 보안 및 규정 준수, 생산성 향상, 비용 효율성, 고객 통찰력 개선 등 솔루션이 제공하는 장점 덕분에 예측 기간 동안 더 높은 연평균 성장률을 기록할 것으로 전망된다. 유형별로는 2024년 기술통계 분석 부문이 약 57.0%로 가장 큰 점유율을 차지할 것으로 예상된다. 이는 빅데이터 기술 도입 증가, AI/ML 기술의 출현, 실시간 분석 솔루션 수요 증가, 제조업 분야에서의 예측 분석 도입 확대 때문으로 풀이된다. 배포 모드별로는 2024년 퍼블릭 클라우드 부문이 59.0% 이상의 가장 큰 점유율을 차지할 것으로 예측된다. 하이브리드 클라우드 부문은 예측 기간 동안 가장 높은 연평균 성장률을 기록할 전망이다. 클라우드 기반 배포를 위한 새로운 방법의 진화, 확장성에 대한 수요 증가, 민첩하고 비용 효율적인 컴퓨팅 니즈 증가, 컴퓨팅 파워 수요 증가 등이 이 부문 성장을 뒷받침할 것으로 보인다.

(2) 디지털화·AI/ML 신기술 통합

산업별로는 2024년 은행, 금융 서비스 및 보험(Banking, Financial Services and Insurance; BFSI) 부문이 14.0% 이상으로 가장 큰 점유율을 차지할 것으로 예상된다. 이는 규정 준수 효율적 관리를 위해 은행 등 BFSI 기관의 클라우드 솔루션 도입 필요성 증가, 디지털화 및 빅데이터 분석 확대, 클라우드 솔루션 수요가 높은 핀테크 스타트업 증가, 고급 AI/ML 알고리듬 통합 등에 따른 것이다. 이 부문은 2024~2031년 예측 기간에도 높은 연평균 성장률을 기록할 전망이다. 지역별로는 2024년 북미 시장이 약 43.0%로 가장 큰 점유율을 차지할 것으로 보인다. 아시아태평양 지역은 예측 기간 동안 23.5%의 가장 높은 연평균 성장률을 기록할 것으로 전망된. 이 지역 성장 요인으로는 기업의 신규 클라우드 분석 솔루션 출시 노력, 정부의 클라우드 분석 솔루션 도입 지원 정책과 이니셔티브, 중소기업의 클라우드 관리 서비스 도입 확대 등을 꼽을 수 있다.

또한 고급 클라우드 분석 솔루션을 출시하려는 정부의 이니셔티브와 기업의 노력도 이 지역 시장 성장을 뒷받침하고 있다. 클라우드 기반 분석 시장의 주요 업체로는 마이크로소프트, IBM, 오라클(Oracle), 구글, SAP, 세일즈포스(Salesforce), SAS 인스티튜트, AWS, 휴렛팩커드 엔터프라이즈, 마이크로스트레티지(MicroStrategy) 등이 있다.

2. 실시간 데이터 처리 및 분석의 중요성 증가

실시간 데이터 처리와 분석은 정보 기술과 비즈니스 세계에서 중추적인 역할을 하며, 데이터가 생성되는 즉시 이를 분석하고, 처리하여 즉각적인 통찰력을 제공하는 과정이다. 이러한 처리 방식은 데이터를 저장, 배치 처리 후 분석하는 전통적인 방법과 대조되며, 실시간으로 데이터를 분석함으로써 더 빠르고 효율적인 의사 결정을 가능하게 한다. 사물인터넷(IoT) 기기와 센서의 확산으로 실시간 데이터의 양이 급증하고 있으며, 이에 따라 실시간으로 데이터를 수집하고 분석하여 즉각적인 의사결정을 지원하는 기술의 중요성이 부각되고 있다. 실시간 데이터 처리와 분석은 비즈니스 환경에서 빠르게 변하는 데이터를 이해하고, 이를 바탕으로 신속한 의사 결정을 내리는 데 필수적이다. 이 과정은 다양한 산업 분야에서 경쟁 우위를 확보하고, 운영 효율성을 높이며, 사용자 경험을 개선하는 데 기여한다. 또한 실시간 데이터 처리와 분석은 위험 관리와 문제 해결 과정에서도 중요한 역할을 한다. 금융 서비스 산업에서는 실시간으로 거래를 모니터링하여 사기를 감지하고, 위험을 관리하고, 제조업에서는 설비의 이상 상태를 실시간으로 감지하여 큰 사고나 고장을 미연에 방지할 수 있다. 이처럼 실시간 처리 및 분석은 비즈니스가 위험을 사전에 감지하고, 신속하게 대응할 수 있도록 지원하여, 비용을 절감하고 기업의 안정성을 높인다.

실시간 데이터 처리와 분석은 다양한 기술과 도구를 통해 구현된다. 이러한 기술들은 빅데이터 스트림을 실시간으로 처리하고 분석하여 비즈니스 인사이트를 도출하며, 이를 기반으로 신속한 결정을 내릴 수 있도록 지원한다. 스트림 처리는 연속적인 데이터 스트림을 실시간으로 처리하는 기술로, 데이터가 생성되는 대로 즉시 분석하고, 이벤트를 감지하여 적시에 반응할 수 있게 한다. 스트림 처리는 금융 거래 모니터링, 사이버 보안 위협 탐지, 온라인 광고 최적화 등 다양한 분야에서 활용된다. 실시간 데이터 처리와 분석을 위해 널리 사용되는 기술 및 도구에는 Apache Kafka, Apache Storm, Apache Flink, Google Cloud Pub/Sub 등이 있다. 예를 들어, Apache Kafka는 고처리량, 내구성, 확장성을 제공하는 분산 스트리밍 플랫폼으로, 실시간 데이터 파이프라인과 스트리밍 애플리케이션을 구축하는 데 이상적이다. 이와 같은 도구들은 데이터 스트림을 효율적으로 처리하고, 복잡한 실시간 분석을 수행할 수 있는 강력한 기능을 제공한다.

실시간 데이터 처리와 분석은 빅 데이터 기술과 밀접하게 연관되어 있다. 빅데이터는 거대한 데이터 집합을 의미하며, 이로부터 가치를 추출하고 의미 있는 결론을 도출하기 위해서는 고급 분석이 필요하다. 실시간 처리 기술은 빅데이터 분석을 한 단계 끌어올려, 데이터가 생성되는 즉시 가치를 도출할 수 있도록 한다. 이를 통해 기업은 보다 정확한 인사이트를 실시간으로 얻을 수 있으며, 이는 비즈니스 전략 수립과 실행에 큰 이점을 제공한다.

3. 데이터 거버넌스와 윤리적 고려사항

빅데이터의 활용이 증가함에 따라, 데이터의 책임 있는 관리와 윤리적 문제 해결이 중요한 주제로 부각되고 있다. 이는 데이터의 수집, 저장, 분석, 공유 과정 전반에 걸친 규정과 가이드라인을 수립하고 실행하는 데 중점을 둔다.

(1) 데이터 거버넌스

데이터 거버넌스는 조직이 데이터를 효과적으로 관리하고 활용할 수 있도록 정책, 절차, 표준, 역할 및 책임을 정의하는 체계적인 접근 방식이다. 이는 데이터의 품질, 보안,

프라이버시, 규정 준수, 가용성 및 활용성을 보장하기 위한 전반적인 프레임워크를 의미한다.

- 데이터 품질 보장 : 데이터의 신뢰성과 일관성을 유지하는 것은 데이터 거버넌스의 핵심 목표로 이를 통해 조직 내 모든 부서에서 정확하고 유효한 데이터를 활용할 수 있다.
- 데이터 보안 및 프라이버시 보호 : 데이터 유출, 해킹, 내부 위협으로부터 데이터를 보호하고, 개인정보 보호법에 맞춰 데이터를 관리해야 한다.
- 데이터 규정 준수 및 리스크 관리 : 기업이 데이터를 활용하는 과정에서 법적 문제를 예방하고, 리스크를 최소화하기 위해 준수해야 할 내부 정책이나 규정을 수립해야 한다. 또한 데이터 유출 사고 시 대응 프로세스를 마련하여 리스크를 최소화하도록 해야 한다.
- 데이터 거버넌스 체계 수립 : 데이터 거버넌스는 일회성 프로젝트가 아니라 지속적으로 운영되어야 하므로 정기적으로 거버넌스 정책을 검토하고 개선하여 직원들이 데이터의 중요성을 인식하고 적극적으로 참여하도록 유도해야 한다.

(2) 빅데이터 활용의 윤리적 고려사항

빅데이터는 방대한 데이터를 수집하고 분석하여 다양한 산업과 사회 문제 해결에 기여하지만, 잘못된 활용은 프라이버시 침해, 차별, 데이터 오용 등의 윤리적 문제를 초래할 수 있다. 빅데이터 활용 시 고려해야 할 윤리적 원칙과 이슈를 살펴보면 다음과 같다.

• 개인정보 보호 및 프라이버시

빅데이터 활용의 가장 중요한 윤리적 고려사항은 개인정보 보호다. 데이터를 수집할 때는 다음과 같은 원칙을 지켜야 한다.

✔ 데이터 최소 수집 원칙 : 필요한 데이터만 수집하고, 불필요한 정보는 저장하지 않음

✔ 익명화 및 가명화 : 개인을 특정할 수 없도록 데이터 처리

✔ 동의 기반 데이터 수집 : 사용자는 명확한 정보를 제공받은 후 동의해야 함

✔ 데이터 삭제권 : 사용자가 원할 경우 데이터 삭제 가능하도록 보장

● 데이터 편향 및 차별

빅데이터 분석 결과가 특정 인종, 성별, 연령층 등에 편향되거나 차별적인 결과를 초래할 수 있다. 이런 문제점을 해결하기 위해서는 데이터 수집 단계에서 편향을 제거할 필요가 있으며, AI 및 머신러닝 알고리즘이 특정 집단을 차별하지 않도록 검증할 필요가 있다.

● 데이터 소유권 및 사용권한

데이터의 소유권이 명확하지 않거나, 동의 없이 데이터가 공유되거나 판매될 경우 윤리적 문제가 발생할 수 있다. 데이터 제공자가 자신의 데이터 소유권을 가질 수 있도록 보장해야 하며, 사용자가 동의한 범위 내에서만 데이터를 사용할 수 있도록 해야 하며, 데이터를 판매하거나 공유할 경우 반드시 사용자의 동의를 받도록 해야 한다.

Part 09.

사물인터넷과 스마트 팩토리

01

사물인터넷 개요

1. 사물인터넷 발전과정과 정의

사물인터넷(Internet of Things; IoT)이라는 용어는 1999년 미국 MIT대학교 캐빈 애슈턴(Kevin Ashton) 교수에 의해 처음 사용됐다. 그는 IoT를 인터넷이 세상 도처에 있는 센서들에 의해 물리적인 세계로 연결하는 시스템이라고 정의했다. 컴퓨터 내에 기능을 집어넣는 게 아닌 사물에 컴퓨터 기능이 들어간다고 보았다. IoT는 2000년대 초반 RFID 연구로부터 무선센서 네트워크, 유비쿼터스 센서네트워크, 사물통신(Machine to Machine; M2M) 등으로 발전되어 오다가 2010년대 중반부터는 IoT라는 용어가 전면에 등장했고 관련 SW엔진과 프레임워크 등이 개발되었다. 이후 개념이 확장되어 만물인터넷(Internet of Everything; IoE)으로 불리기도 했다. M2M이 주로 기계와 관련된 바코드, 주차장, CCTV 등과 관련된 영역이라면 IoT는 통신을 주로 하는 RFID, 센서 네트워크, 근거리무선통신(NFC) 등을 포함한다. 아울러 IoE는 사람과 사물, 공간을 총괄하는 용어로 최근에는 클라우드, 빅데이터 등 기술과 연계하여 무인자율자동차, 스마트 팩토리, 스마트그리드 등에 활용된다. 정리하면, IoT는 다양한 기기들이 인터넷에 연결되어 데이터를 주고받으며 상호작용하는 기술로 센서와 통신 기능이 장착된 사물들이 네트워크를 형성하여 데이터를 주고받는 것을 말한다. 이러한 기술은 사람과 사물, 사물과 사물 간의 연결을 통해 새로운 가치를 창출한다.

2. 사물인터넷 작동 원리

IoT는 [그림 9-1]처럼 4가지 단계로 작동하며, 데이터를 수집하는 IoT 단말기, 수집된 정보를 전송하는 네트워크, 정보를 분석하고 처리하는 소프트웨어가 필요하다.

그림 9-1. IoT 작동 원리

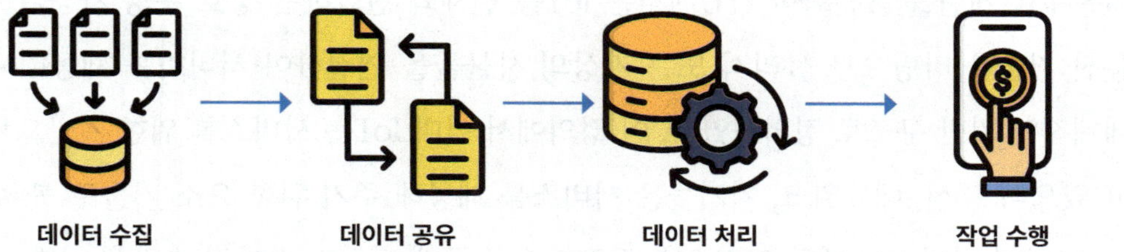

- 데이터 수집 : 센서를 장착한 단말기를 사물에 장착해 필요한 데이터를 수집
- 데이터 공유 : IoT 기기는 Wi-Fi, 블루투스, 5G 등 네트워크로 인터넷에 연결되어 수집한 데이터를 클라우드 서버로 전송
- 데이터 처리 : 클라우드 서버 기반 소프트웨어가 데이터를 분석하고 처리
- 작업 수행 : 데이터를 기반으로 기기 작동이나 경고 등의 작업을 수행

IoT 시스템은 센서와 액추에이터로 구성되는데, 센서는 특정 상황을 감지하고 주변 환경에서 데이터를 수집하는 장치이고 액추에이터는 물리적인 동작을 통해 환경에 영향을 주는 장치를 의미한다. 예를 들어, IoT로 연결된 조명이 켜져 있음을 감지하는 장치가 센서이고, 이를 토대로 실제로 불을 끄는 장치가 액추에이터이다. 이렇게 수집된 데이터는 디지털 신호로 변환되어 인터넷을 통해 클라우드 서버나 로컬 서버에 저장된다. 저장된 데이터는 특정 알고리즘을 통해 분석되고 처리된다.

3. 사물인터넷 특징과 고려사항

IoT의 특징에 대해 정확히 알고 이를 통해 고려사항들을 충분히 이해하여야 한다.

(1) 사물인터넷 특징

① 서비스

처음 IoT 개념을 표준화한 ITU에서는 IoT를 현재와 진화하는 상호 운영 가능한 정보 통신 기술을 바탕으로 물리적 또는 가상의 사물들을 연결하여 서비스를 제공해 주는 세계적인 기반 구조로 정의하였다. 이 정의에서 이미 IoT는 서비스를 위한 기반으로 보고 있으며 통신, 네트워크, 기기들은 서비스를 제공해 주기 위한 요소 기술로 볼 수 있다. 따라서 서비스에 대한 고려 없는 IoT 기술은 존재 가치가 작아질 수밖에 없다.

② 다양성

IoT 서비스를 보면 매우 다양하다. 공간 측면에서 집안의 기기들을 연결하여 편의성을 제공하는 스마트 홈, 건물 내의 효율적인 시설물 관리를 위한 스마트 빌딩, 도시 문제 해결을 위한 스마트 시티 등이 있다. 그리고 서비스 목적 측면에서 보면 맞춤형 의료를 위한 스마트 헬스, 효율적인 자원 사용을 위한 스마트 에너지, 효율적인 제품 생산을 위한 스마트 팩토리 등이 있다. 그리고 이들 서비스들은 감지기와 작동기 같은 매우 다양한 기기들이 필요하며, 5G, WiFi, 블루투스와 이더넷 같은 다양한 유무선 통신과 네트워크 기술들로 이들 기기들을 연결하고, 클라우드, 빅데이터, AI 같은 다양한 소프트웨어 기술들이 활용되어야 한다. 이와 같이 IoT 서비스는 동작 범위와 목적 측면에서 매우 다양하며 이를 실현하기 위한 기술들도 매우 다양하다.

③ 진화

ITU에서 정의한 IoT 개념에 이미 진화하는 기술을 포함하고 있다. 이는 곧 미래의 신기술들도 IoT에 추가적으로 활용될 수 있음을 나타낸 것이다. 실제로 2012년도에 ITU에서 IoT 개념을 정의할 때 5G 이동통신 기술은 존재하지 않았지만 향후 IoT의 주요 기술 요소로 인식되고 있다. 2010년에 공개된 저전력 블루투스(BLE, Bluetooth Low Energy) 기술은 웨어러블 기기와 비콘(Beacon) 시장들을 확대 시키고 있으며 2017년에 새로이 정의한 Flooding 기반의 블루투스 Mesh 기술은 스마트 조명 시장의 주목을 받고 있다. 이와 같이 새로운 기술들이 지속적으로 개발되면서 IoT 서비스 시장을 확대시키고 있다.

(2) 고려 사항

IoT의 세 가지 특징을 기반으로 하여 가장 중요한 고려사항은 IoT 서비스에 대한 구체적인 이해이다. 다양한 기술들로 기기들을 연결하는 목적이 바로 사용자에게 새로운 가치를 제공하기 위해서이다. IoT 서비스를 통해 편의성, 효율성, 지적 호기심, 심미적 만족감 등이 불편함 없이 이루어져야 한다. 만약 사용자가 지불 비용만큼의 추가적인 가치를 느끼지 못한다면 IoT 제품 또는 서비스를 구매할 이유가 전혀 없다.

두 번째인 IoT의 다양성을 보면 개별 서비스의 영역(집, 건물, 도시, 농장 등)과 특징들(전력 소모, 연결 기기 종류 및 수)이 다르기 때문에 서비스 특성에 맞는 맞춤형 기술 융합에 대하여 반드시 고려해야 한다. 이는 IoT 서비스별 다양한 기기들, 통신 및 네트워크, 클라우드, 빅데이터와 AI 같은 서로 다른 기술들을 서비스 목적에 맞게 효율적으로 융합해야 하기 때문이다. 예를 들어, 스마트 홈의 경우 3~4명 정도의 사용자들이 집 안에서 엔터테인먼트 기기들(TV, 오디오 등)을 활용하기 위한 하나의 비디오·오디오 전송 네트워크가 필요하다. 하지만 스마트 빌딩의 경우 수천 명에 이르는 사람들의 출입 관리 및 다양한 시설물(승강기, 전등, 공조기 등)의 관리를 위해 보다 넓은 범위에서 데이터 전송이 가능하도록 여러 네트워크 간 연동 기술이 필요하다.

마지막으로 지속적으로 진화하고 있는 IoT 특징 때문에 IoT 서비스를 제공할 때에는 향후 서비스 확장을 고려한 단계적 접근을 반드시 고려해야 한다. 이를 위해서는 현재 활용 가능한 기술들에 대한 정확한 이해가 필요하다. 예를 들어 사용자의 움직임을 예측하여 사전에 전등을 제어하는 서비스는 현재 AI 기술로는 정확한 예측이 불가능하기 때문에 서비스 제공이 불가능하다. 하지만, 사후 제어의 경우 움직임 감지기를 활용하면 현재 기술로도 충분히 제공 가능하다. 따라서 현재는 사후 제어 형태로 서비스가 제공되지만 미래 AI 기술 발전을 고려하여 향후에는 사전 제어 서비스가 가능하도록 확장성 있게 IoT 서비스 구축이 되어야 한다.

4. 사물인터넷의 장점과 단점

IoT는 우리 생활을 편리하게 해주는 다양한 장점을 가지고 있지만, 동시에 간과해서는 안 될 단점들도 존재한다.

(1) 장점

① 편리성

IoT를 통해 사물의 상태를 실시간으로 모니터링하고 관리하여 편리한 생활 환경을 구축할 수 있고, 사용자 데이터를 기반으로 개인 맞춤형 서비스를 제공할 수 있다.

② 효율성

IoT 시스템은 자원을 절약할 수 있고, 자동화된 프로세스를 통해 인력 및 관리 비용을 절감할 수 있으며 스마트 팩토리 등에서 IoT 기술을 활용하여 생산성을 향상시킬 수 있다.

③ 안전성

누수 등 위험 상황을 감지하고 사용자에게 알림을 보내 사고를 예방할 수 있고, CCTV 등을 통해 빌딩이나 집 안 보안을 강화할 수 있으며 웨어러블 기기를 통해 건강 데이터를 수집하고 분석하여 건강 관리에 도움을 받을 수 있다.

(2) 단점

① 보안 문제

IoT 기기는 많은 양의 데이터를 수집하고 전송하기 때문에 해킹에 취약하며 해킹으로 인해 개인정보가 유출되거나 기기가 오작동될 수 있다. 특히 보안이 취약한 저가형 IoT

기기들의 경우 해킹 위험이 더욱 높다.

② 의존성 심화

IoT 시스템에 오류가 발생할 경우 생활에 큰 불편을 초래할 수 있다. 예를 들어 스마트 홈 시스템이 오작동하여 집 안의 모든 가전제품이 작동하지 않거나 시스템 시티 시스템에 오류가 발생하여 도시 기능이 마비될 수도 있다.

③ 개인정보 보호 문제

IoT 기기들은 사용자의 활동 패턴, 위치 정보, 건강 데이터 등 다양한 개인정보를 수집하고 처리한다. 이러한 정보가 사용자의 동의없이 제3자에게 제공될 수 있다는 우려가 있다. 특히 민감한 개인정보가 유출될 경우 심각한 프라이버시 침해 문제가 발생할 수 있다.

5. 사물인터넷 구성 요소

IoT의 구성 요소는 크게 센서 기술, 네트워크 기술, 데이터 처리 기술, 그리고 사용자 인터페이스 기술의 4가지이다.

(1) 센서 기술

사물이나 주위 환경에 전자태그를 부착하여 주위 환경과 사물의 변화를 감지하여 데이터를 수집하고 실시간으로 정보를 전달한다. 온도 센서, 초음파 센서, 영상 센터 등을 예로 들 수 있다. 센서는 원격 감지, 레이더, 위치, 모션, 영상 센서 등의 유형 사물과 주위 환경으로부터 정보를 얻을 수 있는 물리적 기기를 말한다. 이러한 물리적인 센서는 표준화 인터페이스와 정보 처리 능력을 내장한 기능도 포함되며, 가상 센싱 기술은 주로 IoT 서비스 인터페이스의 구현에 사용되고 있다. 최근 센서 기술은 표준화된 인터페이스 플랫폼과 정보 처리 모듈을 내장한 스마트 센서로 발전하고 있으며, 검출한 데이터에서 특정 정보를 추출하는 가상 센싱 기능을 이용하여 IoT 서비스 플랫폼에 적용되고 있다.

(2) 네트워크 기술

수집된 데이터를 전송하는 통신 기술로 무선 통신 기술, 유선 통신 기술과 기타 기술로 구분할 있다.

① 무선 통신 기술

- Wi-Fi : 가정이나 사무실에서 흔히 사용되는 무선 통신 기술로, 비교적 빠른 속도로 데이터를 전송할 수 있다. IoT 기기들을 근거리에서 연결하는 데 유용하다.
- 블루투스 : Wi-Fi보다 전력 소비가 적어 배터리 구동 기기에 적합하다. 근거리 무선 통신에 사용되며, 스마트폰과 웨어러블 기기 연결 등에 활용된다.
- Zigbee/Z-Wave : 저전력, 저비용으로 다수의 기기를 연결하는데 특화된 무선 통신 기술로 스마트 홈 환경에서 조명, 스위치, 센서 등을 연결하는 데 주로 사용된다.
- 셀룰러(3G/4G/5G) : 이동통신망을 이용하여 넓은 지역에서 IoT 기기들을 연결할 수 있다. 차량, 드론, 원격 모니터링 시스템 등에 활용된다.
- LoRaWAN/Sigfox : 저전력 광역 통신망(LPWAN) 기술로, 넓은 지역에서 저전력으로 데이터를 전송하는 데 유리해서 스마트 시티, 농업, 환경 모니터링 등 다양한 분야에 적용된다.

② 유선 통신 기술

- 이더넷 : 안정적인 데이터 전송이 가능하며, 대용량 데이터를 처리하는 데 적합하여 산업 현장, 공장 자동화 등에 주로 사용된다.
- PLC(Power Line Communication) : 전력선을 이용하여 데이터를 전송하는 기술로 기존 전력망을 활용하여 통신망을 구축할 수 있어 스마트 그리드 등에 활용된다.

③ 기타 기술

- SDN(Software-Defined Networking) : 네트워크를 소프트웨어적으로 제어하

고 관리하는 기술로, IoT 네트워크를 효율적으로 운영하고 관리할 수 있다.

- NFV(Network Function Virtualization) : 네트워크 기능을 가상화하여 유연하게 관리하고 확장하는 기술로, IoT 네트워크의 확장성을 높일 수 있다.
- 클라우드 컴퓨팅 : IoT 데이터를 저장, 처리, 분석하는 데 사용되며, IoT 플랫폼을 구축하고 다양한 서비스를 제공하는데 필수적이다.
- 엣지 컴퓨팅: IoT 기기 근처에서 데이터를 처리하는 기술로, 지연 시간을 줄이고 실시간성을 높이는데 중요하다.

(3) 데이터 처리 기술

수집된 데이터를 분석하고 처리하는 기술을 의미한다. IoT에서 대량의 센서들이 생성하는 데이터를 관리하기 위해서는 빅데이터 기술과 클라우드 컴퓨팅 기술이 발전되어야 한다.

(4) 사용자 인터페이스 기술

처리된 데이터 또는 프로세스는 문자 메시지나 전자 알림을 통해 사용자에게 전달되고, IoT 애플리케이션을 통해 작업을 수행하는 등 사용자와 IoT 시스템 간의 상호작용을 제공하는 것으로 스마트폰 앱이나 웹 포털 등을 예로 들 수 있다. 사용자 인터페이스 기술은 그래픽 기반, 음성 기반, 자연어 처리 기반, 가상현실/증강현실 기반, 제스처 인식 기반 사용자 인터페이스로 나눌 수 있다.

6. 활용 분야

IoT는 가정용 가전부터 제조, 운송, 의료, 농업 등 다양한 산업에서 폭넓게 활용되고 있다. 과거에 사람이 수동으로 수집했던 정보를 IoT 기기를 활용해 수집부터 분류 및 분석까지 자동화할 수 있고, 더욱 세밀해진 측량 장비를 활용해 산업 현장에서 불량률을 줄이고 효율성을 증대할 수 있다. 의료 현장에서는 IoT를 활용해 심박수와 혈압, 산소 포화도 등 환자의 상태를 원격으로 모니터링할 수 있다.

(1) 스마트 홈

스마트 홈은 IoT 기술을 활용하여 가정 생활을 더욱 편리하고 안전하게 만들어 주는 분야이다. 가전제품, 조명, 난방 시스템 등을 인터넷에 연결하여 원격으로 제어하고 모니터링할 수 있다. 스마트 홈 시스템을 통해 외출 중에도 가전제품을 작동시킬 수 있고, 보안 시스템을 모니터링할 수 있다. 스마트 조명, 스마트 플러그, 스마트 히터 등을 원격으로 제어하여 가정 내의 전기 사용량을 관리하고 최적화할 수 있다. 스마트 홈은 안전에도 큰 역할을 한다. 화재 감지기와 연결된 스마트 호크스는 화재 발생 시 신속하게 대응하여 생명과 재산을 보호하고, 스마트 도어락은 비밀번호나 지문 인식을 통해 출입 여부를 제어하고 침입자를 방지한다.

(2) 스마트 시티

스마트 시티는 도시 내의 다양한 시설과 인프라를 연결하여 효율성과 안전성을 향상시키는 분야이다. 스마트 조명은 주변 환경의 조명 수준에 따라 조명을 자동으로 조절하여 에너지를 절약할 수 있고, 스마트 주차 시스템은 빈 주차 공간을 실시간으로 파악하여 주차 공간의 이용률을 최적화한다.

(3) 건강관리

웨어러블 기기를 사용하여 심박수, 혈압, 활동량 등의 건강 지표를 모니터링하고, 필요 시 의료 전문가에게 전송하여 정확한 진단과 치료를 받을 수 있도록 지원한다. 이러한 IoT 기술은 개인의 건강 관리 뿐만 아니라 의료 시스템 전반에도 큰 변화를 가져와 원격 진료와 모니터링을 통해 의사와 환자 간의 소통이 원활해지고, 응급 상황에서 신속한 대응이 가능해진다.

(4) 스마트 팩토리

스마트 팩토리는 생산 공정을 자동화하고 최적화 하기 위해 IoT 기술을 활용하는 개념이다. 스마트 팩토리에서는 다양한 센서와 AI가 연결되어 생산 라인의 모니터링과 제어가 이루어지는데, 센서를 통해 기계의 이상 징후를 감지하고, AI 알고리즘을 통해 고장 예측과 정비 계획을 수립할 수 있다. 스마트 팩토리는 생산 데이터를 실시간으로 분석하여 생산 공정에 대한 통찰력을 제공하여 생산성과 효율성을 증대시키고 인력 절감에도 도움을 준다. 자동화된 생산 과정은 인간의 개입을 최소화하고, 작업자는 예외 상황이나 전략적인 결정에 집중할 수 있다.

(5) 스마트 팜

스마트 팜은 센서와 드론, 자동화 시스템 등을 통해 농작물의 생육환경을 모니터링하고 제어하는 분야이다. 토양 수분 센서와 기상 정보를 분석하여 작물의 상태를 실시간으로 파악할 수 있다. 이를 통해 농작물의 생산성을 향상시키고 작물 병충해 관리에도 도움을 준다. 스마트 팜은 농업 생산성의 향상뿐만 아니라 자원 사용의 효율성도 증대 시킨다. GPS 기술과 자동화 시스템을 결합하여 효율적인 경운 작업을 수행하거나, 에너지 소비를 최소화하는 등의 기능을 제공한다.

(6) 스마트 그리드와 스마트 휴지통

스마트 그리드는 전력 공급과 수요를 관리하고 최적화하기 위해 IoT 기술을 활용하는 분야로 전력 사용량을 모니터링하여 저전력 모드로 전환하거나, 에너지의 흐름을 최적화하여 에너지 손실을 줄일 수 있다. 재생 에너지와 전력 네트워크를 연결함으로써 지속 가능한 에너지 솔루션을 제공한다. 스마트 휴지통은 쓰레기의 수용량을 실시간으로 모니터링하여 쓰레기 수거주기와 용량을 최적화하여 쓰레기 처리의 효율성을 증대시키고 환경 오염을 최소화할 수 있다.

(7) 물류와 공급망관리

IoT 기술을 활용하여 물류와 SCM에서 재고관리, 운송 추적, 유통 과정의 효율성을 높이고 있다. 실시간 위치 추적 시스템과 센서 기반 재고관리 시스템은 물류 과정에서의 문제를 조기에 감지하고, 신속하게 대응할 수 있도록 도와준다.

02
스마트 팩토리

스마트 팩토리는 4차 산업혁명의 핵심 기술인 정보통신기술을 제조 현장에 접목하여 생산 효율성을 극대화하는 지능형 생산 공장을 의미한다. 한국의 스마트 팩토리 사업은 2014년 당시 산업부 산하에 민관합동 스마트공장 추진단이 꾸려지면서 시작되었고, 이 후 2019년 중소벤처사업부로 이관되어 국가의 모든 스마트공장 사업을 총괄하는 스마트제조혁신추진단이 발족됐고, 현재까지 활발하게 활동하고 있다.

1. 스마트 팩토리 개념

스마트 팩토리는 정보통신기술과 기존의 제조업 기술인 생산, 제조 기술이 융합하여 IoT, 빅데이터, 클라우드 컴퓨팅, 지능형 로봇, CPS(Cyber-Physical System) 등의 기술을 통해서 공장 내의 장비, 장치 부품들이 서로 연결되고 상호 소통되는 생산 체계이다. 스마트 팩토리는 공장 내 설비와 기계에 센서를 설치하여 데이터를 실시간으로 수집, 분석하며 공장 내 모든 상황들을 분석하여 목적에 맞게 스스로 자율적 제어가 가능한 공장을 의미한다. 스마트 팩토리는 클라우드, AI, AR/VR 기술이 종합적으로 적용되며, 스마트 팩토리를 통해 제품기획에서부터 설계, 생산, 유통, 서비스 등 제품수명 주기 전 과정을 정보통신기술로 통합하여 최적화된 생산 시스템으로 구현된다. 스마트 팩토리는 단순한 공장 자동화와는 다르다. 공장 자동화는 단위 공정별로 자동화 및 최적화가 되어 있으며, 공정 간 연계가 되어 있지 않지만, 스마트 팩토리에서는 공장 내 모든 공정과 시설에서 데이터를 연결하는 것이 주요한 차이점이다. 또한, 센서 데이터와 ERP, MES 등의 생산, 경영 데이터를 융합하여 경영상의 판단이 공장의 생산 장비까지 바로 반영할 수 있다.

2. 스마트 팩토리의 특징과 핵심 기술

(1) 스마트 팩토리 특징

스마트 팩토리는 기존의 공장 자동화와 차별화된 여러 가지 특징을 가지고 있다. 이러한 특징들은 효율성을 높이고, 생산 공정을 보다 지능적으로 운영할 수 있도록 만든다.

① 실시간 데이터 분석과 디지털화

생산 설비에 센서를 부착하여 제조 공정에서 발생하는 모든 데이터를 실시간으로 수집하여 분석함으로써 생산 공정의 문제점을 파악하고 개선할 수 있고 품질 향상이 가능하다. IoT를 통해 설비와 데이터를 연결하여 공장 운영을 디지털 기반으로 전환한다.

② 자동화된 생산 공정

자동화된 생산 공정은 인간의 개입을 최소화하고 기계, 장비, 시스템을 활용하여 생산 활동을 수행하는 것을 의미한다. 단순히 반복적인 작업을 자동화하는 것을 넘어 생산계획 수립, 품질 관리, 자재 관리 등 생산 전반에 걸쳐 자동화를 구현하는 것을 포함한다.

③ 맞춤형 생산 시스템

생산 공정을 쉽게 변경할 수 있어 다양한 고객의 요구에 빠르게 대응할 수 있고, 3D 프린팅 등 개인 맞춤형 생산 기술을 활용하여 고객 만족도를 높일 수 있다.

④ 실시간 정보 공유 및 협업

생산 관련 정보를 실시간으로 공유하여 부서 간 협업을 강화하고, 스마트폰, 태블릿 등 모바일 기기를 이용하여 언제 어디서든 생산 현황을 파악하고 업무를 처리할 수 있다.

(2) 스마트 팩토리 핵심 기술

① 사물인터넷 및 센서

공장 내 기계와 설비에 부착된 센서를 통해 실시간으로 데이터를 수집하고 모니터링할 수 있다. 온도, 습도, 진동 등의 환경 데이터를 감지하여 생산 공정을 자동으로 조정하며, 설비의 상태를 지속적으로 점검하여 최적의 성능을 유지할 수 있도록 한다.

② 빅데이터 및 AI 분석

방대한 생산 데이터를 실시간으로 수집하고 빅데이터 및 AI 분석을 하여, 공정 효율을 극대화하여 품질을 향상시키거나, 생산 패턴을 분석하여 자원 배분을 최적화하여 불필요한 낭비를 줄인다. 또한, AI 기반의 예측 유지보수를 통해 장비 고장을 사전에 감지하여, 유지보수 비용을 줄이고 생산성을 높인다.

③ 사이버물리시스템

사이버물리시스템(Cyber Physical System; **CPS**)은 독일의 인더스트리 4.0의 핵심으로 꼽혔던 기술로 컴퓨터 연산 모듈이 내장된 사물들과 핵심 연산장치가 실시간으로 통신하고 상황을 확인하고 반응하여 제어하는 시스템으로 [그림 9-2]와 같이 사이버 시스템과 현실 시스템이 서로 상호 작용한다. CPS는 모든 사물이 IoT 기반으로 연결되어 사이버 시스템을 통해 현실 세계의 사람, 운영환경, 기계장치와 같은 물리 시스템을 제어할 수 있도록 하는 시스템이다.

그림 9-2. 사이버물리시스템

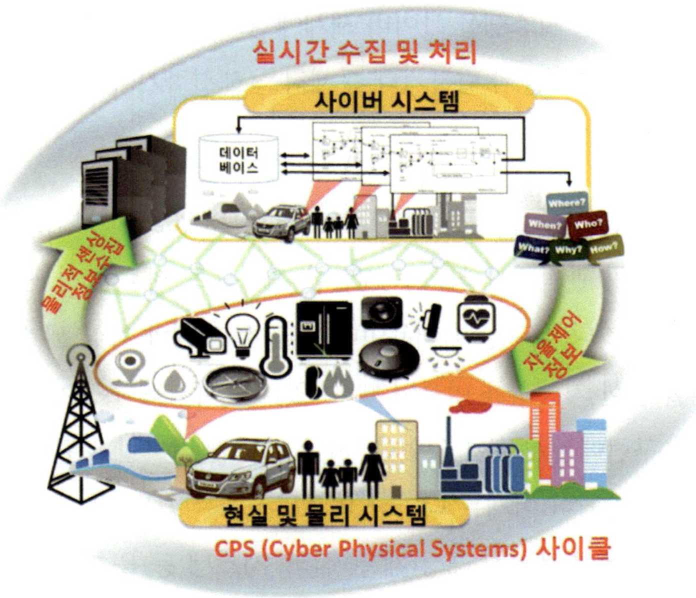

출처 : 오마이뉴스, 2023.

CPS는 스마트 팩토리에서 다음과 같은 중요한 역할을 수행한다.

- **데이터 수집 및 분석**

CPS는 생산 현장에 설치된 센서, 장비, 설비 등으로부터 실시간 데이터를 수집한다. 수집된 데이터는 사이버 시스템에서 분석되어 생산 공정의 효율을 높이고 문제점을 파악하는 데 활용된다.

- **실시간 감시 및 제어**

CPS는 생산 현장의 상황을 실시간으로 감시하고 제어할 수 있도록 한다. 예를 들어, 생산 라인의 온도, 습도, 압력 등을 실시간으로 모니터링하고 필요한 경우 자동으로 제어하여 생산 환경을 최적화할 수 있다.

- **유지보수 예측**

CPS는 설비의 상태를 실시간으로 감시하고 데이터를 분석하여 고장 발생 가능성을 예측한다. 이를 통해 사전에 설비 고장을 예방하고 유지보수 작업을 효율적으로 수행할 수 있도록 한다.

- **가상 시뮬레이션**

CPS는 현실 세계의 생산 시스템을 사이버 세계에 모델링하여 시뮬레이션할 수 있도록 한다. 이를 통해 생산 계획을 수립하거나 문제점을 해결하기 전에 사이버 시스템에서 미리 테스트하고 검증할 수 있다.

CPS와 유사한 개념인 **디지털 트윈**(digital twin)은 2003년 그리브스(Grieves) 박사가 제품의 생애주기 관점에서 최초로 제안한 개념으로 제품 공정 관리 연구에서 가장 효율적인 방안을 찾다가 구상한 내용이다. 물리적 세계와 가상 세계 사이에 상호작용을 구축해 이를 통한 지능화를 이끌어 낼 수 있다는 획기적 주장이었다. 당시의 기술력으로는 완벽한 구현에는 한계가 있었다. 지난 20년간 디지털 트윈을 구현할 수 있는 새로운 기술들이 개발되어 이제는 다양한 비즈니스를 이끄는 대표 기술이 되었다. 디지털 트윈은 현실 세계의 물리적 대상(제품, 설비, 시스템 등)을 가상 세계에 똑같이 복제한 디지털 모델을 의미한다. 현실 세계의 데이터를 실시간으로 반영하여 가상 세계에서 다양한 시뮬레이션, 분석, 예측 등을 수행하고 그 결과를 현실 세계에 적용하여 효율성을 높이는 기술이다. 디지털 트윈을 사용하면 가능한 성능 결과에 대해 풍부한 데이터를 생성하여 제품을 보다 효과적으로 연구하고 설계할 수 있으며, 이러한 정보는 기업이 생산을 시작하기 전에 필요한 제품 개선에 도움이 되는 인사이트로 이어질 수 있다. 또한 신제품의 생산이 시작된 후에도 디지털 트윈은 전체 제조 프로세스에서 최고의 효율성을 달성하고 유지할 수 있도록 생산 시스템을 미러링하고 모니터링하는 데 도움이 될 수 있다.

④ 로봇 자동화 및 협업 로봇

로봇 자동화는 로봇을 활용하여 제조 공정의 다양한 작업을 자동화하는 것을 의미한다. 이는 단순 반복 작업을 넘어, 고난도 작업, 위험한 작업, 정밀 작업 등 다양한 작업을 로봇에게 맡겨 생산 효율성을 높이고 인력 활용도를 극대화하는 것을 포함한다. 로봇 자동화에 사용되는 로봇은 크게 산업용 로봇, 협업 로봇, 자율 이동 로봇으로 구분된다.

● 산업용 로봇

산업용 로봇은 로봇이 동작하는 동안 작업자의 안전을 고려하여 안전펜스 등을 설치하여 로봇의 작업 영역에 인간 작업자의 접근을 철저하게 통제하는 로봇을 의미한다. 산업용 로봇은 빠르고 정확할 뿐만 아니라 복잡한 운영이 필요한 위험한 작업 등에 주로 사용된다.

● 협업 로봇

협업 로봇은 산업용 로봇과 달리 인간과 공존할 뿐만 아니라 작업 혹은 임무 수행 시 파트너로서 공생 관계를 형성하는 로봇을 의미한다. 협업 로봇은 비교적 설치와 운영이 용이하면서 정확도의 오차가 다소 용인되는 작업들, 예를 들어 [그림 9-5]와 같이 이송, 머신 텐딩, 조립, 적재, 포장, 몰드 핸들링, 투여, 연마, 검사와 같은 작업에 주로 사용된다. 머신 텐딩은 로봇을 사용하여 기계에 소재를 투입하고 가공된 제품을 꺼내 다음 공정으로 이동시키는 자동화 공정을 의미한다. 몰드 핸들링은 제조 공정에서 몰드를 교체, 운반, 보관하는 작업을 의미하며 몰드는 제품의 형태를 만드는 데 사용되는 틀로,

다양한 재료와 크기로 제작된다.

협업 로봇은 협업 방식에 따라 크게 네 가지로 분류할 수 있다. 먼저 작업 영역에 사람이 없을 경우에 한해서만 일반 산업용 로봇처럼 동작하는 로봇, 사람이 수작업 장치를 사용하여 제어하는 로봇, 로봇과 사람 사이의 거래를 모니터링하여 안전거리를 확보하여 작업하는 로봇, 마지막으로 일정 값의 동력 또는 힘이 감지되면 로봇이 즉각 작동을 멈춤으로써 사람의 상해를 방지하는 로봇이다.

■ 그림 9-3. 협업 로봇의 9가지 기본 기능

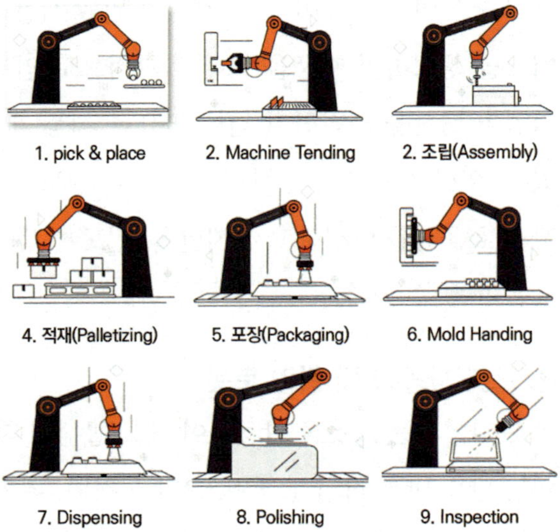

출처 : 이남우, 협동로봇 산업 동향, 융합연구정책센터, 2018.04

• 자율 이동 로봇

자율 이동 로봇(Autonomous Guided Vehicle; AGV)은 정해진 경로를 따라 이동하며 작업을 수행하는 로봇으로 물류, 운반 등 다양한 작업에 활용되며 작업 효율성을 높인다. AGV는 자기 테이프, 와이어, GPS 등의 유도장치를 따라 이동하며, 센서와 제어 시스템을 통해 장애물을 감지하고 회피한다.

⑤ 5G 및 클라우드 컴퓨팅

초고속, 초저지연 5G 네트워크를 활용해 공장 내외부의 데이터를 신속하게 전송하고 공유할 수 있으며, 클라우드 기반의 생산 관리 시스템을 통해 언제 어디서나 공장 운영을 모니터링하고 원격으로 제어할 수 있다. 데이터 저장 및 분석을 클라우드에서 수행함으로써, IT 인프라 비용을 절감하고 시스템 운영의 유연성을 확보할 수 있다.

⑥ 증강현실 및 가상현실

증강현실은 현실 세계에 가상의 정보나 콘텐츠를 덧붙여 현실 세계를 확장하는 기술로 현실 세계를 기반으로 가상 정보를 융합하여 사용자에게 더욱 풍부하고 몰입감 있는 경험을 제공한다. 증강현실은 스마트폰, 태블릿, AR 글래스 등 다양한 기기를 통해 현실 세계를 비추고 그 위에 가상 정보를 덧붙이는 방식으로 구현된다. 가상현실은 완전히 가상의 환경을 구축하고 사용자가 그 안에서 실제와 같은 경험을 할 수 있도록 하는 기술이다. 사용자를 가상 세계로 완전히 몰입시켜 현실과 단절된 경험을 제공한다. 가상현실은 VR 장비를 착용하여 시야를 완전히 차단한 상태에서 가상 세계를 체험하는 방식으로 구현된다. 증강현실은 생산 공정에서 실시간 가이드 기능을 제공하여 작업자의 업무 효율을 높이고, 가상현실은 작업자 교육 및 시뮬레이션 훈련에 활용하여 실제 환경과 유사한 경험을 제공한다.

3. 스마트 팩토리의 장점과 단점

스마트 팩토리 도입은 기업에게 다양한 장점을 제공하지만, 동시에 고려해야 할 단점 또한 존재한다.

(1) 장점

- 생산성 향상 : 자동화된 생산 공정으로 로봇, 자동화 설비 등을 활용하여 생산 속도를 높이고 불량률을 줄여 생산성을 극대화하며, 생산 데이터를 실시간으로 분석하여 생산 공정의 문제점을 파악하고 개선하여 효율성을 높인다. 즉, 데이터 기반으로 최적화된 생산 계획을 수립하고 자재 관리 효율화 및 자동화된 생산 공정으로 생산성을 향상시킨다.

- 비용 절감 : 자동화된 생산 시스템을 통해 인력 투입을 최소화하고 인건비를 절감하고, 에너지 관리 시스템을 통해 에너지 사용량을 효율적으로 관리하여 에너지 비용을 절감한다. 또한 실시간 재고 파악 및 관리를 통해 재고 부족 또는 과잉 문제를 해결하고 재고 관리 비용을 절감한다.

- 품질 향상 : 생산 과정에서 실시간으로 품질을 검사하여 불량 발생을 사전에 감지하고 대응하여 제품 품질을 향상시키고, 생산 데이터를 분석하여 품질 문제 발생 원인을 파악하고 개선하여 품질을 향상시킨다.
- 고객 만족도 향상 : 고객의 요구에 맞춰 다양한 제품을 유연하게 생산하고 생산 효율성 향상을 통해 납기를 단축함으로서 고객 만족도를 높인다.
- 유연성 강화 : 다품종 소량 생산 체제를 구축하여 시장 변화에 유연하게 대응하고, 생산 공정을 디지털화하여 필요에 따라 생산 공정을 빠르게 변경할 수 있다.

(2) 단점

- 높은 초기 투자 비용 : 스마트 팩토리 구축에는 설비 도입, 시스템 구축, 인력 양성 등 막대한 초기 투자 비용이 소요되어 많은 투자가 필요하다.
- 보안 문제 : 스마트 팩토리 시스템은 외부 네트워크와 연결되어 있기 때문에 해킹, 악성코드 감염 등 보안 문제에 취약할 수 있다.
- 시스템 의존성 심화 : 스마트 팩토리는 시스템에 대한 의존성이 높아 시스템 오류 발생 시 생산에 큰 차질이 발생할 수 있다.
- 인력 문제 : 스마트 팩토리 운영에는 전문 인력이 필요하지만, 숙련된 인력을 확보하는 것이 쉽지 않다. 그리고, 작업 자동화로 인해 인력 대체가 발생하여 실적에 대한 우려가 높아지고 재교육 계획이 필요할 수 있다.

Part 10.

클라우드 컴퓨팅

01
클라우드 컴퓨팅의 정의와 개념

빠르게 변화하는 고객의 요구와 IT 환경에 대응할 때에는 IT 기반 시설을 직접 소유하는 방식인 온프레미스(on premise)는 규모 증설과 서비스 변경 등에서 부족한 면이 많다. **클라우드 컴퓨팅**은 [그림 10-1]과 같이 인터넷을 통해 서버, 스토리지, 데이터베이스, 네트워크, 협업 등의 컴퓨팅 서비스를 제공하는 기술이다. 사용자는 필요한 만큼의 자원을 빌려 쓰고 사용한 만큼만 비용을 지불한다. 클라우드 컴퓨팅을 통해 더 빠른 혁신과 유연한 리소스를 제공하고 대규모 경영의 이익 효과를 누릴 수 있게 된다. 일반적으로 사용한 클라우드 서비스에 대해서만 요금을 지불하므로, 운영 비용을 낮추고 인프라를 보다 효율적으로 운영할 수 있게 된다. 그뿐만 아니라, 비즈니스 요구 사항의 변화에 따라 규모를 조정할 수 있다.

클라우드 컴퓨팅은 설정 변경이 가능한 네트워크, 서버, 스토리지, 애플리케이션, 서비스 등의 공유 컴퓨팅 자원들에 어느 곳에서나 편리하게 필요한 시기에 네트워크를 통해 접근할 수 있는 모델로 정의할 수 있다. 인터넷 쇼핑몰 업체인 아마존이 AWS라는 사업부에서 서비스를 시작한 2006년부터 대중화되었다.

1. 클라우드 컴퓨팅 등장배경

정보기술을 활용한 정보처리 시스템은 10년 주기로 큰 변화를 맞이하였는데, 1980년대는 메인프레임이라고 하는 대형 범용 컴퓨터의 시대로 모든 데이터와 애플리케이션

그림 10-1 클라우드 컴퓨팅

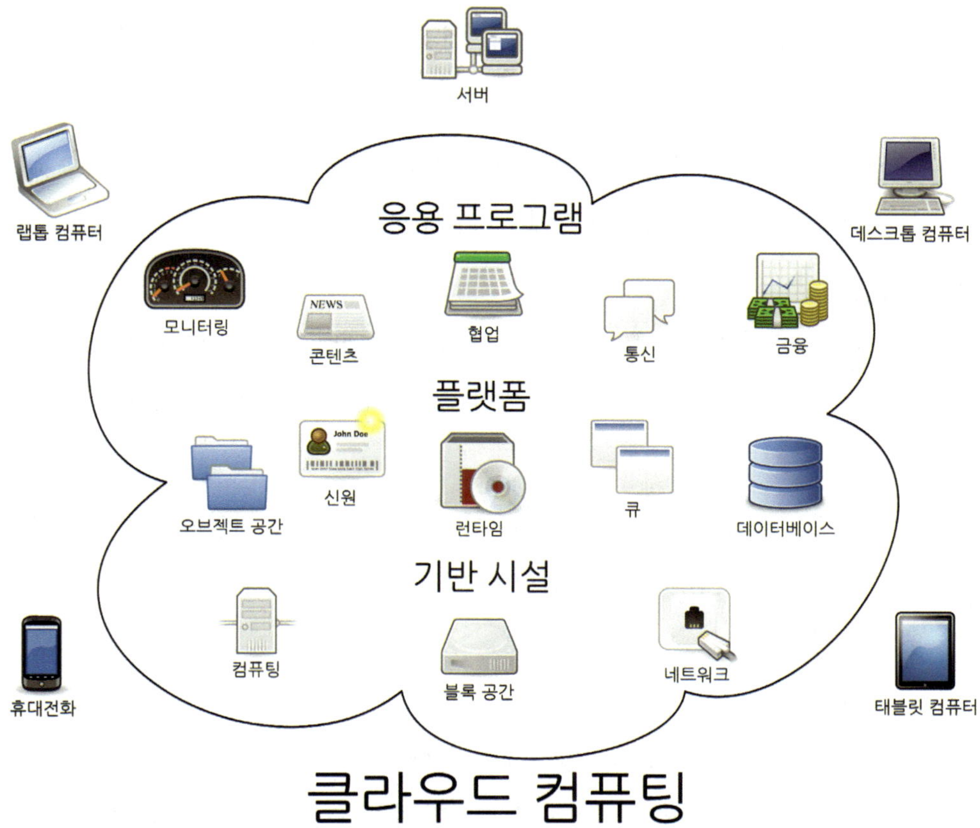

출처 : 위키백과

을 메인프레임에 모아 처리하였다. 1990년대는 일반인도 개인 컴퓨터를 가질 수 있을 정도로 대중화되었는데, 이때부터 클라이언트/서버 환경에서 데이터를 처리했다. 메인프레임이 중앙집중형이었던 것과 달리 분산 처리 방식을 활용했다. 2000년대에 들어서서면서 사내 시스템이 네트워크 환경 위에 구축되면서 처리가 서버에 집중되었다. 2010년경부터 전 세계에 분산된 배치된 서버 리소스를 필요한 때 필요한 만큼 사용하는 클라우드 컴퓨팅 모델로 발전하고 있다. 클라우드 컴퓨팅이 실현 가능하게 되어 보급된 배경에는 몇 가지 요인이 있다.

- **기술적 배경**
  - 인터넷의 발전은 클라우드 컴퓨팅의 등장을 가능하게 한 중요한 요인이다. 즉 인터넷을 통해 전 세계의 컴퓨터 자원을 연결하고 공유할 수 있게 되면서 클라우드 컴퓨팅의 기반이 마련되었다.
  - 가상화 기술은 하나의 물리 서버를 여러 개의 가상 서버로 나누어 사용할 수 있게 하는 것으로 클라우드 컴퓨팅 환경에서 자원 효율성을 높이는 데 중요한 역할을 한다.
- **경제적 배경**
  - 기업들은 IT 인프라 구축, 운영, 유지보수에 막대한 비용을 지출해야 했고, IT 자원의 효율적인 활용에 대한 필요성이 증가하면서 클라우드 컴퓨팅이 주목받게 되었다.
  - 2008년 글로벌 금융 위기 이후 경기 침체가 지속되면서 기업들은 비용 절감의 필요성을 느껴 IT 자원 비용을 절감할 수 있는 효과적인 대안으로 클라우드 컴퓨팅에 관심을 가졌다.
- **사회적 배경**
  - 정보화 사회 심화가 심화되면서 데이터 사용량이 폭발적으로 증가하였고, 대용량 데이터를 효율적으로 처리하고 관리할 수 있는 클라우드 컴퓨팅의 필요성이 커졌다.
  - 스마트폰, 태블릿 등 모바일 기기 사용이 증가하면서 언제 어디서든 데이터에 접근하고 업무를 처리할 수 있는 환경이 요구되어 클라우드 컴퓨팅은 모바일 환경에 최적화된 서비스를 제공하며 사용자들의 요구를 충족시켰다.

2. 클라우드 컴퓨팅 특징

미국 국립표준기술연구소(NIST)는 클라우드 컴퓨팅의 특징 5가지를 다음과 같이 제시하였다.

- 온디맨드 셀프 서비스(on-demand self-service) : 사용자는 필요에 따라 서비스 제공업체와 상호작용 없이도 자동으로 서버 시간과 네트워크 스토리지 같은 컴퓨팅 능력을 확보하여 사용할 수 있다.
- 광대역 네트워크 접근(broad network access) : 클라우드 자원은 표준적인 메커니즘을 통해 다양한 기기(PC, 모바일, 태블릿 등)에서 접속할 수 있으며, 사용자들이 언제든지 네트워크에 접속하여 업무를 처리할 수 있다.
- 자원 공유(resource pooling) : 클라우드 제공업체는 여러 사용자의 자원을 통합하여 관리하고, 필요에 따라 동적으로 할당한다. 자원 공유를 통해 효율적인 자원 활용이 가능하며, 사용자 입장에서는 비용 절감 효과를 얻을 수 있다.
- 빠른 탄력성(rapid elasticity) : 클라우드 자원은 필요에 따라 신속하게 확장하거나 축소할 수 있다. 갑작스러운 트래픽 증가나 업무량 변화에 유연하게 대응할 수 있으며, 사용하지 않는 자원에 대한 비용을 절감할 수 있다.
- 측정가능한 서비스(measured service) : 클라우드 시스템은 서비스 유형에 따라 미터링 기능을 활용해 자원 사용을 자동으로 제어하고 최적화하여 서비스의 제공자와 소비자 모두에게 투명성을 제공한다.

3. 클라우드 컴퓨팅의 장단점

(1) 장점

클라우드 컴퓨팅은 인터넷을 통해 IT 자원을 필요에 따라 빌려 쓰고, 사용한 만큼 비용을 지불하는 방식으로 다음과 같은 다양한 장점을 제공한다.

• 비용 절감

서버, 네트워크 장비 등 물리적 인프라 구축에 필요한 초기 투자 비용을 절감할 수 있으며 IT 전문가 인건비, 전기료, 공간 임대료 등 운영 비용을 절감할 수 있다. 또한 사용한

IT 자원에 대해서만 비용을 지불하므로, 불필요한 지출을 줄일 수도 있다.

- **확장성 및 유연성**

비즈니스 변화에 따라 IT 자원을 즉시 확장하거나 축소할 수 있다. 클라우드 콘솔을 통해 IT 자원을 쉽게 관리하고 설정할 수 있으며 서버, 스토리지, 데이터베이스, AI 등 다양한 클라우드 서비스를 필요에 따라 이용할 수 있다.

- **안정성 및 보안**

클라우드에 데이터를 안전하게 백업하고, 재해 발생 시 신속하게 복구할 수 있으며, 클라우드 제공업체의 강력한 보안 시스템을 통해 데이터를 안전하게 보호할 수 있다. 또한 클라우드 제공업체의 안정적인 인프라를 통해 서비스 중단 없이 지속적인 업무가 가능하다.

- **최신 기술 활용**

클라우드 제공업체에서 제공하는 최신 기술을 쉽게 활용할 수 있으며, 기업에서 활용하고 있는 클라우드 서비스는 자동으로 업데이트되므로 항상 최신 기능을 사용할 수 있다. 또한 클라우드 기반으로 혁신적인 서비스를 개발하고 빠르게 출시할 수 있다.

(2) 단점

클라우드 컴퓨팅은 많은 장점을 제공하지만 단점도 존재한다.

- **의존성 및 가용성 문제**

클라우드 컴퓨팅은 인터넷 연결이 필수적이다. 인터넷 연결이 불안정하거나 끊기면 클라우드 서비스 이용이 불가능해져 업무에 차질이 발생할 수 있다. 또한 특정 클라우드 서비스 제공업체에 종속될 경우, 업체 정책 변화나 서비스 중단에 따라 예상치 못한 피해를 입을 수 있다.

클라우드 서비스 제공업체의 시스템 오류나 장애 발생 시 서비스 이용이 불가능해질 수 있으니 서비스 제공업체의 가용성 수준을 확인하고, 재해 복구 시스템을 구축하여 서비스 중단에 대비해야 한다.

● **보안 및 개인정보 문제**

클라우드에 저장된 데이터는 해킹, 유출, 악성코드 감염 등의 위험에 노출될 수 있으므로 서비스 제공업체 보안 강화 조치를 취해야 하며, 사용자는 자신의 데이터와 시스템에 대한 보안 책임을 져야 한다.

클라우드 서비스 제공 업체의 개인정보 처리 정책을 신중하게 검토하고, 개인정보 보호 관련 법규를 준수해야 한다.

02
클라우드 컴퓨팅의 종류와 서비스 모델

1. 클라우드 컴퓨팅 종류

클라우드 컴퓨팅의 배포 유형은 여러 가지가 있으며, 단 하나의 정답이 있지 않기 때문에, 사용자는 상황에 맞춰 여러 가지 유형을 선택하거나 결합하여 적절한 클라우드 아키텍처를 수립할 수 있다.

(1) 퍼블릭 클라우드

퍼블릭 클라우드(public cloud)는 인터넷을 통해 일반 대중과 기업에게 공개된 클라우드이다. 이 유형은 클라우드 서비스 제공자가 운영하고, 사용자는 인터넷을 통해 접속하여 이용할 수 있다. 예를 들어, 아마존 웹 서비스(AWS), 마이크로소프트 애저(Microsoft Azure), 구글 클라우드 플랫폼(Google Cloud Platform), 네이버 클라우드 플랫폼, 카카오 I 클라우드, KT 클라우드, 삼성 클라우드 플랫폼 등이 대표적이다. 퍼블릭 클라우드는 일반적으로 저렴한 비용과 높은 확장성, 유연성, 안정성을 제공한다. 또한 서비스 제공 업체가 시스템 유지 보수와 업그레이드를 담당하기 때문에 사용자는 이에 대한 부담을 덜 수 있다. 이러한 이점 때문에 퍼블릭 클라우드는 비즈니스나 개인 사용자들에게 인기가 높아지고 있다.

(2) 프라이빗 클라우드

프라이빗 클라우드(private cloud)는 특정 조직 또는 기업이 자체적으로 구축하고 관리하는 클라우드 컴퓨팅 환경이다. 기업은 자체 데이터 센터 내에 클라우드 인프라를 구축하거나, 외부 업체의 도움을 받아 프라이빗 클라우드를 구축할 수 있다. 프라이빗 클라우드는 보안, 규정 준수, 커스터마이징, 성능 등 조직의 요구 사항을 충족시키기 위해 구축된다. 조직 내부에서 OpenStack, VMware, Hyper-V와 같은 가상화 기술을 사용하여 구축할 수 있다. 프라이빗 클라우드는 퍼블릭 클라우드보다 보안과 규정 준수 등에 대한 컨트롤이 높고, 조직 내부에서 운영되므로 데이터와 애플리케이션을 외부와 분리할 수 있다. 이러한 이점으로 인해 기업들은 프라이빗 클라우드를 사용하여 중요한 데이터나 비즈니스 애플리케이션을 안전하게 보호하고, 클라우드의 장점을 누릴 수 있다. 국내 프라이빗 클라우드 솔루션 제공업체로는 삼성 SDS, LG CNS, SK C&C, 네이버 클라우드 플랫폼, KT 클라우드를 들 수 있다.

(3) 하이브리드 클라우드

하이브리드 클라우드(hybrid cloud)는 퍼블릭 클라우드와 프라이빗 클라우드를 결합하여 사용하는 클라우드 컴퓨팅 환경을 의미한다. 기업은 자체 데이터 센터에 프라이빗 클라우드를 구축하고, 필요에 따라 퍼블릭 클라우드 서비스를 함께 이용함으로써 두 환경의 장점을 모두 활용할 수 있다. 이를 통해 기업들은 민감한 데이터는 자체 프라이빗 클라우드에 보관하고, 비용 효율적인 퍼블릭 클라우드 서비스를 활용하여 비즈니스를 확장할 수 있다. 하지만, 프라이빗 클라우드와 퍼블릭 클라우드를 함께 관리해야 하므로 관리 복잡성이 증가할 수 있고, 클라우드 간의 통합 및 연동이 어려울 수 있으며, 두 환경 간의 데이터 이동 및 접근 관리에 대한 보안 문제를 해결해야 하는 단점이 존재한다.

(4) 멀티 클라우드

멀티 클라우드(multi cloud)는 여러 클라우드 서비스 제공자들의 자원과 서비스를 동시에 사용하는 전략이다. 이를 통해 사용자는 클라우드 서비스 제공자 간의 경쟁을 활용하여 비용을 최적화할 수 있으며, 특정 제공자의 장애나 과도한 종속성으로 인한 위험을 줄일 수 있다. 하지만 관리의 복잡성 증가, 클라우드 간의 통합 및 보안 문제는 여전히 존재한다.

지금까지 설명한 4가지 종류의 클라우드 컴퓨팅의 특징을 비교하면 [표 10-1]과 같다.

표 10-1. 클라우드 컴퓨팅 종류별 특징

특징	퍼블릭 클라우드	프라이빗 클라우드	하이브리드 클라우드	멀티 클라우드
비용	저렴함	비쌈	중간	중간
보안	상대적으로 취약함	강함	중간	중간
맞춤화	어려움	쉬움	중간	중간
확장성	높음	낮음	높음	높음
관리	용이함	어려움	중간	어려움

2. 클라우드 컴퓨팅 서비스 모델

클라우드 컴퓨팅은 사용자가 클라우드 서비스 제공 업체로부터 얼마만큼의 자원을 제공받고, 얼마만큼의 자원을 직접 관리해야 하는 가에 따라 [그림 10-6]처럼 크게 세 가지 모델로 나눌 수 있다.

(1) IaaS(Infrastructure as a Service)

클라우드를 통해 서버, 스토리지, 데이터베이스, 네트워크 등의 인프라를 제공하는 서비스이다. 고객이 자체 데이터 센터 인프라를 관리, 유지관리 또는 업데이트할 필요는 없지만 운영체제, 미들웨어, 가상 머신, 앱 또는 데이터를 책임진다. 대표적인 예로는 아마존 웹 서비스, 마이크로소프트 애저, 구글 클라우드 플랫폼 등이 있다.

■■ 그림 10-2 클라우드 컴퓨팅 서비스 모델

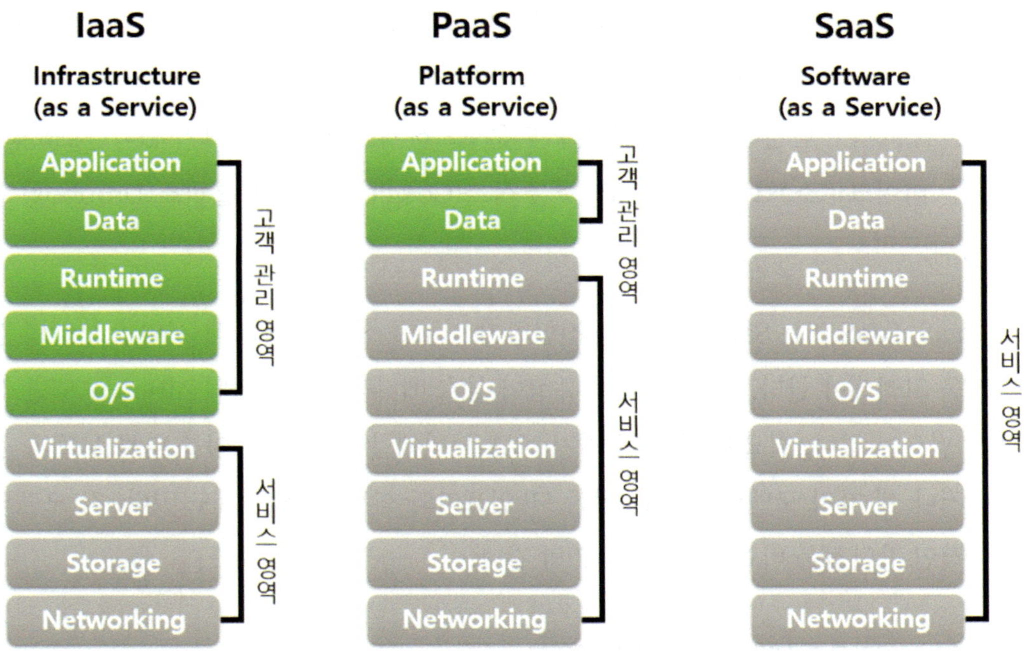

출처 : https://www.dknyou.com/blog/?bmode=view&idx=14931168

(2) PaaS(Platform as a Service)

클라우드를 통해 개발자가 애플리케이션을 개발하고 실행할 수 있는 플랫폼을 제공하는 서비스이다. 개발자와 IT 운영팀은 인프라 또는 플랫폼을 자체적으로 빌드하고 유지 관리할 필요 없이 PaaS를 사용하여 애플리케이션을 개발, 실행, 관리할 수 있다. 고객은 여전히 코드를 작성하고 데이터와 애플리케이션을 관리해야 하지만, 클라우드 서비스 제공업체에서 앱을 빌드하고 배포하는 환경을 관리하고 유지 관리한다. 대표적인 예로는 구글 앱 엔진(Google App Engine), 마이크로소프트 애저, IBM 블루믹스(Bluemix) 등이 있다.

(3) SaaS(Software as a Service)

클라우드를 통해 전체 애플리케이션 스택, 즉 고객이 액세스하고 사용할 수 있는 전체적인 클라우드 기반 애플리케이션을 제공하는 서비스이다. SaaS 제품은 서비스 제공업체가 전적으로 관리하며 모든 업데이트, 버그 수정, 전반적인 유지보수를 포함하며 즉시 사용 가능하다. 대부분의 SaaS 애플리케이션은 웹브라우저를 통해 직접 액세스된다. 즉, 고객이 다른 기기에 어떤 것도 다운로드하거나 설치할 필요가 없다. 대표적인 예로는 마이크로소프트 오피스 365, 구글 독스(Google Docs), 드롭박스(Dropbox) 등이 있다.

IaaS, PaaS 또는 SaaS가 기업에 적합한지 여부를 선택할 때는 각 서비스 모델의 장단점을 고려해야 한다. 또한 세 가지 유형이 상호 배타적이라서 단일 서비스 모델만 선택할 필요는 없다. 필요에 따라 한 가지 모델을 선택할 수 있지만 이를 다른 모델과 결합하거나 세 가지 모델의 조합을 기존 IT 인프라와 함께 사용할 수도 있다. 각 모델의 일반적인 장단점을 비교하면 [표 10-2]와 같다.

표 10-2. 클라우드 서비스 모델별 장단점 비교

유형	장점	단점
IaaS	• ·인프라에 대한 제어 수준이 가장 높음 • ·필요에 따라 확장 가능 • ·단일 장애점이 없어 안정성이 높은 편임 • ·초기 자본 지출 감소(예: 사용한 만큼만 지불) • ·프로비저닝 지연과 리소스 낭비 감소 • ·개발 및 TTM(time to market) 가속화	• ·자체 데이터 보안 및 복구에 대한 책임 • ·직접 구성하고 유지보수해야 함 • ·클라우드 기반 인프라에서 기존 애플리케이션을 보호하기 어려움
PaaS	• ·완전하고 사용하기 쉬운 개발 플랫폼에 즉시 액세스 가능 • ·유지보수 및 인프라 보안을 책임 지는 클라우드 서비스 제공업체 • ·모든 기기에서 모든 인터넷 연결을 통해 사용 가능 • ·필요에 따라 확장 가능	• ·애플리케이션 스택이 가장 관련성 높은 구성요소로 제한될 수 있음 • ·클라우드 서비스 제공업체에 따라 공급업체 종속이 문제가 될 수 있음 • ·운영 및 전체 인프라에 대한 낮은 제어 수준 • ·제한된 맞춤설정
SaaS	• ·간편하게 설정하고 사용 시작 • ·제공업체가 하드웨어부터 소프트웨어까지 모든 것을 관리하고 유지관리 • ·모든 기기에서 모든 인터넷 연결을 통해 소프트웨어에 액세스 가능	• ·인프라 또는 보안 제어 통제 불가능 • ·기존 도구 및 애플리케이션과의 통합 문제 • ·클라우드 서비스 제공업체에 따라 공급업체 종속이 문제가 될 수 있음 • ·맞춤설정이 제한적이거나 없음

03
클라우드 컴퓨팅과 보안

클라우드의 보안은 기존 보안과는 방식이나 대처 방안 그리고 통제 대상 등이 모두 다르다. 기존 보안은 계층 방어로 망을 분리해서 운영하면 되지만 클라우드의 경우 네트워크보다는 사용자 인증과 계정의 권한 제어를 통해서 관리해야 한다. 또한, 기존 보안은 보안 이슈에 따라 개별 솔루션으로 별도로 대응해야 하지만, 클라우드는 통합된 방식으로 보안 기술을 적용해야 한다. 게다가 클라우드는 접속하는 사용자가 워낙 다양하다 보니 각각의 이용자별 권한과 기능을 통제해서 보안 침해를 예방할 수 있어야 한다. 무엇보다 클라우드 보안이 기존 보안보다 심각하고 중요한 것은 보안 침해 발생의 범위나 규모가 워낙 크다 보니 보안에 대한 책임이 IT 담당자에게만 있는 것이 아니라 클라우드를 이용하는 전사 모든 직원과 회사에 있다는 것이다.

1. 클라우드 컴퓨팅 보안의 핵심 속성

안전한 클라우드 환경을 구축하기 위해서는 보안의 핵심 속성인 기밀성, 무결성, 가용성을 이해하고, 인증 및 권한 관리를 철저히 해야 한다.

- 기밀성(Confidentiality) : 클라우드 컴퓨팅에서 유통되거나 저장되는 데이터를 비인가자가 탈취하더라도 데이터의 정보를 얻지 못하도록 하는 보안 속성으로 데이터 암호화, 접근 통제, 사용자 인증 강화 등으로 구현한다.

- 무결성(Integrity) : 클라우드 컴퓨팅에서 유통되거나 저장되는 데이터를 비인가자가 위·변조 못하도록 하는 보안 속성으로 데이터 무결성 검증, 변경 관리 시스템 구축, 접근 로그 기록 등으로 구현한다.
- 가용성(Availability) : 클라우드 컴퓨팅에서 클라우드 컴퓨팅 구성요소에 대한 접근성을 항시 보장하는 보안 속성으로 필요할 때 정보에 접근하고 사용할 수 있어야 한다. 이를 위해서는 시스템 이중화, 재해 복구 시스템 구축, 서비스 수준 계약(SLA) 준수 등을 들 수 있다.
- 인증(Authentication) : 클라우드 컴퓨팅 환경에서 허가받지 않은 사용자의 접근을 차단하고, 데이터와 시스템을 안전하게 보호하는 가장 기본적인 보안 장치이다. 비밀번호 방식, 2가지 이상의 인증 요소를 결합하는 다중 인증 방식, 사용자의 생체정보를 이용한 생체 인증 방식이 많이 사용된다.
- 권한(Authorization) : 클라우드 관리자, 가상서버 관리자, 사용자에 따른 접근권한 및 접근 영역의 분리를 통해 클라우드 컴퓨팅의 접근통제에 사용하는 보안 속성이다. 사용자별 접근 권한을 제한하여 정보 유출 및 오남용을 방지할 수 있다. 사용자에게 필요한 최소한의 권한만 부여하여 접근 범위를 제한하는 최소권한 원칙을 적용하거나 접근 로그 기록을 이용한다.

2. 클라우드 컴퓨팅의 주요 보안 위협

클라우드 환경에서 주요 보안 위협은 데이터 침해, 잘못된 구성 및 부적절한 변경제어, 클라우드 서비스의 남용과 악의적 사용 등 크게 3가지로 구분할 수 있다.

- **데이터 유출**

클라우드 환경에서 중요한 데이터가 무단으로 액세스, 유출, 변경, 삭제되는 보안 위반 상황을 말한다. 개인의 건강 정보부터 재무 정보, 개인 식별 정보, 거래 비밀 그리고 지적 재산 등을 포함해 반드시 보호해야 하는 중요한 사이버 보안 위협이다.

● 잘못된 구성 및 부적절한 변경제어

클라우드 환경에서 가장 많이 발생하는 사고 유형으로, 컴퓨팅 자산을 설정할 때 발생한다. 보안되지 않은 데이터 저장 요소나 컨테이너, 과도한 권한 부여, 기본 자격 증명 및 구성 설정을 그대로 유지하는 경우 등이 있다. 이러한 오류는 데이터 유출과 서비스 중단을 초래할 뿐만 아니라 악의적인 공격에 취약해 질 수 있는 위협이다.

● 클라우드 서비스의 남용과 악의적 사용

공격자가 클라우드 컴퓨팅 자원을 활용해 클라우드 공급자를 대상으로 악의적인 행위를 수행하는 것을 말한다. 클라우드 환경에 악성 코드를 유포하여 시스템을 감염시키는 악성코드 감염, 클라우드 서비스를 마비시키는 서비스 거부 공역(DDoS), 사용자 계정 정보를 탈취하여 시스템에 접근하는 계정 탈취, 클라우드 서비스의 API 취약점을 이용하여 시스템에 접근하는 API 취약점 공격 등의 보안 위협이 발생할 수 있다.

3. 클라우드 컴퓨팅 보안 위협 대응 전략

안전한 클라우드 환경을 구축하기 위해서는 위협 요소를 정확하게 파악하고, 적절한 대응 전략을 수립하는 것이 중요하다.

(1) 사전 예방

● 보안 정책 수립 및 교육

조직의 특성과 클라우드 사용 환경에 맞는 보안 정책을 수립하고, 모든 직원이 이를 숙지하고 준수하도록 교육한다. 보안 정책은 변화하는 위협 환경에 맞춰 지속적으로 업데이트하고 개선한다. 직원들에게 사이버 보안의 중요성을 강조하고, 최신 보안 위협 및 예방 요령을 교육한다.

- **보안 감사 및 취약점 관리**

클라우드 환경에 대한 보안 감사를 정기적으로 실시하여 취약점을 파악하고 개선한다. 자동화된 취약점 스캐너를 활용하여 신속하게 취약점을 탐지하고 해결하며, 취약점이 발견되면 신속하게 패치를 적용하여 공격 위험을 줄인다.

- **접근 통제 강화**

사용자 역할을 정의하고 역할에 따라 접근 권한을 부여하여 효율적인 접근 통제를 구현하고, 다중 인증 방식으로 계정 탈취 위험을 줄인다. 필요하다면 사용자에게 필요한 최소한의 권한만 부여하여 접근 범위를 제한하는 최소 권한 원칙을 적용한다.

- **데이터 보안 강화**

클라우드에 저장되었거나 전송 중인 데이터를 암호화하고, 데이터에 접근할 수 있는 사용자를 제한하고 권한을 관리한다. 또한 데이터를 정기적으로 백업하고, 재해 발생 시 복구할 수 있도록 대비한다.

- **네트워크 보안 강화**

외부 네트워크로부터의 불법적인 접근을 차단하는 방화벽을 설치하고, 침입 탐지 시스템을 이용하여 침입 시도를 탐지하고 차단한다.

(2) 실시간 탐지 및 대응

- **보안 모니터링**

클라우드 환경을 24시간 모니터링하여 이상 징후를 탐지하고, 시스템 로그를 분석하여 보안 위협을 탐지하고 대응한다. 최신 위협 정보를 활용하여 예측 기반의 보안 모니터링을 수행한다.

- **자동화된 대응**

탐지된 위협에 대해 자동으로 대응하는 시스템을 구축하여 신속하게 피해를 최소화하고, 보안 도구를 연동하여 자동화된 워크플로우를 구축하고 효율적인 보안 관리를 수행한다.

(3) 사고 발생 시 대응

● **사고 대응 계획 수립**

보안 사고 발생 시 대응 절차를 미리 수립하고, 각 단계별 책임자를 지정한다. 정기적으로 보안 사고 대응 훈련을 실시하여 직원들의 대응 능력을 향상시킨다. 사업 연속성 계획 및 재해 복구 계획을 수립하여 서비스 중단 시 빠른 복구를 할 수 있도록 한다.

● **신속한 대응**

보안 사고 발생 시 초기 대응팀을 구성하여 상황을 파악하고 피해를 최소화하고, 사고 원인 분석 및 법적 대응을 위해 관련 증거를 확보하고 필요 시 관련 기관에 신고하고 협조를 요청한다.

● **원인 분석 및 재발 방지**

사고 원인을 철저히 분석하고 재발 방지 대책을 마련하고, 취약점을 개선하고 보안 시스템을 강화하여 유사 사고 재발을 방지한다.

4. 클라우드 컴퓨팅과 보안

클라우드 컴퓨팅은 끊임없이 진화하며 우리 삶과 비즈니스에 혁신적인 변화를 가져오고 있다. 최근 클라우드 컴퓨팅은 더욱 발전하여 다음과 같은 내용들이 이슈가 되고 있다.

(1) AIOps의 발전

AI와 머신러닝 기술은 클라우드 컴퓨팅과 융합하여 AIOps(AI 기반 운영)를 발전시키고 있다. AIOps는 클라우드 시스템의 운영 및 관리를 자동화하고 최적화하여 효율성을 극대화한다. 예를 들어, AIOps는 시스템 장애를 예측하고 자동으로 대응하거나, 사용자 행동 패턴을 분석하여 맞춤형 서비스를 제공할 수 있다.

(2) 서버리스 컴퓨팅의 고도화

서버리스 컴퓨팅은 개발자가 서버 관리에 대한 부담 없이 코드 작성에만 집중할 수 있도록 지원한다. 앞으로 서버리스 컴퓨팅이 더욱 고도화되어 다양한 기능을 제공하고 개발 생산성을 향상시킬 것으로 예상된다. 예를 들어, 서버리스 컴퓨팅은 AI와 머신러닝 모델 학습을 위한 환경을 제공하거나, 이벤트 기반 아키텍처를 더욱 효율적으로 지원할 수 있다.

(3) 엣지 컴퓨팅의 부상

엣지 컴퓨팅은 데이터 처리 및 분석을 클라우드 서버가 아닌 사용자 주변의 엣지 장치에서 수행하는 기술이다. 엣지 컴퓨팅은 지연 시간을 줄이고 실시간성을 높여 다양한 분야에서 혁신적인 서비스를 가능하게 한다. 예를 들어, 엣지 컴퓨팅은 자율주행차, 스마트 팩토리, VR/AR 등에서 중요한 역할을 수행할 수 있다.

(4) 양자 컴퓨팅과의 융합

양자 컴퓨팅은 기존 컴퓨터로는 풀 수 없는 복잡한 문제를 해결할 수 있는 차세대 컴퓨팅 기술이다. 클라우드 환경에서 양자 컴퓨팅 자원을 활용할 수 있게 되면 다양한 분야에서 혁신적인 연구와 개발이 진행될 것으로 예상된다. 예를 들어, 양자 컴퓨팅은 신약 개발, 금융 모델링, 암호화 기술 등에 활용될 수 있을 것이다.

(5) 보안 및 개인 정보 보호 강화

클라우드 환경에서 보안 및 개인정보 보호는 더욱 중요해지고 있다. 클라우드 보안 기술이 더욱 발전하고, 개인정보 보호 규제가 강화될 것으로 예상된다. 예를 들어, 데이터 암호화 기술, 접근 제어 기술, 익명화 기술 등이 발전하고, GDPR과 같은 개인정보 보호 규제가 클라우드 환경에 적용될 것이다.

참고문헌

고윤전, 모바일 비즈니스의 현재와 미래, KT경제경영연구소, Smart Korea 2011, 2011

국가정보원, 국가 클라우드 컴퓨팅 보안 가이드라인, 2023. 1.

권금택, 전략적 고객 관계 관리 5판, 피엔씨미디어, 2014.

권보경, AI시대 혁신 사례와 시사점 3: 비즈니스 모델 혁신, POSRI 이슈리포트, 포스코경영연구원, 2024. 6. 17.

금융감독원, 창업/중소기업과 함께 성장하는 크라우드펀딩 발전방안, 2020. 06.

금융위원회 보도자료, 핀테크와 인공지능, 금융의 미래를 열다, 2024. 08.27.

김민식, 손가녕, 제4차 산업혁명과 디지털 트랜스포메이션의 이해, 정보통신정책연구, 제29권 제3호, 정보통신정책연구원, 2017.

김성희, 장기진, e비즈니스.com, 청람, 2004

김은정, 오창규, 윤현식, 이문봉, MIS, 초아출판사, 2024.

김태웅, 생산·공급망관리의 이해, 신영사, 2016.

김창수, 조은석, 성기욱 (2006), e비즈니스의 주요 성공요인과 성과과의 관련성에 관한 실증연구, Information Systems Review, 8(3), pp.39-64.

나무위키, https://namu.wiki/w/나무위키

노마드분석가 블로그 https://diseny.tistory.com

동국시스템즈 블로그 https://www.dknyou.com/blog/?bmode=view&idx=14931168

마이클 포터 지음, 조동성 역, 마이클 포터의 경쟁전략, 21세기북스, 2008.

매일경제, "나도 영화감독 될 수 있겠네"…원하는 대로 입력만 하면 자동으로 영상이

짠, 2024. 10. 06.

매일경제, 은행은 지금... "앱이면 다 된", 2024.10.29.

매일경제, K코인 거래소 현주소는 [가상화폐 '슈퍼파워'?], 2024. 11. 22.

모두의 연구소 (https://modulabs.co.kr/blog/genai-business)

미상무성, 'The Emerging Digital Economy', 1998. 04.

미상무성, The Emerging Digital Economy II', 1999. 06

미상무성, 'Digital Economy 2000', 2000. 06.

미상무성, Digital Economy 2002', 2002. 06.

박소영, 인공지능의 역사, 인간·환경·미래 제22호, pp.87-114.

박외진, 인공지능 플랫폼의 개념과 도입 전략, 주간기술동향, 정보통신기술진흥센터, 2018. 10. 03

배영자, e비즈니스의 확산과 산업혁신과정의 변화 - 전자산업 -, 정책연구 2001-04, 과학기술정책연구원, 2001.

브런치 스토리, https://brunch.co.kr/@jhw28/30

브런치 스토리 https://brunch.co.kr/@heir480

산업자원부, 한국전자거래진흥원, 2004 e비즈니스 백서, 2004.

삼성전자, 가상화폐의 주역, 블록체인 기술이란? 2020. 4. 27.

삼성SDS 홈페이지, https://www.samsungsds.com/

삼일PwC경영연구원, 생성형 AI를 활용한 비즈니스의 현주소, 2024. 5.

삼정 KPMG, 블록체인이 가져올 경영 패러다임의 변화, 금융을 넘어 전 산업으로, Issue Monitor, 제60호, 2016.

삼정 KPMG, 한국핀테크지원센터, 2024 한국핀테크동향보고서, 2024. 12.

서동현, 이상진 (2014), 스마트 금융을 위한 비즈니스 로직과 분리된 보안프레임워크,

정보보호학회논문지, 24(4), pp.669-679.

서용원, 박건수, 신광섭, 정태수, 공급사슬관리(개정판), 생능출판사, 2019.

오마이뉴스 2023. 4. 7., https://www.ohmynews.com/NWS_Web/View/ img_pg.aspx?CNTN_CD=IE003134256

웨이브온 블로그 https://www.waveon.io/blog/what-is-business-model-canvas

위키백과, https://ko.wikipedia.org/

이남우, 협동로봇 산업 동향, 융합연구정책센터, 2018.04

이동훈, 4차 산업혁명 시대를 위한 e비즈니스 개론(4판), 한빛아카데미(주), 2021.

이미정, 산업용 IoT 시장 및 기술동향과 빅데이터 플랫폼으로서의 Splunk, Embedded World, 2015.

이범희, 서비스와 제조기업에 적합한 CRM 고객관계관리, 학현사, 2015.

이소라, 강성우, 한국의 디지털 전환 현주소와 정책 방향, KIET 산업경제, 2024.

이승민, 딥러닝 이후, AI 알고리즘 트렌드, ETRI Insight, 한국통신전자통신연구원 미래전략연구소, 2018. 10.

이시은, 슈퍼앱 시대, 은행들의 전략 방안, 금융경영브리프, 하나금융연구소, 2024. 05. 27.

이지애, 강신영, 핀테크(FinTech) 기술과 활용, 신기술시대, 2021 겨울

이코노믹리뷰, '슈퍼앱' 왕좌 노리는 '코스'... 반격 나선 대형 금융사, 2024. 01. 28.

정많이 정만이 블로그, https://pro-jm.tistory.com/29

정보통신기술진흥센터, 경쟁이 심화되는 간편결제 서비스, ICT SPOT ISSUE, 2017-8호.

정석찬, 배혜림, 이문봉, 장태우, 4차산업혁명시대의 e비즈니스의 이해, 2020.

지덤사전, http://jidum.com/jidums/view.do?jidumId=1085

지디넷코리아, 딥마인드, 영상 만드는 AI '비오 2' 출시…"기능 미흡·저작권 문제 해결부터", 2024. 12. 17.

한국디지털정책학회 빅데이터전략연수회, 경영 빅데이터 분석, 광문각, 2015.

한국은행, AI와 노동시장 변화, 2023. 11. 20.

한국인터넷진흥원, 글로벌 블록체인 기술·정책·산업 동향, 2024. 08.

한국정보산업연합회, 2017년 IT 산업 메가트렌드, FKII Report, 2017. 2.

한국정보통신연구원, 생성형 인공지능 챗봇 이용결정요인 탐색: AI 격차 관점, KISDISTAT Report, 2024, 11. 30.

한국정보화진흥원, 데이터 경제의 부상과 사회경제적 영향, IT&Future Strategy, 제7호, 2018. 11.

한국핀테크지원센터, 핀테크, 어디까지 써봤니? 임베디드 금융의 성장, 슬기로운 핀테크 생활, 2024. 11. 16.

CIO, 아직은 빙산의 일각'… 비즈니스에서의 생성형 AI 사용 사례 7가지, 2024. 07. 30.

GTT Korea, AI와 생성AI로 전자상거래 운영 성공시키는 5대 전략, 2024. 11. 27.

KB금융지주 경영연구소, AI 에이전트로의 진화를 꿈꾼다, 2024. 10.

LG CNS 블로그, https://www.lgcns.com/blog/cns-tech/ai-data/14558/

유엑스스토리 홈페이지 http://uxstory.co.kr/

SW 중심사회, https://software.kr/home/kor/main.do

Alex Berson, Stephen Smith and Kurt Thearing, Building Data Mining Applications for CRM, McGraw-Hill, 2000.

BCG press, Flipping the Odds of Digital Transformation Success, 2020. 10. 29.

Chopra, S. & Meindl, P.(2013), Supply chain Management: Strategy, planning and operations(5th Edition), New Jersey: Prentice Hall.

Dock , 'Public vs. Private Blockchains: Which Is Better?', 2024. 07. 24., https://www.dock.io/post/public-vs-private-blockchains

Ernst & Young, Landscaping UK Fintech, UK Trade and Investment, London, UK, 2014.

Fisher, M. L.,(1997), What is right supply chain for your product?, Harvard Business Review, 75, pp. 105-117.

Grieves, M., (2022), Intelligent digital twins and the development and management of complex systems, Google scholar

IBM Homepage, https://www.ibm.com/kr-ko/topics/enterprise-resource-planning

IMD, IMD World Digital Competitiveness Ranking 2023, 2023.

Kumar, V and Reinartz, Werner J., Customer Relationship Management: A Databased Approach, John Wiley & Sons, 2006.

Nagi, E. W. T., (2005), Customer Relationship Management Research: An academic literature review and classification, Marketing Intelligence Planning, 23, pp.582-605

Optimize, Automate, and Outsource Your Business: https://www.creativelive.com/class/optimize-automate-and-outsource-your-business-ari-meisel.

Oracle Homepage, https://www.oracle.com/kr/erp/what-is-erp/

Rappa, M., Business Models on the Web, Digital Enterprise, http://digital enterprise.org/models/models.html, 2005

Slywotzky, X., Value Migration, Boston: Harvard Business Press, 1995

SAP Korea Homepage, https://www.sap.com/korea/index.html

Timmerse, Paul, Business Models for electronic Markets, Electronic Markets, 8(2), pp.3-8, 1998

색인

저자 소개

이문봉
동의대학교 경영학과 교수

학력 연세대학교 경영학사, 경영학 석사, 경영학박사
저역서 4차 산업혁명 시대의 e비즈니스의 이해(생능)
논문 배달앱 서비스의 온·오프라인 품질요인이 지속이용의도에 미치는 영향(정보시스템연구, 2020년) 외 다수
경력 한국정보시스템학회 편집위원장

e비즈니스 4.0

발행일 2025년 2월 24일 초판 1쇄
지은이 이문봉
발행인 송자영
발행처 초아출판사

주소 서울시 성북구 정릉로 36길 41
전화 070-8739-0036
팩스 0504-178-5627
E-mail choapublish@hanmail.net

ISBN 979-11-88425-38-9
정가 30,000원